INHALTSVERZEICHNIS

Vorwort

Loki gilt als der widersprüchlichste Gott der nordischen Mythologie. Selbst jene, die sich bemühen, ihm wohlgesonnen zu sein, gestehen ihm bestenfalls die Notwendigkeit des negativen Gegengewichtes zu den hehren Asengöttern zu. Er sei, so heißt es, schuld am Ende der Welten, davor natürlich der Mörder des hellen Balder. Er zeugte die Weltenfeinde Fenrir, Jörmungandr = die Midgardschlange, und Hel, die Herrin der Toten. Er brachte die Götter immer wieder in Verlegenheit und Gefahr, auch wenn er stets listenreich eine Lösung fand.
Wer die alten Geschichten unvoreingenommen liest, fragt sich freilich, wie es zu dieser Einschätzung kommen konnte. Bosheit und Verschlagenheit sind da schwerlich zu erkennen. Und wer sich selbst auf Loki einlässt, der wird einem ganz anderen Gott begegnen, nämlich jemandem, der treu und verlässlich ist und dessen Heiterkeit sehr bereichert.
Lassen wir ihn also selbst berichten, was einst geschah.
Der Leser ist aber herzlich aufgefordert, spätestens danach auch die alten Mythen zu lesen, wie sie in der Edda beschrieben sind. Alles, was hier geschrieben steht, bleibt sehr eng an der Mythologie und vermeidet weitgehend Ausdeutungen und Vergleiche. Gehen wir fürs Erste ruhig davon aus, dass alles so geschah, wie die Edda und ähnliche Schriften übermitteln. Die Reise führt vom Anfang der Zeiten bis zu ihrem Ende und endet im Heute, in dem Loki Laufeyson immer noch wirksam erlebt werden kann.

Man sagt, die alten Götter kehren aus Asgard zurück. Nun, die Wahrheit ist: Sie waren nie fort. Die Menschen haben nur eine Zeitlang vergessen, sie zu schauen. Doch das ändert sich jetzt mehr und mehr.

Ich denke, das ist die richtige Zeit, um Loki selbst zu Wort kommen zu lassen ...

Der Anfang

Mein Name ist Loptr und ich bin ein Gott. Den Menschen bin ich eher als Loki bekannt. Nachdem unzählige Wissenschaftler unzählige Blätter weißes Papier mit unzähligen Abhandlungen und Vermutungen über mich gefüllt haben, und es ihnen noch nicht einmal gelang, meinen Namen Loki zu entschlüsseln, werde ich nun selbst erzählen, wer ich bin und wie ich wurde, was ich immer sein werde.

Ich komme aus den Tiefen der Zeit; aus Bereichen, in denen es noch keine Menschen gab. Und ich bin in allen Zeiten präsent, immer derselbe, stets Loptr, stets Loki; und das werde ich sein, bis nach der letzten Ragnarök eine neue Zeit beginnt.

Wisst ihr, wie die Zeiten begonnen haben? Ich war leider nicht dabei und so kann ich nur erzählen, was die alte Völuspa übermittelt. Da es aber wichtig ist, den eigenen Ursprung zu kennen und die Beschaffenheit der Welten, in denen man, auch der Mensch, zu Hause ist, will ich es kurz berichten.

Nichts gibt es im Anfang, kein Land und kein Meer und kein Gras. Weder Erde noch Himmel sind. Einzig ein gähnender Abgrund findet sich, Ginnungagap genannt. Kein Leben gab es in dieser Leere ohne Licht und Dunkelheit. Im Norden liegt Niflheim, ein Land aus eisiger Finsternis. Und im Süden gibt es Muspelheim, das Land des Feuers, bewohnt von Riesen unter der Führung des mächtigen Surt. Oft weilt Surt am Rande des Abgrunds. Dort übt er den Umgang mit seinem glühenden Schwert.

In Niflheim gibt es einen Brunnen, Hvergelmir genannt, von dem elf Flüsse entspringen, die den Sammelnamen Elivagar tragen. Doch sind diese Flüsse kein lebendiges Wasser, sondern giftige Ströme. Sie schieben das Eis vor sich hier, bewegen es zum Abgrund, wo es verharrt. Und hin und wieder fliegt ein Funke von Surts Schwert über den Abgrund hinweg, trifft in Niflheim auf das Eis des Chaos, das dann ein wenig schmilzt. So schiebt sich das Eis weiter und weiter zu Ginnungagap.

Hitze und Kälte wirken aufeinander ein. Geformt aus Eis entsteht der erste Riese, Ymir mit Namen, der durch Muspels Feuer zum Leben erwacht. Er ist das gewaltigste, größte Wesen, das je existierte. Doch die Funken aus Muspel formen aus den Tropfen geschmolzenen Eises ein weiteres Wesen: Audhumla. Prachtvoll ist sie, die Urmutter des Lebens. Sie ist eine Kuh mit prall gefülltem Euter, aus dem sich vier Milchströme ergießen, die Ymir nähren.

Audhumla aber findet nur Eis um sich herum. So nährt sie sich vom Salz, das sie aus einem großen Salzblock leckt. Am ersten Tag geschieht es da, dass langes Haar aus dem Block freigeleckt wird. Am nächsten Tag legt Audhumla Kopf und Gesicht frei und am dritten Tag endlich tritt der ganze Körper aus dem Stein. Er ist hochgewachsen und schön. Sein Name ist Buri. Von ihm stammen alle Götter, die man Asen nennt.

In dieser Zeit schläft Ymir. Muspels funken fliegen, so dass er zu schwitzen beginnt. Aus diesem Schweiß erwachsen eine Frau und ein Mann. Und auch seine Füße paaren sich erzeugen Thrudgelmir, einen mehrköpfigen Riesen.

Inzwischen erwächst Buri ein Sohn, der den Namen Bor erhält. Dieser verbindet sich später mit der Riesin Bestla, deren Vater Bölthorn heißt. Sie gebiert Bor drei Söhne: Odin, Vili und Ve.

So gibt es also Riesen und Asen, doch kein Land, das Heimat bieten kann. Muspel liegt jenseits des unendlichen Abgrunds und seine Feuernatur duldet nur das gleich Geartete. Und Niflheim in seiner erstarrten Kälte wehrt sich gegen jedes Leben. Audhumla nährt Ymir, der wächst und wächst und allen Raum für sich beansprucht.

So geschieht es, dass Odin, Vili und Ve den Riesen Ymir töten. Sein Blut ertränkt alle Riesen bis auf Bergelmir und dessen Frau, die sich auf einem Boot retten können. Sie gelangen später nach Jötunheim, wo sie sich niederlassen und die Ureltern aller Riesen werden.

Die Asen aber werfen den Leichnam Ymirs in den Abgrund und beginnen ein schöpferisches Werk. Das Blut des Riesen bildet schon die Ozeane.

Aus seinem Fleisch erschaffen sie Midgard, die Welt, die später den Menschen gehören wird. Knochen werden zu Bergen, Zähne zu Steinen und der Schädel zum Himmel. Aus dem Gehirn werden Wolken geformt und aus den Augenbrauen ein Wall, der Midgard schützend umgibt. Die Asen fangen Funken aus Muspelheim, werfen sie zum Himmel und schaffen so die Sterne. Auch Sonne und Mond entstehen auf diese Weise, welche aber Wagen erhalten, die sie über das Firmament ziehen. So groß ist Ymir, dass aus ihm jede der neun Welten geformt werden kann. Nun erwächst der mächtige Weltenbaum Yggdrasil, der alle diese Welten verbindet. Midgard ergrünt. Pflanzen finden ins neu geschaffene Licht und Tiere treten aus dem Dunkel des Nichtseins hervor.

Dies ist das Zeitalter, in dem die Riesen ihre Welten erobern, die Asen in glücklichem Spiel leben und weit entfernt, in Wanaheim und Albenheim das Geschlecht der Wanen und Alben entsteht.

Ende der Geschichte. Du fragst, wo die Menschen sind? Es gibt sie noch nicht. Die Schöpfung braucht ein wenig Zeit, um sich zu ordnen.

Laufey

Meine Mutter heißt Laufey, was so viel wie »die Laubreiche« oder »die Laubinsel« bedeutet. Ein einzelner Nadelbaum steht auch in ihrem Heim, doch im Grunde ist es eine wundervolle Insel mit schlanken Bäumen, deren helles Laub wie ewiger Frühling wirkt. Sie ist wunderschön, sanft und nachgiebig. Am Rande Wanaheims ist sie daheim und dort ist es, wo ein Sturmriese sie erblickt. Er nennt sich selbst Farbauti, das heißt »der heftig Schlagende«. Immer wieder besucht er sie, die sich unter seinem Ansturm wiegt. Es ist wie ein Tanz, heftig und voll Leben und Leidenschaft.

So wird zuerst mein Bruder Byleist geboren. Mein Vater nennt ihn so: Sturmblitz. Nach ihm kommt Helblindi, der dunkle Blinde, umschreibend den düsteren Sturm, der alles einhüllt. Farbauti ist stolz, da sie ihm so prachtvolle Söhne gebar, die einst wie er stürmen werden. Ich selbst, nun, ich war vielleicht nicht so gewollt. In der stürmischen Leidenschaft traf Farbauti meine Mutter mit einem Blitzstrahl, was meine Geburt bewirkte. Mutter liebt mich vom ersten Moment an. Aber Vater betrachtet mich eher enttäuscht.
»Der ist ja winzig«, stellt er fest. »Aus dem wird niemals ein starker Sturmgeist.«
»Wie wollen wir ihn nennen?«, überlässt Laufey ihm die Namenwahl.
»Er ist ja mein Sohn. Vielleicht wächst er noch. Aber seine Brüder wird er wohl niemals an Kraft erreichen. Möge er Loptr heißen.«
Laufey ist es zufrieden. Loptr, das bedeutet in etwa: »Der Luftige«. Für Vater mag der Name eine Schmähung bedeuten, so viel wie ein laues Lüftchen, das sich niemals zum Sturm erheben wird. Für Mutter aber, die als Wanin den freundlichen Wind verehrt, klingt Loptr zärtlich und liebevoll.

Während Vater durch die Welten stürmt, wachsen wir Kinder bei Mutter auf. Ich werde schon größer, aber gegenüber meinen Brüdern bliebe ich wirklich klein. Wie ältere Brüder nun mal so sind, wählen sie mich gern als Opfer ihres gutmütigen Spottes. Mutter mag es nicht, wenn die Jungs meinen Namen wie ein Schimpfwort benutzen. Da beginnt sie, mich Loki zu nennen. Mit diesem Kosenamen beweist sie mir ihre Liebe, und immer, wenn sie ihn nennt, fühle ich mich heil.

Wenn sich in späteren Zeiten die Gelehrten um die Bedeutung des Namens Loki streiten, denke ich lächelnd an meine Mutter, deren Liebe kein Gelehrter ahnen kann.

Eines Tages kommt Farbauti, um seine Söhne in ihr Werk einzuführen. Byleist und Helblindi sind begeistert. Endlich sollen sie die für sie so langweilige Wanenwelt verlassen dürfen. Endlich gilt es, sich in die Lüfte zu erheben und stürmend und lärmend die Welten zu bereisen.

Nun, ich ziehe es vor, mich erst einmal zu verstecken. Wenn man einen Sturmriesen zum Vater hat und dessen Toben erfährt, ist das allerdings keine gute Idee. Schließlich stehe ich dann doch mit hängenden Schultern vor ihm. Und er lacht!
»Was bist du denn für ein kleiner Riese?«, dröhnt er. »Der erste Sturm wird dich zerreißen. Das wird nichts mit uns beiden, Loptr. Du bleibst bei deiner Mutter und wirst dir später deine eigene Aufgabe suchen. Das ist besser für dich, glaub mir.«
Er fürchtet wohl, ich werde in Tränen ausbrechen bei diesem Urteil. Doch in jener Stunde umarme ich meinen Vater zum ersten Mal, so viel Dankbarkeit empfinde ich.

Ohne meine Brüder wird das Leben ruhig. Sie erfahren von nun an Abenteuer, und ich bleibe auf der Insel zurück. Mutter gibt sich alle Mühe, mir jede Einsamkeit fernzuhalten. Ich lerne viele Wanen kennen. Auch Lichtalben kommen oft vorbei. Sie lehren mich die Geheimnisse der Tier- und Pflanzenwelt. In jener Zeit wurzelt meine unbeschreibliche Neugier auf alles Geschaffene. Endlich nimmt mich ein Wane mit tief hinein nach Wanaheim und was ich dort lerne, das lässt sich kaum beschreiben. Die Zauberkraft der Wanen ist ungeheuerlich. Und ich erweise mich als gelehriger Schüler. Es ist eine wahrhaft gute Zeit.

Lästig sind eigentlich nur die Riesen. Ab und an kommt Sturm auf - und das ist nicht mein Vater, wohl aber Leute seiner Art. Auch Frostriesen versuchen immer mal wieder, Wanaheim oder auch Albenheim einzunehmen. Friedlich blieben die Berg- und Erdriesen, deren Natur keineswegs kriegerisch ist. Es ist nicht so, dass die Angreifer etwas ausrichten. Obgleich die Wanen sehr friedlich und oftmals geradezu aufdringlich freundlich sind, vermögen sie durchaus, sich zu wehren, wo es nötig ist. Ich selbst bin kein Krieger. Ich kämpfe nie in vorderer Reihe. Aber ich sehe diese Kämpfe und sie beschäftigen mich.

Inzwischen weiß ich, wie die Welten entstanden, und hege Zweifel daran, dass Ymirs Augenbrauen einen verlässlichen Wall um Midgard abgeben, um wirklich Schutz gegen die Riesen zu gewähren. Womöglich liegt Midgard längst in Trümmern? Reisende Lichtalben erzählen zwar, dem sei nicht so, doch meine Sehnsucht ist geweckt, dies mit eigenen Augen zu schauen.

Nachdem ich also beschließe, auf Reisen zu gehen, schenkte mir mein verehrter Wanenlehrer zum Abschied ein paar Schuhe, behaftet mit dem besonderen Zauber, in ihnen durch die Luft und über das Wasser gehen zu können. Ich verabschiede mich von Laufey, die ich später noch oft besuche. Ich verlasse die Heimat meiner Kindheit und Jugend. Alle Welten stehen mir offen. Ich will sie erkunden. Ich freue mich auf alles, das mir begegnen wird.

Menschen

Midgard! Kein Vergleich mit Wanaheim. Die Fruchtbarkeit hier ist weniger groß. Dem Wasser fehlt das unendlich tiefe Blau, wie ich es kenne. Die Bäume sind kleiner, die Tiere scheuer, die Felsen schroffer. Und doch treffe ich hier eine Schönheit, die mich begeistert. Ich finde einen Lebenswillen, wie ich ihn bisher nicht kannte. In Wanaheim muss kein Halm um sein Überleben kämpfen. Hier finde ich Kräuter und Blumen, die es schaffen, in winzigen Felsspalten zu wurzeln und fast ohne Erde zu gedeihen. Das fasziniert mich. Es gibt keine Eile. Ich durchwandere die junge Welt und fühle mich lebendig wie nie zuvor.

Und dann treffe ich sie: die Asen. Ich finde sie auf einer grünen Wiese, wo sie spielend beieinandersitzen. Lachend werfen sie die Würfel. Der Sieger erhält goldene Scheiben, die sie aus dem Erz gießen. Es geht ihnen nicht um Reichtum dabei; im Grunde besitzt das Gold für sie keinen Wert. Sie könnten ebenso um Kieselsteine spielen. So lange wanderte ich allein. Dieses Lachen zieht mich magisch an, doch ganz ohne Vorsicht will ich nicht handeln. So nähere ich mich nur langsam.

Odin erblickt mich zuerst. Er erhebt sich, geht mir ein paar Schritte entgegen und ruft mir ein »Willkommen« zu. Da gebe ich meine Vorsicht auf. Wenig später sitze ich in ihrem Kreis, spiele mit ihnen, lache mit ihnen, speise mit ihnen. Odin ist stolz auf die Welten, die er aus Ymirs Körper schuf und ich schmeichle seinem Werk und lobe ihn ehrlichen Sinnes. Als mich Odin zum Verweilen einlädt, bleibe ich bei ihnen.

Die Frauen schätzen meine Gegenwart durchaus. Ich bin ja ein sehr kleiner Riese und passe rein äußerlich bestens zu ihnen. Darüber hinaus bin ich das, was die Edda später als »schmuck und schön von Gestalt« beschreibt. Und ich besitze etwas, das den Asen ein wenig abgeht: Humor. Ich weiß viel zu erzählen und ich schmücke meine Berichte kräftig aus; doch immer so, dass sie fröhlich klingen. Ich bringe die Asen zum Lachen. Ja, zu jener Zeit lacht sogar Odin von Herzen. Nicht alle der Männer um ihn begegnen mir sehr offen; einige betrachteten mich durchaus voll Misstrauen. Doch ich störe mich nicht daran, zumal es ja keine Feindschaft gibt.

Ich mag Odin. Er liebt das Spiel, die Frauen, das Leben. Er besitzt eine faszinierende Begeisterungskraft, teilt meine Neugier, versteht viele meiner Gedanken. Unzählige lange und tiefe Gespräche führen wir. Und oft schweigen wir gemeinsam, weil Worte auch stören können. Wir werden Freunde in jener Zeit.

»Du bist mir wie ein Bruder geworden, Loki. Ich mag deine Art, die Dinge zu sehen. Ich mag dein Lachen und deine Späße. Du gibst mir eine Leichtigkeit, die ich zuvor nicht kannte.«

»Ich liebe dich auch«, erwidere ich nachdenklich. »Ich lerne viel von dir; erkenne, dass nicht alles ein Spiel ist und dass Wissen nicht genügt. Du bist schöpferisch und voll Verantwortungsbewusstsein. Ich habe zuvor in Struktur nur eine Mauer gesehen. Durch dich lerne ich, dass sie auch Kraft und Heimat bieten kann.«

Von mir unbemerkt spricht er am Abend mit den anderen Asen. Sie beratschlagen, diskutieren, nennen Bedenken. Doch am Ende geben sie alle nach. Als Odin mir andern Tags anbietet, unsere innere Brüderlichkeit äußerlich durch ein Blutband zu beschwören, bin ich wirklich bewegt. In einem feierlichen Akt mischen wir unser Blut und werden wahrhaft zu Brüdern.

Wir unternehmen weite Ausflüge, ziehen durch Jötunheim, wo wir die Gunst so mancher Riesin gewinnen. Wir genießen das Sein, verbringen die Tage voll Freude und begeistern uns an all den wunderbaren Dingen, denen wir begegnen. Manches Mal wandern wir in kleiner Gruppe durch Midgard. Odin erzählt, wie sie einst beim Spiel gestört wurden durch drei Riesentöchter; machtvolle Frauen, die mahnten, dass mit der Schöpfung auch das Schicksal entstand. Wie alles Seiende aus dem Gewesenen wächst, so wird das, was sein will, aus dem Seienden geboren sein.

»Wohin gingen sie?«, will ich wissen.

»Yggdrasil ist fast ausgewachsen«, erklärt mir Odin, »der mächtige Weltenbaum verbindet alles Geschaffene. Er hat drei große Wurzeln, von denen eine nach Jötunheim, dem Land der Riesen reicht. Dort gibt es einen Brunnen, der einem Mimir gehören soll. Eines Tages werde ich ihn aufsuchen, denn man sagt, wer sein Wasser trinke, werde weise.« Er lacht. Der junge Odin wirkt nicht sehr weise. »Die zweite Wurzel«, fährt er fort, »führt nach Niflheim zur Quelle Hvergelmir, aus der die Weltströme entspringen. Und die Dritte führt zu einer Insel, zu der man von hier aus nur über Bifröst, die Regenbogenbrücke, gelangen kann.

Dort entspringt bei der Wurzel die Schicksalsquelle, der Urdbrunnen, dessen Wasser so heilig und heilend ist, dass alles, was mit ihm in Berührung kommt, völlig weiß wird. Zwei Schwäne schwimmen in der Quelle; deren Nachkommen aber bevölkern Midgards Gewässer. Dort leben nun die drei Frauen.«
»Wie heißen sie?«
»Da ist Urd, die das Gewordene kennt. Und Werdani, die das Werdende sieht. Die Dritte ist Skuld. Sie achtet auf das Werdenwollende. Sie nennen sich die Nornen, die Schicksalsweber. Und sie achten sehr auf Yggdrasil. Täglich wässern sie den Baum mit dem heilsamen Wasser der Quelle.«
»Du magst sie«, stelle ich halb belustigt fest.
»Ich bewundere ihr Wissen«, schränkt er ein. »Aber ich gebe gerne zu, dass sie geheimnisvoll, mysteriös und faszinierend sind. Sie vermögen es, Losstäbe zu schnitzen; eine Kunst, die ich unbedingt noch lernen will.«
»Ist es weit bis Yggdrasil? Ich würde den Baum gern sehen.«
Odin lacht und sein Bruder Hönir, der mit uns ist, kann ein Schmunzeln nicht unterdrücken.
»Yggdrasil ist überall. Du musst nur sehen können.«
Bei diesen Worten legt mir Odin die Hand auf den Unterarm. Ich verspüre ein leichtes Kribbeln; nicht unangenehm, doch sehr bedeutsam.

Yggdrasil!
Die Weltenesche, der Weltenbaum ist Zentrum des Geschaffenen geworden. Er hält alles zusammen. Es ist, als würde ich mit Odins Augen schauen. Ich erkenne in der Tiefe das Reich der Toten, das noch keinen Namen hat - dort, wo Ginnungagap war; erahne in der Nähe Niflheim und die dort herrschende erstarrte Kälte. Und ich sehe Schwarzalbenheim.
Diese Welt ist mir neu. Nachdem die Nornen vom Schicksal sprachen, gingen die Asen hin und schufen aus den Maden im verwesenden Fleisch Ymirs die Schwarzalben, die man auch Zwerge nennt. Dies ist ihr Reich, der Sonne verborgen, tief und dunkel.
Ich sehe Midgard als Mittelwelt, als mittlere Welt um Yggdrasil, doch nahe ist Jötunheim, und im Süden liegt Muspel, von wo der erste Lebensfunke kam.

Und oben schaue ich - dieses Mal wohl klarer als Odin - Wanaheim und Lichtalbenheim; Welten, die ich kenne und liebe. Und ich sehe Asgard, eine dritte Welt, am Ende von Bifröst.
Immergrün steht die Weltenesche und es scheint, dass nichts und niemand sie bedrohen können. Doch in ihren Wurzeln, vornehmlich bei Niflheim, sitzen unzählige nagende Schlangen und oben im Geäst grasen vier Hirsche das Blattwerk. Die Hirsche heißen Dwain, Dwalin, Durathor und Denneir. Eine prachtvolle Ziege, die Heidrun heißt, wohnt oben im Wipfel. Ihre Milch ist nahrhaft für die Asen und alle bei ihnen. Honigtau fällt von der Esche und nährt die Bienen. Vögel nisten. Ein Hahn lebt im Gezweig. Und nahe beim Wipfel sitzt ein Adler in den Zweigen, der alles sieht und vieles weiß. Zwischen seinen Augen erkenne ich den Habicht Wedfölnir. Ein Eichhörnchen, Ratatöskr, klettert vergnügt den Stamm hinab. Es springt nach Niflheim und erzählt, was der weise Adler über jene Unterwelt lästert. Dann klettert es hinauf in den Wipfel und überbringt dem Adler die Antwort der Schlangen. So rennt es immer hin und her. Ich spüre sein großes Vergnügen, diesem ewigen Zank als Bote zu dienen.

Bei diesem Gedanken zieht Odin befremdet seine Hand zurück. Die Schau endet.
»Ratatöskr ist ein Unhold«, brummt Odin, halb erklärend und halb entschuldigend. »Leider zu schnell, um eingefangen zu werden. Was gefällt dir an ihm?«
»Nur die Lebendigkeit, die er verströmt. Die Leidenschaft, mit der er seine Tage verbringt. Wenn du ihn fängst, wird ein anderes Eichhörnchen seinen Platz einnehmen. Böse Worte und Gedanken kannst auch du nicht aufhalten.«
Ich muss lachen, weil ich ungeplant etwas sehr Kluges sagte. Nachdem Hönir grinst, nimmt auch Odin die Sache von der heiteren Seite.

Wir sind schon einige Zeit unterwegs, haben das Meer erreicht und beschließen, den Rückweg zu beginnen. Unterwegs fallen uns zwei tote Baumstämme auf, die am Ufer liegen, von Wellen umspült. Hönir, der selten etwas sagt, betrachtet sie länger und meint dann:
»Komisch, die sehen fast ein wenig wie wir aus.«
Nun fällt es auch uns auf. Der lange Stamm könnte ein Körper sein, die schmalen Äste wirken wie Arme und der Wurzelansatz wie Füße. Das Eschenholz ist etwas kräftiger als der Stamm aus Ulmenholz. Leben ist

nicht mehr in den Hölzern; keine knospentragenden Zweige können wir finden. Das Meer hat die Rinde längst fortgespült.
»Holzmänner.« Odin lächelt sinnierend. »Midgard ist schön geworden, aber nicht perfekt. Es fehlt etwas.«
Ich starre ihn an; einer der wenigen Momente, in denen mir die Worte fehlen.
»Du willst ihnen Leben geben?«, ringe ich mir endlich ab.
Fragend schaut Odin zu Hönir, und als der nickt, ist es wohl beschlossen. Ich stehe dabei, fasziniert und zugleich seltsam ergriffen. Das Leben kam aus den Funken Muspelheims. Es nun in totes Holz zu senken, erscheint mir gewaltiger als die Erschlagung Ymirs und die Weltengründung aus seinem Leib.

Und es geschieht! Odin wendet sich erst der Esche, danach der Ulme zu, bläst über sie und gibt ihnen somit Atem, Seele und Leben. Dann tritt Hönir zu ihnen und tut es dem Bruder gleich. Er gibt Geist und Verstand. Sie sehen danach mich an.
»Du bist enttäuscht«, stellt Odin gelassen fest. »Die Holzmänner leben und können denken.«
»Sie sind hässlich«, erkläre ich meine Unzufriedenheit. »Sie sind immer noch hölzern. In jeder Ratte ist mehr Lebendigkeit.«
»Nun, was würdest du ihnen geben wollen?«
»Wenn ich es könnte, dann ...«
»Du kannst es«, mahnt Odin, mich unterbrechend. »Es fließt dasselbe Blut in uns. Versuche es.«
In dieser Stunde komme ich mir selbst etwas kindisch vor. Doch da Odin jetzt wirklich mein Handeln erwartet und Hönir mir aufmunternd zunickt, überwinde ich meine eigene Scheu. Wie die beiden Asen vor mir, so blase auch ich über die beiden Stämme und stelle mir dabei vor, wie Blut und Wärme zu ihnen strömt und sie erfüllt werden von Leidenschaft, Begeisterungsfähigkeit und Gefühl. Danach trete ich zurück.

Odin und Hönir stellen sich an meine Seite. Wir betrachten die Baumstämme, die langsam an Farbe gewinnen. Sie bewegen sich! Sie sehen sich an, erkennen einander als gleich. Odin streift seinen Mantel ab, wirft ihn der Esche zu. Hönir reicht seinen Umhang der Ulme.
»Lassen wir sie allein«, entscheidet Odin endlich, der ihre scheuen Blicke lästig findet. »Ask (=Esche) und Embla (=Ulme) werden ihren Weg finden. Von nun an gibt es viel zu tun für die Nornen, denn ich bin

sicher, diese Holzmenschen werden sich vermehren und ihr Schicksal suchen.«

So kamen die Menschen nach Midgard, und wie Odin es vorhersah, vermehrten sie sich und bildeten Sippen. Sie bauen sich Hütten, bearbeiten den Boden, hüten Vieh. Und sie brauchen Platz, immer mehr. Den Asen gefällt ihr Tun, weshalb sie beschließen, Midgard ganz den Menschen zu überlassen. Sie wollen deren Welt schützen; vor allem gegen Angriffe aus dem Reich der Riesen. Doch Wohnstatt werden sie in Asgard nehmen, dem noch freien Land beim Brunnen des Schicksals.

Als die Asen Midgard verlassen, gehe ich nicht mit ihnen. Der Abschied fällt uns erstaunlich schwer. Odin umarmt mich immer wieder, verlangt mein Wort, sie bald zu besuchen. Doch zuerst will ich noch ein wenig umherstreifen und neue Welten erkunden. Da ich außerdem sehe, wie die Menschen unter der Kälte nahender Eisriesen leiden, nehme ich zunächst meine Reiseschuhe und begebe mich nach Wanaheim. Dort entleihe ich mir Feuer, das ich den Menschen bringe. Da ich ihnen innere Wärme gab, will ich auch die äußere Wärme in ihren Hütten wissen. Man soll in späteren Zeiten über die Menschen - und mich - sagen, was man mag. Eines wird Bestand haben, nämlich, dass die Menschen das Herdfeuer achten und den, der es brachte, nicht vergessen. Denn immer wieder opfern die Alten mir darin symbolisch ihre Dankbarkeit und das Feuer wärmt sie bis ans Ende der Zeit.

Ich verlasse Midgard, in dem ich so lange verweilte. Für mich ist es an der Zeit, mich mit der Wirklichkeit meines Vaters zu beschäftigen. Ich will sehen, woher er kommt. Ich gelte durch Blutband als Ase, doch, wenn auch klein, so bin ich doch ein Riese. Irgendwie erscheint es mir richtig, Riesenheim vor Asgard zu betreten.

Angrboda

Östlich von Midgard liegt Jarnvidr, der Eisenwald. Er gehört zu Jötunheim, dem Land der Eisriesen, ist aber nicht von Schnee und Eis bedeckt. Unwirtlich ist er, düster und bedrohlich. Ich habe nicht vor, tief einzudringen.
Als ich in Wanaheim das Feuer für die Menschen holte, lehrten die Wanen mich, wie ich es aus mir selbst zu entfachen vermag. Das kommt mir hier zugute, denn des Nachts herrscht empfindliche Kälte. Ab und an heult gewaltiger Sturm, der den steinharten Bäumen hier aber nicht schaden kann. Trotzdem bin ich falsch in dieser Gegend. Ich will ja sehen, wo und wie mein Vater und meine Brüder leben. Das tun sie gewiss nicht hier. Ich befinde mich im Gebiet der Hrimthursen, der Frost- und Eisriesen; Nachkömmlinge des Bergelmir, der als einziger Riese das Blutmeer bei Ymirs Tod überlebte. Ein Sturmriese wie mein Vater muss auf Bergen und Höhenzügen zu Hause sein.

Nun, ich ging fehl, doch da es mir ohnehin mehr ums Reisen als ums Ankommen geht, genieße ich durchaus diese bedrückende Umgebung. Es leben erstaunlich viele Wölfe im Eisenwald. Ihr Heulen begleitet mich seit Stunden. Der Abend naht und ich bezweifle, dass ein großes Feuer mir Sicherheit geben kann vor ihrem hungrigen Geifer. Ab und an sehe ich einen der Wölfe. Sie besitzen gewaltige Ausmaße, dickes, dunkles Fell und kleine, sehr wache Augen. Langsam dunkelt es. Sie kommen näher und sie werden immer mehr. Ich finde einen hohlen Baum, schlüpfe hinein. Er kann mich nicht schützen, doch für eine sehr kurze Zeit ermöglicht er mir, die gegenwärtige Bedrohung zu vergessen.
Es gibt die alte Kunst des Seidhr; mächtige Zauber, wie sie die Frauen in Wanaheim beherrschen. Ein paar von ihnen sind wahre Meisterinnen. Und einige von ihnen fanden während meiner Lehrjahre dort durchaus Gefallen an mir. So lernte ich ein paar Dinge, die eigentlich nicht für mich bestimmt sein konnten. In dieser Stunde wünschte ich, mehr Seidhr geübt zu haben.
Ich benötigte auch wirklich einige Versuche, ehe mir das Werk gelingt. Als die Wölfe den Baum beschnüffeln und ihr Opfer suchen, finden sie mich nicht mehr, denn ich sitze als unscheinbarer Käfer über ihren Köpfen, haltet mich am Holz fest und habe nur den einen Wunsch: Diese fette Made zu erreichen, die ich direkt unter meinen Füßen nagen höre.

Nachdem es mir gelingt, mit dem Rüssel das Holz aufzubohren und ich mir die herrliche fette Nahrung einverleibe, schlafe ich höchst zufrieden ein.

Andern Tags wandere ich weiter. Der Eisenwald besitzt keinen Schrecken mehr, nachdem ich weiß, wie ich mich nachts zu schützen vermag. Ich betrachte die Gegend als gute Gelegenheit, die Kunst des Gestaltwandelns einzuüben. Zeugen muss ich hier nicht fürchten. Wenn die Sache nicht immer gut gelingt, so ernte ich wenigstens keinen Spott. Und mit der Zeit geht es immer leichter. Trotzdem fühle ich mich in meinem angeborenen Leib am wohlsten.
Tief dringe ich ein nach Jarnvidr. Der Wald bleibt düster und dicht, doch es geht nun langsam bergan. Steine finden sich hier, deren Größe bald beachtlich wird. Ich nähere mich also einem Gebirge. Es mag noch weit sein, aber die Richtung scheint zu stimmen. Ab und an hört ich Hrimthursen und ziehe es vor, unentdeckt zu bleiben. Vor den Wölfen verberge ich mich nicht mehr. So tief im Eisenwald mag ein Wanderer kein Futter mehr sein für sie. Vielleicht haben sie sich auch nur an meinen Anblick gewöhnt. Jedenfalls ignorieren sie mich inzwischen völlig.

Ein besonders kalter Tag verdirbt mir dann aber doch die Lust am Reisen. Meine Neugier hat mich auf einen törichten Weg gelockt. Kein Vogel singt mehr, kein Wild lässt sich sehen. Die Kälte wächst. Ein Schneesturm kommt auf, gepaart mit scharfen Eisstückchen, die nadelspitz meine Haut ritzen. Ich brauche dringend einen Unterschlupf. Ein Wolf läuft an mir vorbei und zeigt mir ungewollt den Weg, als ich ihm zu einer großen Höhle im Felshang vor mir folge. Der Eissturm tobt, doch er vermag es nicht mehr, mich zu bedrängen. Im Schutz des Höhleneingangs lausche ich seinem Heulen und Rufen, in dem ich glaube, das Liebeswerben eines Riesen um eine Riesin zu erkennen. Bei diesem Gedanken lachte ich leise auf. Alle Bedrängnis weicht. Ich will es mir gemütlich machen, bis sich das Wetter bessert. Und danach vielleicht doch nach Asgard ziehen.
Ich finde etwas trockenes Holz im Innern der Höhle und entfache ein kleines Feuer, dessen Wärme mir schmeichelt und zugleich eine höchst angenehme Müdigkeit bewirkt. Als ich mich niederlagere, kommt der Wolf an meine Seite, beschnüffelt meine Hand und legt sich neben mich, den großen Schädel auf meine Brust lagernd. So schlafen wir beide ungestört die ganze Nacht hindurch.

Als ich erwache, brennt das Feuer noch mit kleinen Flammen. Der Wolf hebt den Kopf, lagert sich bequemer und bleibt. Ich aber erstarre fast, denn mir gegenüber sitzt eine Frau, wie ich sie nie zuvor sah. Sie gehört zu den Hrimthursen und ist bedeutend größer als ich. Man kann sie durchaus füllig nennen. Sie sitzt einfach da, die Arme um ihre Knie gelegt, und schaut mich still an. Das braune Leinen verhüllt sie nur unzulänglich. Ich erkenne ihr festes Fleisch, ihre fraulichen Rundungen, ihre breiten Hände, die starken Schenkel und die kräftigen Füße. Die halb entblößten Brüste zeigen sich straff. Den gedrungenen Hals schmückt sie mit einer Kette aus geschnitzten Holzstückchen, deren Form an Wölfe erinnert. Ihr schwarzes Haar reicht bis über die Hüfte hinab; ein paar abgestorbene Nadeln der Bäume hängen darin, doch zeigt es sich durchaus gewaschen und gekämmt. Sie bewegt sich nicht, sieht mich einfach still an. So hebe ich den Blick und schaue auf ein ebenmäßiges Gesicht. Die Nase mag etwas zu breit sein, die Brauen zu buschig und die Lippen zu voll. Doch diese Augen werde ich niemals vergessen. Der dunkle Blick scheint endlos; tief, wissend, ruhig, kennend und erkennend. Mir wird richtig warm unter ihm.

»Wer bist du denn?«

Ihre Stimme klingt unerwartet melodisch, ein wenig erstaunt und durchaus freundlich.

»Ich würde mich aufrichten und dich gebührend begrüßen, wenn der Wolf mich denn ließe«, antwortete ich mit einem kleinen Scherz, der sie lächelnd lässt. »Ich bin Loptr, Sohn des Farbauti.«

Sie lacht. Nicht laut und abwertend, eher sanft und belustigt.

»Du willst ein Sohn des mächtigen Sturmschlägers sein?«

Sie zweifelt und verbirgt es nicht.

»Meine Brüder sind Byleist und Helblindi. Meine Mutter nennt man Laufey. Ja, ich bin Farbautis Sohn.«

»Du bist klein.«

»Ich bin ein sehr kleiner Riese, weshalb mein Vater mich wohl ‚laues Lüftchen‘ nannte.«

Sie lacht wieder, etwas lauter nun, frei von Argwohn jedoch. Mit einem schnalzenden Laut ruft sie den Wolf an ihre Seite, so dass ich mich endlich aufsetzen kann. Die Riesin greift neben sich und reicht mir ein Stück gebratenes Fleisch.

»Mein Name ist Angrboda«, sagte sie unvermittelt, während ich kauend das dargereichte Frühmahl zu mir nehme.

»Der Name wird dir nicht gerecht«, erwidere ich aufrichtig, denn er bedeutet »die Kummer Bringende« und diese Frau sieht nicht wie jemand aus, der Leid mit sich führt.
»Mein Vater gab ihn mir, nachdem meine Mutter bei meiner Geburt starb. Wir haben wohl beide unsere Väter enttäuscht.« Sie lächelt und beweist mir so, wie wenig sie dies belastet. »Du bist mein Gast. Solange meine Verwandten da draußen feiern, wirst du wohl bleiben müssen, denn du siehst nicht aus, als wenn du ihr Eis zu ertragen vermagst.«
Ich danke. Sie scheint erstaunt, gerade so, als habe sie erwartet, dass dies unangenehm für mich sein müsse. Aber ich spiele nicht mit ihr. Von Angrboda geht etwas aus, das mich fasziniert, ohne, dass ich erklären könnte, was genau dies sein mag. Ich denke auch nicht darüber nach.
Sie zeigt mir ihre Höhle, deren Größe mich beeindruckt. Ich finde Gelegenheit, zu baden. Ich erhalte eine weiche Lagerstatt. Sie überhäuft mich mit den besten Speisen, die sie besitzt. Und sie teilt mit mir einen seltsamen Wein, den sie selbst aus Baumsaft herstellt. Er schmeckt köstlich, nimmt dem Geist alle Schwere und lockert die Zunge. Während draußen tagelang der Eissturm tobt, plaudern wir drinnen wie vertraute Freunde. Ich lehre sie, mit Würfeln zu spielen. Manchmal greift sie nach ihrer Harfe; einem gebogenen Stück Holz, zwischen das sie Darmsaiten spannte. Dann zupft sie daran und entlockt ihrem Instrument wohlklingende Töne, zu denen sie auf summende Weise singt. Dann kuschele ich mich stets an sie und lausche schweigend.

Als der Sturm endlich verebbt, sind einige Tage vergangen. Wir kamen uns näher in dieser Zeit, erzählten einander unser Leben, verbrachten angenehme Stunden. Ich ordne mein Bündel, denn ich plane, am kommenden Morgen meinen Weg wieder aufzunehmen.
»Ein Stück kann ich dich begleiten«, bietet Angrboda da an. »Es ist sicherer für dich, wenn ich bei dir bin.«
Sie weicht nun zum ersten Mal meinem Blick aus. Ich verstehe. Sie fürchtet den Abschied, vielleicht auch die Einsamkeit.
»Es eilt nicht.« Ich antworte nur zögernd, bin mir meiner Sache selbst nicht sicher. »Ich würde gern noch ein wenig bleiben. Du bist eine wundervolle Frau. Aber ich werde nicht für immer bei dir sein. Ich spüre, dass mein Weg hier nicht zu Ende ist.«
Sie verlangt nichts, fordert nichts. Sie nimmt meine Gegenwart wie ein kostbares Geschenk, und als wir uns vereinen, fühlen wir beide Liebe in uns.

Ich teilte mein Lager mit so mancher Wanin, Asin und auch mit Menschenfrauen. Doch mit Angrboda - das ist anders. Es ist kein Spiel, nicht reine Wolllust, nicht Ekstase. Es ist wie eine Heimkehr. Wir entsprechen einander. Wir tauchen ineinander ein, um im andern das eigene Selbst zu schauen. Das riesische Blut in uns kocht. Unsere Kräfte wachsen ins Unermessliche. Es findet kein Ende; es gibt immer und immer wieder nur einen neuen Anfang.

Ich bleibe bei ihr. Wir mögen ein sehr ungleiches Paar sein. Doch niemand wagt, ein Wort dagegen zu sagen, als Angrboda mich mitnimmt zu den ihren. Ich lerne Reifriesen kennen; gewaltige, urtümliche Geschöpfe; die meisten voll Zorn, einige gewitzt, manche erfüllt von hohem Wissen. Wir blieben nicht bei ihnen. Die Höhle ist unser Zuhause, in dem wir uns wohlfühlen. Als ihre Stunde kommt, werde ich verjagt. Reifriesinnen stehen ihr bei. Erst nach der Geburt wurde ich wieder geduldet.

Angrboda schenkt mir einen Sohn; einen süßen, kleinen Welpen mit noch hellem Fell, das erst Jahre später dunkelt. Und ich empfinde wahrhaft Vaterstolz. Bald tolle ich mit ihm durch den Eisenwald, lehre ihn die Jagd und gebe ihm so manchen Rat, wenn ihm ein Weibchen gefällt.

Angrboda empfängt erneut und gebiert den Jörmungandr. Ich staunte selbst, weil er so gar keine Ähnlichkeit mit seinem Bruder besitzt. Jörmungandr hat das Wesen und auch das Äußere eines Lindwurms; der kräftige Schlangenleib trägt einen großen, kantigen Kopf mit kräftigem Maul.

»Bist du enttäuscht?«, will Angrboda einmal wissen. »Unsere Kinder sehen dir nicht ähnlich. Du hast mir einmal von deinem Freund Odin erzählt, dessen Söhne wohl ganz nach ihm geraten.«

»Ich bin stolz und glücklich«, antworte ich mit fester Stimme. »Und ich liebe dich.«

»Wirst du die Jungen mitnehmen, wenn du Odin besuchen gehst, wie du es so lange schon planst? Heißt einer der Söhne deines Freundes nicht Thor? Der könnte mit Jörmungandr spielen.«

Ich liebkose meinen Jüngsten.

»Dazu müsste er aber noch sehr wachsen.« Ich lache. »Der kleine Thor ist ein kräftiger, großer Bursche.«

»Oh, Jörmungandr wird wachsen. Fenrir wird es auch tun.«

»Ich werde sie trotzdem nicht mitnehmen«, verspreche ich. »Zuerst will ich sehen, ob dieses Asgard, das meine Freunde bauen, überhaupt ein

guter Ort ist. Und das ist er nur, wenn auch du dort willkommen sein wirst.«
Die Reise nach Asgard schiebe ich weiter auf. Es ist die Zeit, in welcher die Reifeisen mit Macht gegen Midgard stürmen. Unterwegs kennen sie weder Freund noch Feind. Da ist es besser, in unserer gemütlichen Höhle zu bleiben, die Kälte durch kräftiges Feuer zu vertreiben und alle Zeit der Familie zu widmen.
Angrboda empfängt erneut und nun bin ich nicht mehr bereit, an eine Abreise zu denken. Als mein kleines Mädchen Helja geboren wird, ist mein Glück vollkommen. Angrboda zeigt sich etwas bestürzt, weil sie so winzig ist.
»Fast wie ein Menschenbaby«, murrt sie einmal.
Sie behandelt Helja mit geradezu übertriebener Vorsicht; gerade so, als fürchte sie, das zarte Wesen, das doch ihre Tochter ist, mit ihren großen Händen zu verletzen. Doch da gibt es keine Gefahr. Helja besitzt eine ebenso gute Konstitution wie ihre Brüder. Sie wächst und gedeiht. Früh schon streift sie allein durch den Forst, wo sie niemand beachtet. Sie besitzt die besondere Gabe, wie unsichtbar zu sein, wenn sie innehält. Zur Hälfte besitzt sie meine helle Haut, zur anderen Hälfte die dunkle Farbe ihrer Mutter. Ich liebe beide Seiten an ihr; ich liebe sie.

Es ist Angrboda, die mir vom Wanenkrieg erzähle. Sie besuchte ihre Verwandten und nach ihrer Rückkehr teilt sie mir die Neuigkeiten mit, die sie erfuhr. Sie kennt keine Details. Doch es gab wohl einen Krieg zwischen den Wanen und Asen. Angeblich errangen die Wanen den Sieg, schlossen aber Frieden mit den Asen. Ob und welche Verluste es gab und was alles zerstört wurde, wissen die Riesen nicht. Es ist nun also Zeit für mich, nach Asgard zu reisen. Womöglich brauchen die Freunde dort meine Hilfe. Ich will ihnen zumindest anbieten, wo nötig zwischen ihnen und den Wanen zu vermitteln.

Der Abschied von Angrboda und den Kindern fällt mir unglaublich schwer. Ich verspreche, so bald als möglich wieder heimzukehren. Erst, als ich den Eisenwald verlasse, Midgard erblicke und weites Land schaue, beginne ich, mich auch auf Asgard zu freuen.

Die Wette

Ich erreiche Bifröst. Dank meiner Wanenschuhe geht die Wanderung über die Brücke rasch vonstatten. Ich nähere mich Asgard, bleibe aber nicht unbemerkt.
»Ich grüße dich, Heimdall«, rufe ich dem Wartenden zu, der mich argwöhnisch beobachtet. »Viel Zeit verging, seit wir in Midgard spielten. Erkennst du mich nicht mehr?«
Heimdall lächelt im Erkennen. Seine goldenen Zähne blitzen. Ich lache ihm zu. Viel verändert hat er sich nicht. Er ist groß, von heller Haut. Man sagt, neun Mütter, die Schwestern waren, haben ihn am Rande Midgards geboren. Er braucht kaum Schlaf und verfügt über ein ausgezeichnetes Gehör. Einen besseren Wächter der Brücke kann ich mir nicht vorstellen. Sein Pferd Gulltopp weidet in der Nähe eines Prachtbaus, der Himinbjörg heißt und ganz nahe bei Bifröst steht. Heimdall hat sich hier ein wirklich beachtliches Heim geschaffen.
»Wir haben dich nicht mehr erwartet«, gibt er endlich zu.
»Ich hörte von Kampf und Krieg. Wenn ich helfen kann ...«
»Der Krieg ist längst entschieden. Geh nur weiter, Loptr. Du wirst staunen, wenn du siehst, was wir geschaffen haben.«

Darin übertreibt er nicht. In nichts kann Asgard mit einer der anderen Welten verglichen werden. Ich sehe Sesrumnir, einen Saal, groß und schön. Er gehört Freyja, die ich nicht kenne. Sie selbst wohnt in Folkwang. Ich höre, wie Leute über sie sprechen und ihre Schönheit rühmen. Ich sehe Breidablik, den Saal, den Balder und später auch Nanna bewohnen, und Glitnir, die Halle dabei, deren Silberdach auf goldenen Säulen ruht. Als ich Tyr entfernt stehen sehe, rufe ich ihn an. Er kommt sofort gelaufen, reicht mir beide Hände zum festen Druck und heißt mich ehrlichen Sinnes willkommen. Ihn mochte ich schon in Midgard. Er ist klug und kühn zugleich. Wenn er die Dinge einschätzt, spürte man seine Weisheit. In seiner Gesellschaft fühle ich mich weniger fremd in Asgard. Er zeigt mir Ydalir, Ullers Palast, deutete auf Bilskirnir, den Wohnort Thors. Noatun, Landwidi, Gladsheim und all die anderen Bauten nennt er mir und wem sie gehören.
»Ich dachte, ich finde Asgard in Trümmern«, gebe ich zu.
Tyr zieht mich neben sich auf eine Bank.

»Du hast vom Krieg gehört?« Ich nicke und bitte ihn, davon zu erzählen.
»So lange ist es noch gar nicht her«, kommt er meiner Bitte nach. »Wir bauten unsere Häuser, genossen die Tage und fanden durchaus Zeit zum Spiel. Dort drüben, auf dem Idafeld, das noch heute unser Versammlungs- und Richtplatz ist, haben wir Gold geschmolzen und dann, wie früher in Midgard, um die Scheibchen gewürfelt. Da kam Gullveig zu uns aus Wanaheim. Mit ihr kam Seidhr, die Zauberkunst. Plötzlich war alles anders. Gold diente nicht mehr dem Spiel, wurde zum Schatz, den es zu haben und behalten gilt. Wir spürten, wie sie alles zerstörte, was unseren Frieden ausmacht. Ich weiß nicht mehr, wer zuerst nach ihr stieß. Aber da sie nicht gehen wollte, wandten wir uns gegen sie. Drei Mal haben wir sie verbrannt und jedes Mal kehrte sie durch ihren Zauber zurück.«
Ich erschaudere bei diesen Worten. Was Seidhr vermag, weiß ich - und da Gullveig drei Mal dem tödlichen Feuer entkam, muss sie eine der ganz hohen Eingeweihten in Wanaheim sein.
»Was geschah dann?«, forsche ich.
»Die Wanen erhoben sich. Wir hatten bis dahin so gut wie nichts mit ihnen zu tun. Sie sind so anders als wir. Ganz bestimmt sind sie keine Krieger. Aber sie stürmten gegen Asgard, zertrümmerten unsere Mauern, überrannten uns völlig. Die Schlacht währte nicht lange, nachdem Odin den Kampfspeer über die Heere schickte. Der erste Krieg in den Welten ging nicht gut aus für uns. Nachdem die Wanen den Sieg errangen, hatten sie kein großes Interesse mehr an uns und Asgard. Es lag ihnen nichts an unserer Vernichtung. Durch ihre Zauber sind sie mächtig und stark durch ihren Mut. Das anerkannten wir. Und als sie uns Frieden anboten, stimmten wir freudig zu. Odins Oheim Mimir und sein Bruder Hönir gingen nach Wanaheim als Unterpfand des Friedens. Die Wanen sandten uns Njörd und seine beiden Kinder Freyr und Freyja, die nun bei uns leben. Alle drei gehören jetzt zu uns - und es ist fast, als seien sie immer hier gewesen.«
»Hönir ist also nicht mehr hier.« Ich versuche, die vielen Informationen einzuordnen. »Schade, ich hatte mich auf ihn gefreut. Und wo ist Odin?«
»In seinem Haus Valaskjalf.« Tyr hält mich mit an der Hand zurück, als ich mich erheben will. »Du kannst nicht einfach zu ihm. Er wird nach dir schicken, wenn er Zeit für dich hat.«
»Wir sind Freunde, Brüder im Blut.« Ich sage es leise, um mein Erstaunen zu verbergen. »Ich bin kein Vasall, der um Audienz nachsucht.«

»So war es nicht gemeint«, lenkt Tyr gelassen ein. »Er weiß bestimmt schon, dass du hier bist. Aber wenn er sich mit Freyja zurückzieht, dann will er nicht gestört sein. Ich vermute, die Wanin lehrt ihn so einiges ihrer Seidhrkunst.«

»Er hat sich früher nicht für Zauberei interessiert«, erinnere ich mich.

»Du warst lange fort, Loki, viel zu lange. Nachdem wir Asgard erbauten, suchte Odin oft seinen Oheim Mimir bei dessen Quelle auf. Wer das Wasser dort trinkt, wird von innerem Schauen überwältigt, heißt es. Odin gab sein Auge als Pfand, damit er trinken durfte. Er sinniert viel, sucht überall einen tieferen Sinn. Da er nun Mimirs verlustig ist, sucht er Freyjas Nähe, deren Kunst beachtlich ist.«

»Und Frigg lässt das zu?«

»Frigg ist Odins Gemahlin, nicht seine Amme. Und sie ist viel zu klug, um sich da einzumischen.« Tyr lächelt wissend. »Doch berichte, wie es dir inzwischen erging.«

»Ich bin viel gewandert.«

Nach diesen Worten verstumme ich, denn ich sehe eine Frau in der Nähe vorübergehen, deren Schönheit mich bezaubert. Ihr goldfarbenes langes Haar leuchtet geradezu; ihre sanften Züge wirken edel und freundlich.

»Das ist Sif.« Tyr bemerkt meinen Blick und beantwortet unausgesprochene Fragen. »Sie ist inzwischen mit Thor verheiratet, der ihren Sohn Uller wie einen eigenen hält.«

»Der kleine Thor ist erwachsen geworden«, staune ich und erst jetzt kommt mir zu Bewusstsein, wie lange die Trennung dauerte.

Tyr lacht laut und herzlich.

»Der kleine Thor ist ein Berg von einem Mann«, versichert er. »Er ist ein guter Gemahl, ein treuer Freund, ein Verachter der Zwerge und ein Feind der Riesen. Niemand bat ihn je vergeblich um Hilfe. Und seinem Töchterchen Thrud ist er ein zärtlicher, liebevoller Vater. Du wirst ihn mögen.«

Tyr verabschiedet sich, nachdem ich versichere, allein nicht sofort zu Odin zu laufen, sondern mich in Ruhe umschauen zu wollen.

Genau das tue ich dann auch. Es gibt wirklich viel zu sehen in Asgard. Nachdem ich so lange in einer Höhle lebte, empfinde ich die Prachtbauten hier als besonders beeindruckend. Und doch will ich nicht tauschen. Die Höhle bedeutet ja auch Angrboda und die Kinder. Ich hoffe noch, Odin bald zu sehen. Danach will ich nach Hause gehen. Denn dieses Asgard, so glanzvoll es sich auch zeigt, ist nicht meine Welt. Ich würde nur Gast sein hier, ich spüre es.

Leises Weinen erweckt meine Aufmerksamkeit. Ich folge dem Geräusch. Auf einer winzigen Lichtung, verborgen zwischen großblättrigen Sträuchern und von außen nicht einsehbar, finde ich Sif. Rasch knie ich zu ihr.
»Kann ich helfen?«
Sie schüttelt den Kopf, wischt die Tränen ab. Aber ihr Kummer bleibt. So setze ich mich zu ihr. Ihre Schönheit bedeutet nichts mehr für mich. Sie scheint so verzweifelt, so hilflos. Das rührt mich an. Es dauert aber sehr lange, ehe sie sich mir anvertraut. Da liegt schon mein Arm um ihre Schultern und ihr Kopf ruht an meiner Brust. Der ehrenwerte Thor, ihr über alles geliebter Gemahl, der Riesen als Feinde betrachtet und sie bekämpft, dieser Thor erlag den Reizen einer Riesin. Diese Frau heißt Jarnsaxa; genau wie eine der Mütter Heimdalls. Sie hätte es wohl nie erfahren, wäre Jarnsaxa nicht schwanger geworden. Und nun empfindet sich Thor in der Pflicht und sorgt für sie. Sif fühlt sich gedemütigt und verraten. Ich begreife, dass Thor höchste Achtung empfängt in Asgard. Niemand wird sich offen gegen ihn stellen und Sif trösten wollen. Und sie würde sich auch vor niemandem beklagen. Ich aber bin ein Fremder in Asgard. Vor mir kennt sie nun keine Scheu. Während ich ihren Rücken streichele und versuche, sie zu beruhigen, entspannt sie sich langsam. Ihr verzweifelter Kummer weicht berechtigtem Zorn. Sie schimpft nicht über Jarnsaxa, sondern nur über Thors ursprüngliche Absicht, ihr seine Beziehung zu ihr zu verheimlichen. Darin allein sieht Sif den Betrug, den Ehrenraub. Ehe ich sie hindern kann, greift sie meinen Dolch und schneidet sich große Teile ihrer wunderbaren Haarpracht ab.
»Jetzt geht es mir besser«, entscheidet sie aufatmend. »Soll er sehen, was er mit angetan hat.« Sie sieht mich an. »Wer bist du eigentlich?«
Und ehe ich antworten kann, findet ihr Mund schon den meinen. Es ist gut, dass niemand in Asgard sieht, wie wir die nächste Stunde verbringen.

Irgendwer ruft, dass Thor nach Hause komme. Sif erhebt sich hastig, ordnet ihr Gewand und tritt nach kurzem »ich danke dir« aus der Deckung heraus. Mit stolz erhobenem Haupt geht sie Thor entgegen. Der sagt zunächst kein Wort. Völlig entgeistert fährt er mit der Hand durch ihr verbliebenes Haar. Dann sieht er sich um.
»Hey da, bleib stehen«, ruft er mir nach, der ich gerade versuche, etwas Abstand zu gewinnen.
Mit wenigen Schritten erreicht er mich. Seine Hand packt mein Wams. Er ist wirklich stark. Und groß ist er auch. Mühelos hebt er mich etwas

an, so dass meine Beine in der Luft baumeln. Mit der anderen Hand greift er nach meinem Dolch, an dem verräterischerweise noch ein paar goldene Haare hängen.
»Lass mich runter.«
Thor lässt mich einfach fallen, steht breitbeinig über mir.
»Bursche, ich zerschlage dir alle Knochen. Wie kannst du es wagen, meiner Frau die Haare abzuschneiden?«
Sif kommt herbei. Ich spürte, wie sie mir beistehen und Thor alles gestehen will. Und ich ahne, dass er dann wohl uns beiden die letzte Stunde übel vergelten wird.
»Es sind doch nur Haare«, sage ich rasch, um Sif an jedem Wort zu hindern. »Das wächst wieder.«
»Dieses Haar nicht. Es ist von besonderer Art«, flüstert eine Frau in der Nähe.
»Dann besorge ich ihr eben neues Haar.« Ich richte mich vorsichtig auf, nachdem ich ein Stück weit in Sicherheit kroch. »Man sagt, die Schwarzalben vermögen es, Wunderhaar zu schmieden, das wie normales Haar wachsen kann.«
»Schwöre es, Loki«, verlangt Thor, dessen Faust ich nur knapp entkomme.
Ich richte mich langsam auf. Thor hat mich also erkannt. Ich sehe Sifs fragenden Blick, ignoriere sie aber vorsichtshalber bewusst und bekräftige mein Versprechen. Thor entspannt sich. Die Gefahr ist fürs Erste vorüber. Odins Sohn nimmt seine Gemahlin in die Arme und tröstet sogar die durch meinen angeblich so feigen Angriff verunstaltete Frau. Sif versucht immer noch, mich aus der Schuld zu nehmen, doch er lässt sie nicht zu Wort kommen. Erst, als ich ihr aufmunternd zuzwinkere, ergibt sie sich seiner Nähe und schweigt. Und ich sehe zu, Asgard hinter mich zu bringen, denn einen Hieb dieses Hünen werde ich kaum überstehen.

Trotzdem bin ich jetzt in Schwierigkeiten. Ich muss Sifs Ehre wieder herstellen und im Grunde geschieht mir das auch Recht. Es ärgert mich nur, dass ich Odin nicht sehen konnte. Daran ist jetzt nichts zu ändern. Erst einmal aber muss ich nach Schwarzalbenheim; eine Welt, die ich bisher nicht kenne.
Und wieder bin ich fasziniert. Ich erwartete eine enge, düstere Welt. Doch das Land der Zwerge ist alles andere als dies. Sie leben unter der Erde; meiden die Sonne, die sie verbrennt. Aber ich finde keine engen Höhlen, sondern weite Hallen, erleuchtet von Gold, Geschmeide und

Edelsteinen. Nachdem ich den Zwergen von meinem Begehr berichte, weisen sie mir den Weg zu Brock, der gleich seinem Bruder Sindri als hervorragender Schmied gilt. Brock vernimmt meinen Wunsch. Er scheint nicht beeindruckt, was mich hoffen lässt, er könne solches Haar fertigen. Doch es gilt zunächst, Höflichkeiten zu tauschen, miteinander zu essen und zu trinken und sich dann über den Lohn zu einigen. Nach allem, was ich bisher in Schwarzalbenheim sah, biete ich keinen materiellen Lohn. Das müsste die Zwerge eher beleidigen denn erfreuen.

»Ihr lebt weitgehend übersehen. Eure Kunst ist zugleich euer Geheimnis«, erkläre ich den Brüdern. »Niemand bewundert euer Werk. Wenn ihr mir dieses Haar schmiedet, wird Thors Gattin, Sif, es tragen und die Götter selbst werden, wann immer sie Sif erblicken, euer Wirken rühmen.«

»Die Asen-Götter haben dich geschickt?«

Etwas misstrauisch ist Brock schon, aber zugleich halb überzeugt. Ich erzähle von Asgard, den Hallen dort, der Schmiedekunst der Asen, welche zwar für Alltagsgegenstände und Schmuck genügt, aber ganz sicher von jener der Zwerge übertroffen werde. Brock weist mir ein Lager zu und macht sich danach ans Werk. Andern Tags schon zeigt er mir das goldene Haar, das wachsen wird, sobald es auf einem Haupt befestigt wurde. Ferner schmiedete er einen Speer, den er Gungnir nennt und der nie sein Ziel verfehlen wird. Des Weiteren schuf er ein Schiff mit Namen Skidbladnir, das immer Fahrtwind habe und das sich bei Nichtgebrauch wie ein Tuch falten und aufbewahren lässt.

Ich bin überwältigt. Was Brock hier schuf, scheint ihm nicht einmal Mühe bereitet zu haben.

»Ich verwette meinen Kopf, dass niemand, nicht einmal dein Bruder Sindri, ein so guter Schmied ist wie du«, lobe ich Brock.

»Du bist leichtfertig«, warnt der Zwerg.

»Nun, da er seinen Kopf verwettet, wollen wir das Spiel doch beginnen«, wirft Sindri vergnügt ein. »Ein Großmaul ist dieser Loptr. Soll er sehen, was er davon hat.«

Wir gehen zur Schmiede. Sindri drückt mich auf die Bank an der Wand und gebietet mir, mich nicht zu regen. Danach legt er eine Schweinehaut in die Esse und bittet Brock, den Blasebalg für ihn zu blasen, da er kurz weg müsse. Eine Fliege surrt umher. Sie sticht Brock in die Hand, der jedoch sein Tun nicht unterbricht. Als Sindri kommt, nimmt er das Werk aus der Esse und es ist ein Eber mit goldenen Borsten.

Mir wird etwas mulmig bei diesem Anblick. Es sieht gerade so aus, als sei Sindri der wahre Meister, der nun Gold in die Esse legt und Brock wieder zu blasen bittet, ehe er die Schmiede verlässt. Die Fliege sticht Brock erneut, der den Schmerz wiederum ignoriert. Als Sindri kommt, nimmt er einen Goldring aus der Esse, der Draupnir heißt. Nun legte er Eisen ins Feuer. Wiederum geht er hinaus, während Brock den Blasebalg emsig betätigt. Konzentriert sieht er dabei ins Feuer. Ich muss etwas unternehmen, wenn ich die Wette nicht verlieren will. Die Fliege war kein guter Helfer, aber ein brauchbares Vorbild. Ich wandle die Gestalt, fliege Brock zwischen die Augen und steche ihm in die Lider, bis Blut fließt. Da der Zwerg nun nichts mehr sehen kann, lässt er endlich den Blasebalg kurz los, verjagt mich und wischt das Blut fort. Dann bläst er weiter. Sindri kommt, nachdem ich meine Gestalt längst wieder annahm. Er zieht einen Hammer aus der Esse und tadelt den Bruder, weil das Werk fast verdorben sei. Sindri gibt Brock die Werke. Dann sieht er mich an und lacht.
»Da du deinen Kopf verwettet hast, kannst du nicht urteilen, wer von uns beiden der bessere Schmied ist. Du wirst mit meinem Bruder nach Asgard reisen. Mögen die Götter selbst entscheiden.«

Brock ist nicht nur ein guter Schmied und ein geselliger Reisegefährte; nein, er erweist sich auch als äußerst wachsam, so dass ich keine Möglichkeit finde, ihm die Beute zu entwenden. Ein wenig peinlich ist es mir ja schon, wegen einer Wette, noch dazu bei diesem Einsatz, in Asgard zu erscheinen. Immerhin müssen wir nicht lange warten, ehe man uns in die große Halle führt, wo auf drei Hochsitzen Odin, Freyr und Thor warten, die den Richterspruch abgeben sollen.
Odins Auge, er hat ja nur noch eines, leuchtet kurz auf, als er mich sieht. Doch dies ist nicht die Stunde, ein freudiges Wiedersehen zu feiern. Brock, der sich in Gegenwart der Götter sichtlich unwohl fühlt, erläuterte mit wenigen Worten Anlass und Inhalt der Wette, ehe er mir auffordernd zunickt. Da überreiche ich Odin den Speer Gungnir und erläutere dessen Eigenschaften. Thor gebe ich das Haar für Sif, was mir ein anerkennendes Kopfnicken einbringt. Er hatte wohl nicht erwartet, dass ich komme, mein Wort einzulösen. Freyr endlich erhält den Segler, der selbst einem zauberkundigen Wanen imponieren muss.
Dann tritt Brock nach vorne und überreicht Odin den Ring Draupnir, mit dem es sich so verhält, dass in jeder neunten Nacht acht Ringe gleicher Kostbarkeit von ihm träufeln, was dem Träger grenzenlosen Reichtum verheißt. Freyr erhält den goldborstigen Eber, der schneller als jedes

Pferd durch Luft und Wasser rennen kann und stets von Helligkeit umgeben bleibt, auch in finsterster Nacht. Mit sichtbarer Scheu übergibt der Zwerg dann Thor den Hammer. Der Stiel sei zwar zu kurz geraten, weil beim Schmieden gestört wurde, doch würde der Hammer, Mjölnir geheißen, stets sein Ziel finden, mächtig zuschlagen und, wenn er geworfen wurde, doch stets in die Hand seines Herrn zurück kehren. Nach dem Willen Thors könne der Malmer - dies bedeutet das Wort Mjölnir - so klein werden, dass er sich unter dem Wams verbergen lässt.

Die Götter beraten sich nur kurz. Der immerwährende Kampf mit den Hrimthursen könnte durch eine Waffe wie diesen Hammer leichter gewonnen sein, entscheiden sie. Und so sprechen sie Sindri den Sieg zu. Ich erstarre fast. Auch Odin trifft dieses Urteil; er, der mein Freund und Bruder ist und der weiß, dass ich meinen Kopf verwettete. Freyr mag mein Schicksal gleichgültig sein; er kennt mich nicht. Und Thor ist wohl wegen Sif noch wütend; überdies verbindet uns ja nichts. Aber Odin gedenkt nicht der vergangenen Jahre. Es kostet mich Mühe, meine Enttäuschung zu verbergen, als ich mich an Brock wende und anbiete, einen anderen Siegespreis an Sindri zu bezahlen. Der Zwerg lehnt leicht höhnisch ab, besteht darauf, dass ich mit meinem Kopf bezahle. Wie nachgebend senke ich das Haupt. Aber als der Zwerg nach mir greifen will, wende ich mich um und fliehe. Meine Wanenschuhe trugen mich rasch durch die Luft.

Ich rechne nicht mit Verfolgung, was mich unvorsichtig macht. Thor holt mich ein, ergreift mich und aus seiner Faust vermag ich mich nicht zu lösen.

»Du kommst mit zurück«, entscheidet er unwillig. »Wer eine Wette eingeht und sein Wort gibt, muss dazu stehen. Hast du keine Ehre im Leib, Loptr?«

»Ich bin lieber ehr- als kopflos«, murre ich, mich unter seinem Griff windend. »Was ergreifst du mich?«

»Der Zwerg hat mich darum gebeten.«

»Du kannst Zwerge nicht ausstehen.«

Thor lacht dröhnend.

»Das ist richtig. Aber den Hammer mag ich jetzt schon. Und ich werde dir damit den Leib zertrümmern, wenn du nicht mit Zappeln aufhörst.«

Als Thor mich in die Halle schleppt, weicht Odin meinem Blick aus.

»Halt still«, verlangt der Zwerg, »damit ich dir den Hals durchtrennen kann.«

»Wage es nicht«, fahre ich ihn an. »Ich habe meinen Kopf verwettet, nicht meinen Hals. Es steht dir nicht zu, meinem Hals auch nur zu schaden.«
Brock starrt mich entgeistert an. Er ist ein rechtschaffener, geradeaus denkender Schwarzalbe, den meine Spitzfindigkeit sichtlich überfordert. Angestrengt denkt er nach, bis sich sein finsterer Blick klärt.
»Dann will ich dir ein für alle Mal dein loses Mundwerk schließen«, entscheidet der Zwerg, während er aus seiner Tasche Messer und Riemen nimmt. »Ich wünschte, ich hätte meines Bruders Ahle bei mir.«
Das wünschte ich allerdings auch, denn dieses Messer erscheint mir mehr als ungeeignet, mir damit meine Lippen durchbohren zu lassen. In diesem Augenblick liegt die Ahle in Brocks Hand. Zwerge verfügen im Allgemeinen über keine Zauberkraft, die solches vermag. Ich verspüre so etwas wie einen bedauernden Gedanken des Wanen und überlege ernstlich, ob er dies bewirkte.
Doch zu weiterem Denken komme ich nicht, denn Brock beginnt sein brutales Werk. Er durchsticht mir die Lippen, führt den Riemen durch die Löcher, verknotete jeden Stich. Am Ende reißt er den Riemen ab.
»Ich bin's zufrieden«, verspricht er dann, an die Götter gewandt, ehe er hastig die Halle verlässt und sich beeilt, vor den auftauchenden Strahlen der nahenden Sonne irgendwo Sicherheit zu finden.

Ich stehe reglos. Diese verfluchten Schmerzen treiben mir die Tränen in die Augen. Odin erhebt sich, tritt auf mich zu. Doch ich weiche vor ihm zurück. Mein Blut tropft. Ich mache mir nicht einmal die Mühe, es abzuwischen.
»Ich rufe Eir. Sie ist unsere beste Ärztin«, versichert Freyr, der die Stille als sehr belastend empfindet.
Ich schüttele den Kopf. Nie und nimmer soll mich eine Frau so sehen. Und nie und nimmer sollen die Asen sich rühmen können, mir in dieser Schmach geholfen zu haben. Thor starrt betreten zu Boden. Freyr respektiert meine Ablehnung mit einem leichten Kopfnicken.
»Loki, ich ...«
Odin spricht nicht weiter, als ich ihm nun ins Auge starre. Er sieht meinen Schmerz. Er schaut nicht die körperliche Wunde, nicht das tropfende Blut. Er sieht den Verrat, wie ich ihn empfinde. Er sieht die Enttäuschung in mir. Er ist es, der dann den Blick senkt, weil er diese Konfrontation nicht mehr erträgt. Da wende ich mich um und gehe hinaus.

Weit kann ich nicht gehen. Der körperliche Schmerz zwingt mich in die Knie. Ich verberge mich aber vor allen Blicken, schlafe im Schutz dichter Haselbüsche. Viel später verlasse ich Asgard. Ich will nach Hause. Ich dürste und hungere. Es ist mir nicht möglich, jetzt die Gestalt zu wandeln. Diese Kunst erfordert einen unversehrten Leib. Endlich gelingt es mir, mit Hilfe meines Dolches und meinem Spiegelbild auf der ruhigen Oberfläche eines kleinen Waldsees in Midgard, die ersten beiden Stiche zu durchtrennen. Ich blute wieder. Der Durst schreit nach Wasser. Da reiße ich unter ungeheurer Anstrengung den Mund auf, zerreiße mir selbst die Lippen. Ich trinke und jeder Schluck schmeckt nach meinem eigenen Blut. Die Wunden heilen nur langsam, trotz all der Kräuter, die ich zu Hilfe nehme. In jenen Tagen hungere ich,

Der Eisenwald umgibt mich bereits, doch der Weg muss noch weit sein. Da steigt der Geruch von Feuer und gebratenem Fleisch in meine Nase, zieht mich mit geradezu magischer Macht. Zwischen all den hohen Föhren und Kiefern - Laubbäume gibt es hier nirgendwo - brennt auf dem weichen Waldboden ein kleines Feuerchen, halb verloschen schon. Ich sehe mich um. Nirgendwo lässt sich Leben erkennen. Nicht einmal Vögel singen.

»Hey da«, rufe ich so laut, wie es meine verwundeten Lippen erlauben, »zeigt euch.«

Stille. Sogar der Wind schweigt. Vorsichtig gehe ich näher, rechne noch mit einem Hinterhalt. Der Hunger raubt mir fast den Verstand, bohrt schmerzhaft im Gedärm. Und noch immer hängt der Duft gebratenen Fleisches in der Luft. Da sehe ich neben dem Feuer, leicht von Asche bestäubt, noch in der Hitze brodelnd ein Herz, geröstet in Lindenhonig. Es gibt kein Halten, kein Denken, keine Vorsicht mehr. Ich nehme die unerwartete Speise und schlinge sie förmlich hinunter.

Keinen Hunger verspüre ich mehr. Das Feuer erlischt. Meine Lippen heilen endlich; vielleicht, weil der Honig sie berührte. Die Stille bleibt und die Gedanken kehren zurück. Wo bin ich? Was ist dies für ein Ort? Was geschah hier? Wenn Jäger hier waren, wo befindet sich ihre Beute? Wo sind die Überreste des Körpers, dem dieses Herz einst gehörte?

Es gibt Geheimnisse, die ewig währen; Mysterien, die nie entschlüsselt werden.

Ich werde schwanger vom Frauenherz, das ich aß. Ich gebäre tief unter der Erde, was ich empfing. Ich stille, was geboren war und bleibe, solange ich gebraucht werde.

Endlich kehre ich heim in Angrbodas Arme, zu meinen Kindern, die inzwischen größer wurden, und der tiefen Höhle im Eisenwald. Alles ist gut.

Sleipnir

Am Rande des Eisenwaldes lebt Eggdir mit seinem roten Hahn Fjalar. Ich mag diesen Riesen, den ein ausgesprochen heiteres Gemüt auszeichnet. Manches Mal besuche ich ihn. Oft greift er dann zu seiner Harfe und singt selbst ersonnene Lieder. Er singt schrecklich schlecht, furchtbar laut und aufdringlich ausdauernd. Manchmal singe ich mit. Mit ihm kann ich lachten und fröhlich sein. Er nennt sich selbst den Wächter von Jötunheim - doch ob er die Riesen vor den Anderswelten und diese vor den Thursen schützt, hat er nie für sich entschieden. Er lebt auf der Grenze und will, dass sie geachtet wird, ohne dass ihn einzelne Grenzgänger je beunruhigen würden. Eggdir nimmt die Dinge nicht so ernst. Was geschieht, dient als Stoff für neue Lieder.

Er sang mit dröhnender Stimme von Beratungen der Hrimthursen, die planen, gen Asgard zu stürmen. Seit dem Krieg mit den Wanen gibt es dort keine schützende Mauer mehr.

»Dein Lied gefällt mir nicht.«

»Och, kleiner Loptr, hab ich die Harfe nicht gut geschlagen? Warte, ich versuche es gleich noch einmal.«

»Sag mir lieber, wann sie Asgard angreifen wollen.«

»Thursen sitzen ratend und planen. Sie sind nicht schnell und kennen keine Eile. Und jede Liebschaft hält sie ab und auf. Das geht dann so.«

Er singt wieder, ein langes, lautes Lied von Riesen und Riesenfrauen und der heftig stürmischen Liebe zwischen ihnen. Wir lachen, als er unbeholfenes Werben besingt.

Ich grüble aber trotzdem. Asgard wird einen solchen Ansturm kaum überstehen. Trotz meiner Schmach sorge ich um Odin, für den Asgard so wichtig wurde. Meine Gedanken schweifen ab zu Freyr, der als Einziger mir ärztliche Hilfe bot. Thor wird sich mit Mjölnir in die Schlacht stürzen, aber die Übermacht dürfte zu groß sein. Tyr, Sif, Heimdall - sie alle wären verloren.

Eggdirs Heiterkeit überspielt meine Befürchtungen, übersieht sie aber nicht.

»Sag ihnen, sie sollen eine Mauer bauen«, rät er mir zum Abschied. »Ein Tor bei Bifröst wäre sicher, denn die Brücke trägt die Thursen nicht. Ein Mauerbau verlangt neues Beraten und schafft viel Zeit. Ich werde ein Lied darüber finden.«

»Wir singen es gemeinsam«, erwidere ich. »Ich werde bald zurück sein.«

Und so mache ich mich, Eggdirs Rat folgend, noch einmal auf, Asgard zu besuchen.

Mit etwas ungutem Gefühl betrete ich Asgard. Meine letzte Begegnung mit den Asen liegt zwar lange zurück, doch ihr Verlauf war ja alles andere als angenehm.
»Loptr ist hier«, ruft irgendwer.
Odin kommt mir auf dem Idafeld mit raschen Schritten entgegen gelaufen. Mit festem Druck ergreift er meine Hände.
»Loki, wie schön, dich zu sehen.« Er meint es ehrlich. »Ich sorgte um dich. Ich habe alle Welten vergeblich nach dir durchsuchen lassen. Wo warst du nur?«
Rasch weiche ich seinem forschenden Blick aus. Er hätte mich unter der Erde, nicht über ihr suchen sollen. Aber ich hüte mich, das auch nur anzudeuten.
»So bin ich also willkommen?«
»Willkommen? Du wirst hier immer ein Zuhause haben, lieber Bruder. Schafft Bier und Met herbei«, ruft er den Umstehenden zu. »Wir wollen feiern.«
Freyr reicht mir Met in einem goldenen Becher.
»Der Schnauzbart steht dir gut«, raunt er mir dabei zu.
»Er verdeckt ein paar Narben«, erwidere ich leise.
Thor schlägt mir in kameradschaftlicher Weise die Hand in den Nacken, so dass ich einen Teil des Mets verschütte. Dies ist wohl seine Art des Willkommens.
Es wird wirklich ein Fest gegeben. Ich lerne Freyja und Njörd kennen und viele andere, denen ich in Midgard nie begegnete. Die Asen begrüßen mich als ihresgleichen. Ich bin aber nicht sicher, ob sie damit nicht nur Odin schmeicheln wollen, der sich offen zu unserem Blutband bekennt. Sif zumindest meint mich als Person, als sie fröhlich mit mir plaudert. Ihre neue Haarfülle ist beachtlich; sie ist schöner als je zuvor. Doch ruhige Gespräche finden nicht statt. Zu ausgelassen ist die Stimmung. Es ist ein durchaus gelungenes Fest.

Am andern Tag verlässt Thor Asgard. Der Sommer endet und im Winter zieht er gern ostwärts, um Hrimthursen zu jagen. Er bezweifelt offen meine Warnung vor einem möglichen Angriff; überdies hat er die Eigenschaft, stets zu kommen, wenn man ihn ruft. Sollte also wirklich etwas Derartiges geschehen, wäre er zur Verteidigung bereit.

Die Asen beraten. Ich staune ein wenig, wie viel Gewicht Freyrs Wort besitzt. Er ist kein Friedenspfand mehr allein; er gilt schon als vornehmster der Asen und gehört gänzlich zu ihnen. Ich hoffe sehr, Hönir fühlt sich in Wanaheim ebenso wohl und geachtet. Jedenfalls kann ich die Asen davon überzeugen, dass der Bau einer Mauer notwendig sei. Ich fürchte, Eggdir wird ein sehr, sehr langes und lautes Lied dazu einfallen.

Heimdall meldet einen fremden Besucher und so gehen wir alle aus der Ratshalle hinaus, um ihn zu begrüßen, ihm Gastrecht zu gewähren und sein Begehr zu erfahren.
»Ich hörte, ihr wollt eine Mauer errichten«, kommt er ohne Umschweife zur Sache. »Nun, ich bin ein berühmter Baumeister. Ich kann euch innerhalb von drei Wintern eine Mauer erbauen, die alle Berg- und Eisriesen davon abhalten wird, nach Asgard vorzudringen.«
»Und was ist dein Preis?«, will Tyr etwas misstrauisch wissen.
»Ich verlange Sonne und Mond.« Er zögert, doch wie trotzig fügt er an: »Und ich will Freyja zum Gemahl.«
Ich schaute mich hastig um. Die schöne Wanin befindet sich nicht in der Nähe. Sie wird gewiss niemals auf einen solchen Handel eingehen. Odin lässt den Fremden bewirten und zieht sich mit den Asen zur Beratung zurück.
»Ihr könnt weder Freyja noch Sonne und Mond verkaufen«, rufe ich aus. »Ihr braucht keinen Baumeister, habt ihr doch neun Welten erschaffen. Da wird eine Mauer um Asgard doch wohl auch noch selbst zu machen sein.«
Sie hören nicht auf mich. Der Fremde macht durchaus den Eindruck, als könne er wahre Wunder bewirken und wisse genau, was er versprechen will. Die Asen gehen auf den Handel ein, doch fordern sie, die Mauer müsse in diesem einen Winterhalbjahr fertig errichtet sein. Sollte am ersten Sommertag auch nur ein kleiner Teil unvollendet bleiben, so erhalte der Fremde keinerlei Lohn. Und er müsse sein Werk allein vollbringen. Der Fremde scheint die List nicht zu ahnen. Sie stellen ihm unmögliche Bedingungen, damit er versagen muss - er ihnen aber zumindest einen Teil der Arbeit abnimmt.
»Wenn ihr erlaubt, dass mein Pferd Svadilfari mein Arbeitstier ist, gehe ich auf eure Bedingungen ein«, erklärt er mit ruhiger Stimme.
»Was meinst du?«, will Odin meinen Rat.

»Darauf kommt es wohl auch nicht mehr an«, erwidere ich nachdenklich. »Mit oder ohne Pferd ist der Bau in einem Winter nicht zu schaffen.«
Da stimmt Odin zu. Der Fremde verlangt mitten auf dem Idafeld vor all den vielen Zeugen, dass der Kauf beschworen werde. Und dann macht er sich an die Arbeit.

Eigentlich will ich nicht mehr länger verweilen. Meine Aufgabe, die Asen zu warnen, ist getan. Der Rest geht mich, so denke ich, nichts mehr an. Aber dann sehe ich Svadilfari. Der Fremde führt sein Pferd am Zügel. Nie zuvor sah ich einen so prachtvollen, feurigen Hengst. Nachts schafft der Fremde mit dem Pferd gewaltige Steine herbei, die er bei Tag zur Mauer aufrichtet. Ich kann gar nicht anders, als fasziniert die Arbeit der Beiden zu beobachten. Das Werk geht unerwartet gut voran. Asgard wandelt sich immer mehr zur uneinnehmbaren Burg. Der Fremde hat seinen Bau beim Tor begonnen, Asgard Häuser in weitem Bogen umrundet und nähert sich nun wieder dem Tor. Noch drei Tage bis zum ersten Sommertag.

Ich sitze, wie so oft, auf einem der Felsblöcke und schaue Svadilfari zu. Das Spiel seiner Muskeln, sein unermüdliches Wirken, sein kräftiges Schnauben - da ist eine ungeheure Lebenskraft in dem Tier. Ich bin einfach nur fasziniert. Einmal wollte ich dem Hengst nahen, ihn berühren. Doch er bäumte sich auf und hätte mir mit den Hufen wohl den Schädel zertrümmert, wäre ich nicht schnell in Sicherheit gesprungen. Seitdem halte ich Abstand.
»Du wirst in der Halle der Beratung erwartet«, ruft mir Tyr von weitem zu.
So klettere ich vom Stein hinab und gehe zu den Asen. Freyja befindet sich auch hier und nun ist nichts von ihrem Liebreiz zu spüren. Sie zeigt deutlich ihren Zorn über dieses Geschäft und wie wenig sie bereit ist, dem Fremden zu folgen.
»Wer kam überhaupt auf die dumme Idee, dem Fremden das zu versprechen?«, ruft sie wütend aus.
Die Asen sehen sich erst gegenseitig an und dann starren sie alle auf mich.
»Der Handel war allein eure Sache«, weise ich die Schuld von mir. »Ich riet bestenfalls, die Hilfe des Pferdes zu dulden.«
»Wenn wir Sonne und Mond verlieren, werden die Welten vergehen«, befürchtet Freyr nachdenklich.

»Und wenn wir Freyja verlieren«, droht Njörd, der sich direkt vor mir aufbaut, »dann wirst du wünschen, nie geboren zu sein, Loptr. Ich bringe dir einen Tod, wie du ihn nicht einmal fürchten kannst, so qualvoll wird er sein.«
Sie kommen alle näher. Keiner spricht gegen Njörds Drohung. Ihre Eide binden sie. Wenn der Fremde mit dem Bau fertig wird, können sie ihm den Preis nicht verwehren. Sie haben es geschworen. Alles Beraten zeigte ihnen keinen Weg aus dem Dilemma. Also brauchen sie wohl einen Schuldigen und einstimmig haben sie beschlossen, dass ich derjenige sein müsse, an dem sich Rache nehmen lässt. Es würde mich nicht wundern, wenn sie gleich damit anfangen wollten.
»Schon gut!« Abwehrend hebe ich die Hände. »Ich werde eine Lösung finden.«
»Das wirst du?«, zweifelt Odin nachdenklich.
»Es sieht nicht so aus, als ob ich eine Wahl hätte, nicht wahr? Bevor ihr mich also gleich zerfleischt, wartet die nächsten drei Tage einfach ab.«
Ich verlasse die Halle, gehe zurück zu meinem Beobachtungsplatz. Es ärgert mich, dass die Asen nun jeden meiner Schritte überwachen. Ich will nicht fliehen, obwohl ich diese Möglichkeit durchaus erwog. Doch ohne Sonne und Mond würden Midgard und auch Wanaheim vergehen. Ich kann meine eigene Mutter nicht opfern. Der Abend naht und sie beobachten mich immer noch. Der Fremde ruft nach dem Hengst, um neue Steine mit ihm zu holen. Wiehernd kommt das starke Tier gelaufen. Für einen Moment richten sich alle Augen auf Svadilfari. Da lasse ich mich vom Fels fallen und verberge mich zwischen Geröll. Wenig später habe ich mich schon ein ganzes Stück weit entfernt. Mag man mich in Asgard einen Feigling schelten, der flieht. Das ist jetzt nicht wichtig. Ich habe zu tun.

Ich warte am Weg, den der Fremde nehmen muss. Abends geht er hier stets entlang, um irgendwo die mächtigen Steine zu holen. Als er nun naht, trete ich tänzelnd aus meiner Deckung und wiehere lockend und lüstern. Svadilfari hält inne, als er mich sieht. Den ganzen Winter über arbeitete er hart, ohne Pause, ohne Vergnügen. Und nun lockt ihn eine rossige Stute. Der Hengst erhebt sich auf die Hinterbeine, zerreißt die Seile, die ihn halten. Ich laufe, nicht zu schnell, zum nahen Wald. Svadilfari folgt mir und der Fremde folgt ihm. Wir laufen die ganze Nacht. Für den Hengst und mich ist es ein Spiel, für den Baumeister jedoch große Mühe. Als der Morgen naht, erkennt er die Vergeblichkeit seines Bemühens. Er besitzt keine weiteren Steine und kann an diesem

Tag nicht arbeiten. Er geht zur Mauer und hofft, sein Pferd käme bald zu ihm.
Doch er irrt. Svadilfari findet Gefallen an mir wie ich an ihm. Das Spiel seiner Muskeln hat mich stets begeistert. Aber nun, als Stute, darf ich ihn berühren; mit den Nüstern seinen Hals anstoßen, meine Seite an ihm reiben. Er gefällt mir und er findet Gefallen an mir. Wild und ungestüm, stark und leidenschaftlich ist er. Wir sind es beide. Drei Tage laufen wir durch die Wälder, spielen wir, paaren wir, grasen wir. Es ist herrlich. Es ist unbeschreiblich lebendig.
Ich laufe nahe zu Asgards Tor. Die Mauer ist nicht vollendet. Der erste Sommertag hat begonnen und Sonne, Mond und Freyja mussten gerettet sein. Svadilfari wiehert laut. Der Baumeister ist nicht zu sehen. Vermutlich zog er ohne seinen Hengst von dannen. Ich laufe zu dem Geliebten, reibe mich an ihm. Aber ich kann und will ihn jetzt nicht verlassen, zumindest nicht hier. Er verlor seinen Hüter und soll nicht allein zurückbleiben. Auf ein paar Tage kommt es ohnehin nicht an.

Wir durchstreifen lichte Wälder und weite Steppen. Inzwischen weiß ich, dass es keine nahe Trennung geben kann, denn in mir regt sich neues Leben. Es ist unmöglich, in diesem Zustand die Gestalt zu wandeln. Ich will es auch gar nicht, denn ich empfinde die Schwangerschaft als pures Glück; ein Glück, um das ich vor Jahren Angrboda schon beneidete. Es ist auch herrlich, ganz ohne Worte, ohne solche Sprache zu sein. Die Stellung der Ohren, des Schwanzes oder der Nüstern erzählt alles, was es zu wissen gibt. Einmal bedrohen uns Wölfe, doch es gelingt ihnen nicht, uns einzuholen.
Endlich finden wir eine Herde wilder Pferde, friedlich bei einem schmalen Bach grasend. Svadilfari läuft sofort hinzu. Die Hengste dort stellen sich dem Eindringling zunächst entgegen. Es gibt ein paar kurze, jedoch nicht bedrohliche Kämpfe. Mein Geliebter wird anerkannt und mit ihm auch ich in die Herde aufgenommen.

Fast ein Jahr leben wir nun beisammen. Ich fohle. Die Geburt ist ungeheuer schwer und schrecklich schmerzhaft. Ich stehe zitternd und erschöpft, während andere Stuten sacht das Neugeborene immer wieder mit den Nüstern anstoßen. Der Kleine erhebt sich, fällt wieder. Nach einigen Versuchen steht er da, wacklig, aber doch fest. Er sucht seine erste Nahrung, und während er trinkt, wende ich den Kopf, um meinen Sohn zu betrachten. Ich empfinde durchaus Mutterglück. Doch

Stolz kommt zunächst nicht auf, denn der Kleine entspricht nicht in allem seiner Art. Er hat acht Beine!
Bald erlebe ich, wie er sie durchaus zu gebrauchen vermag. Er hüpft weniger als die anderen Fohlen. Bei ihm ist es immer mehr ein Schreiten, fast ein Gleiten. Er wird in der Herde geduldet, nicht zuletzt, weil Svadilfari und ich immer um ihn bleiben. Aber er gehört nicht wirklich zu ihnen. Dies macht mir schmerzhaft bewusst, dass auch ich fremd in der Herde bleibe. Äußerlich entspreche ich in allem einer kräftigen Stute. Doch innerlich gibt es noch immer das Wissen um meine Herkunft und meine Familie. Mit der Zeit kehren nun Gedanken zurück, die ich zuvor als Stute nicht dachte.
Eineinhalb weitere Jahre vergehen. Der Kleine entwöhnt, braucht meine Milch nicht mehr. Jetzt bin ich frei. Ich kann die Herde verlassen und meine vorige Gestalt wieder annehmen. Svadilfari wird mich kaum vermissen. Viele Stuten buhlen geradezu um ihn und er gefällt sich als Herdentier. Er achtet inzwischen auch weniger auch unser Fohlen, besitzt er nun doch auch andere Nachkommen.

Endlich verlasse ich die Herde. Ich gehe ohne Abschied, galoppiere über die Wiesen und Hügel und suche den Abstand. Ich höre keinen Verfolger. Als ich an einem Weiher trinke, steht mein Fohlen neben mehr. Lautlos folgte er mir, glitt förmlich durch die Luft. Zärtlich stoße ich ihn an. Er hat seine Entscheidung getroffen und der Herde entsagt, die ihn niemals ganz anerkennen würde.
In dieser Nacht wandle ich meine Gestalt. Mein Sohn erschrickt, als er mich in meiner wahren Gestalt erblickt.
»Ganz ruhig«, rede ich leise auf ihn ein. »Du kannst das nicht verstehen, Kleiner. Aber ich bin, was ich bin. Ich werde dich Sleipnir nennen. Das bedeutet ‚der Dahingleitende'. Ich weiß nur nicht, was ich mit dir anfangen soll.« Seine Nüstern liebkosen mein Gesicht. »Der Eisenwald ist kein Ort für dich. Er ist zu dunkel und zu eng. Du brauchst Licht und Weite. Ich denke, ich bringe dich nach Wanaheim. Meine Mutter wird dich lieben. Oder ich bringen dich zu Eggdir. Sein Hügel ist mit saftigem Gras bewachsen. Aber nun wirst du zuerst lernen müssen, einen Reiter zu tragen.«
Sleipnir erweist sich als gelehriger Schüler. Er duldet mich gern auf dem Rücken. Gemeinsam durchstreifen wir die Gegend.

Eggdir empfängt mich laut, herzlich und fröhlich. Sleipnir gibt er Wasser und Futter. Er wundert sich nicht einmal über dessen acht Beine. Für ihn sind die Dinge oft herrlich einfach; er nimmt sie einfach als gegeben hin.
»Asgards Mauer ist groß und stark«, weiß er. »Es ist kein Angriff mehr auf diese Burg geplant. Aber du warst zu lange fort.«
»Es geht nicht immer so, wie man es möchte, Eggdir. Kann ich dir Sleipnir anvertrauen? Ich möchte zu meiner Familie.«
Da greift der Riese nach seiner Harfe und dieses eine Mal stimmt er ein sehr trauriges, düsteres Lied an. Mir wird widerlich kalt.
»Angrboda ist in Ginnungagap eingegangen.« Eggdir legt die Harfe beiseite und mir den Arm um die Schulter. »Nachts haben sie deine Kinder geholt. Sie sagten, sie sollen bei dir aufwachsen und dass es ihnen gut erginge. Und später, als Angrboda sie besuchen wollte, ließ man sie nicht durch das Tor. Man schimpfte sie ein groteskes Riesenweib, das heimkehren und seine toten Kinder beweinen solle. Das hat sie getan. In Jötunheim hieß es, du seist ein Ase geworden. Das ertrug sie nicht. Sie verweigerte jede Nahrung. So ging sie von uns.«
Ich bin wie erstarrt, kann das Gehörte nicht fassen. Der Riese hält mich umschlungen. Sein Schweigen wird mein Trost. Er erträgt meinen Schmerz, hält ihn aus. Tage hindurch sorgt er für mich, die ich wie gelähmt in einem Zustand zwischen Leben und Nichtleben verbringe. Als ich wieder fähig bin, Gedanken zu fassen und Worte zu formulieren, lasse ich mir noch einmal erzählen. Eggdir weiß leider nichts weiter. Aber er war dabei, als Angrbodas Grabhügel errichtet wurde. Da ist kein Irrtum möglich.
»Du kannst nicht bleiben«, mahnt er schließlich. »Ihre Sippe hat dich um ihretwillen geduldet. Aber du gehörst nicht hierher, Loptr. Falls es dir aber ein Trost ist, so wisse, dass deine Enkel am Leben sind.«
»Enkel? Ich weiß von keinen Enkeln.«
»Fenrir, so jung er auch war, verliebte sich in Gyge, ein junges Riesenweib. Er war oft bei ihr. Und sie gebar ihm zwei Söhne, Skoll und Hati. Nachdem Angrboda die Botschaft brachte, dass ihre Kinder ermordet seien und die Asen wohl auch deren Nachkommen vernichten wollen, rief Gyge die mächtigsten der riesischen Zauberer.« Eggdir unterdrückt ein Lachen, weil er genau weiß, dass man die Riesen nicht für zauberkundig hält. »Die Asen sollen nie vergessen, was dem Vater ihrer Kinder geschah. Sie werden Fenrirs Söhne fürchten bis ans Ende der Zeiten. Denn Hati jagt am nächtlichen Himmel von nun an den Mond und er wird ihn verschlingen, wenn er ihn je erreicht. Skoll jagt als Schatten die Sonne mit dem gleichen Ziel.«

Unwillkürlich sehe ich hinauf zum Firmament, was Eggdir nun doch ein heiteres Lachen entlockt.
»Du hast recht. Ich kann hier nicht bleiben. Ich danke dir sehr für deine Gastfreundschaft.«
»Du wirst mir immer willkommen sein«, verspricht der Riese. »Aber den da, Sleipnir, den musst du in Sicherheit bringen. Die Asen bedrohen alle deine Kinder.«
Ich starre ihn an und Eggdir lacht dabei. So leicht ist er nicht zu täuschen. Er ahnt die Wahrheit. Da begreife ich, dass auch die Asen die Wahrheit erfahren werden - irgendwann.

Ich gleite auf Sleipnir durch die Luft. Jetzt kenne ich den Weg und bin bereit, ihn bis zum Ende zu gehen. In den neun Welten wird es auf Dauer keinen Ort geben, wo ich diesen Sohn verbergen kann. So bringe ich ihn dorthin, wo er früher oder später ohnehin sein muss - direkt nach Asgard.
Wieder werde ich sehr freudig begrüßt; wie ein Freund, der lange vermisst wurde. Doch die größte Aufmerksamkeit erfährt das Pferd mit den acht Beinen. Für die Asen ist er keine Missgeburt. Sie sahen mich auf ihm durch die Luft gleiten. In ihren Augen ist er ein Wunder, eine Kostbarkeit. Odin ist begierig, ihn zu reiten.
»Zeig ihm, dass er ohne dich nie wieder einen Pferderücken schätzen wird«, flüstere ich dem Sohn ins Ohr.
Und Sleipnir versteht mich. Hoch hinauf in die Lüfte geht es, danach weit übers Land. Sie entschwinden unseren Blicken. Während wir auf ihre Rückkehr warten, begrüße ich die anderen. Tyr will mir ausweichen, doch ich vertrete ihm den Weg.
»Was ist mit deiner Hand passiert?«, frage ich arglos.
Ich mochte ihn immer. Nun zu sehen, dass ihm die rechte Hand fehlt, erschüttert mich wirklich. Er starrt zu Boden.
»Ein kleiner Unfall«, weicht er mir aus.
Als Thor zu uns tritt, geht er rasch vom Platz. Thors kräftigem Schulterhieb weiche ich aus. Er meint es freundschaftlich, aber er vergisst so manches Mal, wie stark er ist.
»Wir rätseln seit Jahren, wie du verhindert hast, dass der Baumeister die Mauer vollendet«, meint er gemütlich. »Ganz Asgard schuldet dir Dank, Loptr. Wusstest du, dass der Baumeister ein Bergriese war?«
»Das erklärt zumindest seine gewaltige Leistung.«

»Als er merkte, dass er die Frist nicht einhalten kann, wurde er jedenfalls sehr wütend. Er tobte und brüllte. Und er begann, die Mauer wieder einzureißen.«
»Was geschah?«
»Man rief nach mir.« Thor lacht laut. »Mjölnir ist eine wunderbare Waffe. Mit dem ersten Hieb schon schlug ich den Schädel des Riesen in Stücke.«
»Da wurde ihm sein Wirken wahrhaft schlecht gedankt«, sage ich nur.
Thor lacht wieder.
»Ich hatte keine Ahnung von Schwüren, Versprechen und Abkommen«, gibt er zu. »Aber wenn ich einen Riesen in Asgard wüten sehe, handle ich. Das ist nun Mal meine Art und ich werde niemals zögern, die Meinen zu schützen. Aber nun erzähle doch, wo du so lange gesteckt hast. Wir hätten gern mit dir unsern Sieg gefeiert.«
Odin kehrt auf Sleipnir zurück, was mich jeder Antwort enthebt. Die Asen achten nur noch auf meinen Sohn. Jeder will sein graues Fell streicheln, seine lange Mähne berühren. Und Sleipnir genießt diese Bewunderung.
Ich selbst greife einen Becher mit Met, gehe zu Odin und reiche ihm den Trunk. Sein Auge leuchtet. Dieser Ritt hat ihn förmlich bezaubert.
»Gib mir dein Wort, Sleipnir auf alle Zeiten zu ehren und alles für sein Wohlergehen zu tun«, verlange ich.
»Du - du schenkst ihn mir?«
Überrascht tritt Odin einen Schritt zurück und starrt mich an. Ich weiche seinem Blick nicht aus.
»Schwöre es«, fordere ich nachdrücklich.
Er weiß nicht, wer Sleipnir gebar; noch nicht. Vielleicht ahnt er etwas. Vor allem aber will er dieses Pferd unbedingt haben. Mit Sleipnir wird es keine Grenzen mehr geben für ihn. Seine Macht wird wachsen.
»Du hast mein Wort.« Er spricht sehr überlegt. »Ich schwöre dir bei meinem Leben, dass Sleipnir bis ans Ende der Zeiten mir Freund, Begleiter und Schützling sein wird. Dieses Tier ist eines Gottes würdig.«
»Ich weiß. Er gehört dir.«
Ich gehe über den Platz, doch Odin eilt mir nach und ergreift meinen Unterarm.
»Loki, geh nicht schon wieder fort«, bittet er. »Als Njörd dich in der Halle bedrohte, ich hätte niemals geduldet, dass er Hand an dich legt.«
»Doch, das hättest du«, widerspreche ich mit leiser Stimme. »Du hast mich Brock ausgeliefert und du hättest mich auch Njörd überlassen. Aber es ist nicht mehr wichtig.«

»Nicht wichtig?«
Er zweifelt. Er versteht nicht. Der mächtige Odin begreift nicht, warum ich ihm Sleipnir gebe. Und er ahnt nicht, dass es mich fast zerreißt, vom Tod meiner Kinder zu wissen und nicht darüber reden zu können. Ich brauche Antworten, aber Asgard wird sie mir nicht geben. Meine Stellung unter den Asen ist wirklich völlig unwichtig geworden für mich. Ich erkläre mich aber nicht.
Als ich zu Sleipnir trete, weichen sie alle zurück und geben mir Raum. Ich lege die Arme um den kräftigen Hals meines Sohnes, flüsterte ihm Worte zu, die nur für ihn bestimmt sind. Er versteht mich. Er weiß, was geschieht und warum es genau so geschehen muss.

Und wieder verlasse ich Asgard. Ich habe nicht die Absicht, jemals wieder hierher zurückzukommen. In mir sind nur Schwere und Trauer. Ich habe alles verloren, was mir etwas bedeutete. Nur eines bleibt mir noch: meine Mutter. Zu ihr will ich gehen, denn ich spüre, sie ist der einzige Ort, wo ich weinen kann.

Helja

Bei Laufey kann ich meine Leere ertragen und meinen Schmerz dulden. Bei ihr kann ich weinen, verzweifeln und jede Stufe meines Unglücks hinnehmen. Sie ist da, hält mich, tröstet mich, fühlt mit mir. Langsam, ganz langsam wird das geteilte Leid dann etwas leichter. Die Worte kehren zurück. Ich bin endlich in der Lage, Mutter von Angrboda und den Kindern zu erzählen. Es schmerzt, aber es hilft. Irgendwann beginne ich, über mein künftiges Leben nachzudenken.
Nach Jötunheim kann ich nicht gehen. Die Thursen werden mich niemals ganz anerkennen. Asgard will ich ohnehin nicht mehr sehen. Die Welt der Lichtalben würde mich vielleicht gefallen, doch wäre ich dort ein immerwährender Fremdkörper. Schwarzalbenheim hat seinen Reiz, doch den Gedanken verwerfe ich, kaum, dass ich an Brock und Sindri denke. Es bleiben letztlich nur Midgard oder Wanaheim. Und da ich bei Mutter ohnehin schon in Wanaheim bin, beschließe ich, meinen alten Lehrer zu besuchen. Laufey spürt meinen neuen Lebensmut und schickt mich freudig auf den Weg.

Meinem verehrten Lehrer bin ich nicht nur willkommen. Er freut sich auch darüber, mich in noch so manche mir bis dahin unbekannten Geheimnisse seines Wissens einzuweihen. Wir reden kaum über meine Vergangenheit. Die Asen mag er überhaupt nicht. Es sah nach einer guten Sache aus, als nach dem Krieg der Wanen gegen die Asen Frieden geschlossen wurde. Man gab Mimir und Hönir nach Wanaheim. Die Asen rühmten Hönir als den bestmöglichen Berater, den es geben könne. So erhielt er seinen Sitz im Rat. Es dauerte aber nicht lange, bis die Wanen feststellten, dass Hönir nur dann gut zu raten vermochte, wenn er sich zuvor mit Mimir besprach. Ohne dessen Rat blieb er ausweichend, schweigsam, unschlüssig. Die Wanen fühlten sich betrogen, gaben sie doch mit Njörd und seinen Kindern Freyr und Freyja wirklich ihre besten Leute nach Asgard. Im Zorn enthaupteten sie Mimir und schickten dann Hönir mit dessen Kopf nach Asgard zurück. Odin, durchaus zauberkundig, hat den Kopf seines Oheims konserviert und bei Mimirs Quelle und deren heiligem Wasser verwahrt. Man sagt, er würde sich sehr häufig dort mit Mimir beraten.
Ich kenne Mimir nicht, wohl aber Hönir. Als wir einst durch Midgard wanderten, erwies er sich immer als sehr schweigsam. An seiner

Klugheit zweifle ich nicht. Doch ihn als Sprecher im Rat anzubieten, das erscheint sogar mir wie Täuschung.

Eine Trauerfeier durchbricht unseren Alltag. Ein junger Wane unterlag im Kampf gegen einen Riesen. Er wurde zu spät gefunden, so dass er an seinen Wunden verstarb. Der Tod ist selten in Wanaheim, denn Wanen kennen so wenig wie die Asen ein Altern. Doch im Kampf zu sterben ist auch hier möglich.

»Möge Helja ihn freundlich begrüßen in Helheim«, ist der letzte Gruß, den jeder Wane am Grab spricht, ehe er eine Pflanze ins Erdreich gibt, wo sie wurzeln und wachsen soll.

Ich bin wie erstarrt, als ich diesen Abschied zum ersten Mal vernehme. Mein Lehrer stößt mich sacht in die Seite, ruft mich zur Besinnung, damit auch ich meinen letzten Gruß spreche und meine Blume pflanze. Während des anschließenden Tafelns führt er mich besorgt beiseite und dringt in mich.

»Was bist du so durcheinander? Man redet seit langem nicht mehr vom Ginnungagap. In allen Welten ist Helheim die letzte Heimstatt derer, die von uns gehen. Es ist nur ein neues Wort für eine sehr alte Sache.«

»Ich hatte eine Tochter, deren Namen Helja war«, erwidere ich mit leiser Stimme. »Sie und ihre Brüder sind in Asgard gestorben.«

»Sagt wer?«

»Die Asen sagten es ihrer Mutter Angrboda, die unseren Kindern danach aus Kummer ins Ginnungagap folgte. Und ich war nicht da. Ich konnte die Meinen nicht beschützen.«

»Du fühlst dich schuldig.« Das ist keine Frage, sondern eine nüchterne Feststellung. »Befreie dich davon. Du kennst alle Riten und Zauber, um zu dir selbst zu finden.«

»Helja in Helheim.« Ich bin immer noch erschüttert. »Wie kann das angehen?«

»Die Herrin von Helheim ist jedenfalls durchaus lebendig. Viele verehren sie. Ein paar wenige wurden vor ihrem Tor abgewiesen, deren Zeit noch nicht erfüllt wurde. Sie sagen, die Göttin sei halb schwarz und halb weiß.« Ich zucke wie unter einem Hieb zusammen. Er sieht es und nickt verstehend. »Du kannst nicht nach Helheim gehen«, ahnt er meine Gedanken. »Jenes Reich ist den Lebenden verwehrt.«

»Kennst du den Weg?« Er antwortet nicht. »Ich werde ihn finden. Ich habe Yggdrasil gesehen - eine Wurzel führt nach Niflheim. Das ist nahe bei - bei Helheim.«

»Es gibt andere, sicherere Wege. Wenn du bereit für eine Geistreise bist, zeige ich dir, wie du gehen musst. Die Reiseschuhe hast du ja noch. In ihnen könnte es dir tatsächlich gelingen, im Leib den Weg zu gehen, den dein Geist sieht. Doch nach Helheim kommst du nicht hinein - oder, falls doch, nie wieder heraus.«
»Ich muss es wagen.«
Er nickt und widerspricht nicht. Er weiß, dass ich Gewissheit brauche und dass es keinen anderen Weg gibt, sie zu erlangen. Vielleicht könnten Odin oder auch Mimir mir Antworten geben. Aber ich würde ihren Worten nicht trauen. Die Wahrheit kann ich nur in Helheim finden.

Mein Lehrer hat mich gut vorbereitet, wie ich schnell erkenne, denn die Reise ist zielgerichtet und ohne Umwege. Ich weiß, dass ich da bin, als ich die Brücke Gjallarbru, die über den breiten Fluss Gjöll führt, erreiche. Modgud, eine Riesin, bewacht die Brücke. Alles ist so, wie mein Lehrer es beschrieb.
Mir ist etwas mulmig zumute. Dies ist das Reich der Toten und eigentlich sollte ich gar nicht hier sein. Ich sehe die neuen Bewohner dieses Landes, meist Menschen, in langen Prozessionen kommen. Modgud betrachtet jeden von ihnen, und erst, wenn sie nickt, darf der Reisende weiter über die lange, breite Brücke gehen. An deren Ende, weit entfernt, erkenne ich eine große, überhängende Halbhöhle, vor der ein prachtvoller Wolf angekettet ist. Er kann den Weg der Reisenden erreichen. Doch er döst vor sich hin, bedroht niemanden. Das würde sich wohl ändern, wenn Modgud ihn riefe.
Das alles ist noch nicht Helheim. Es ist der Helweg. Jenseits der Brücke geht es nordwärts und hinab; dort finden sich Tor und Zaun.
»Du gehst zurück. Es ist noch Wärme in dir.«
Modgud hat mich gesehen und lässt mich nicht vorbei. Der Wolf, Garm ist sein Name, hebt den Kopf.
»Ich bleibe gern hier«, antworte ich vorsichtig, »wenn es denn möglich ist, Helja hier zu treffen.«
Sie lacht so laut, dass die Ankommenden alle erschrocken zurückweichen.
»Die Herrin des Reiches kann man nicht rufen«, belehrt sie mich auf etwas herablassende Art. »Wenn deine Zeit gekommen ist, wirst du willkommen sein. Nun gehe deiner Wege.«
Ich habe die Brücke noch nicht einmal betreten und Modgud steht breitbeinig vor mir. Sie wird nicht weichen.

»Helja muss wissen, dass ich hier bin«, beharre ich trotzdem.
»Sie weiß immer, was sie wissen will. Verlasse das Land.«
Garm erhebt sich und starrt zu uns her. Ich ahne wirkliche Gefahr. Mit dieser Riesin ist nicht zu reden. Der breite träge Gjöll lässt sich nicht durchschwimmen. Ich muss nachdenken. Es wird mir eine List einfallen, um mein Ziel zu erreichen. Also trete ich ein wenig beiseite. Die Ankömmlinge gehen wieder weiter. Die meisten scheinen mir recht verwirrt zu sein; gerade so, als wüssten sie nicht, was ihnen geschieht.

Ein kleines Menschenmädchen erweckt meine Aufmerksamkeit. Sie schaut so traurig und fühlt sich verlassen. Ich sitze auf einem abgestorbenen Baumstumpf und lächle der Kleinen zu. Modgud knurrt drohend, als das Kind einen Schritt auf mich zu macht.
»Ich hab Angst«, sagt die Kleine.
»Bist du ganz allein?«
»Mutter ist schon lange tot. Ich hab niemand mehr.«
Die Bedeutung des Todes scheint sie noch nicht zu kennen, denn sie bezieht diesen Zustand nicht auf sich selbst.
»Dann musst du keine Angst haben.« Ich will sie ein wenig trösten. »Am Ende des Weges wartet deine Mutter, Kind. Ich bin sicher, du wirst sie finden.«
Sie legt den Kopf ein wenig schief und überlegt.
»Das klingt schön«, entscheidet sie dann. »Wer wartet auf dich?«
»Ich darf noch nicht hinüber. Aber ich glaube, dort drüben wartet mein Töchterchen.«
»Ich sag ihr, dass du kommst«, verspricht das Kind. »Wer bist du denn?«
»Wenn du Helja sehen solltest, dann lass sie wissen, dass ihr Vater Loki hier ist.«
Die Kleine verspricht es und reiht sich dann wieder bei den anderen ein, um die Brücke zu überqueren.

Es war keine List, meinen Namen zu nennen. Es war nur Freundlichkeit gegenüber einem kleinen Menschenkind. Doch andere hörten, wer ich bin.
»Loki ist hier«, flüstert jemand.
Die Teilnahmslosigkeit der Ankömmlinge besitzt nicht mehr die verstörende Tiefe. Ich verstehe es nicht, bin völlig verwirrt. Eine Alte kommt zu mir, zieht meine Hand an ihre welken Lippen, während sie niederkniet.
»Heil, Loki«, ruft jemand.

Die Prozession gerät ins Stocken. Immer mehr dieser Reisenden denken nicht mehr an die Brücke. Sie drängen sich zu mir. Unzählige Hände versuchen, mich kurz zu berühren.
Was geschieht hier? Was habe ich mit den Menschen zu schaffen, dass sie so zu mir drängen und aus meiner bloßen Anwesenheit nicht nur Kraft, sondern sogar so etwas wie Bewusstsein schöpfen? Und es sind so viele!
Ich vergesse meine eigenen Pläne, schüttle Hände, richte auf, mache Mut. Handeln ist nicht erforderlich; es genügt, hier zu sein und diese Reisenden mit einem freundlichen Blick oder einem kurzen Wort zu beschenken. Sie fühlen sich gestärkt, bereichert, weniger einsam und verloren. Bisher gingen sie nebeneinander und hintereinander, ohne auf den anderen zu achten. Nun sehen sie sich an. Mit einem Mal schöpfen sie Kraft aus der bloßen Gegenwart anderer, die sind wie sie.

Ungewollt habe ich wohl Modgud zum Handeln gezwungen. Da niemand mehr über die Brücke geht - sogar die Riesen stehen abwartend und halb erstaunt - ist ihr Werk unterbunden. Ich weiß nicht, was sie tut. Zu viele umgeben mich, als dass ich sie sehen könnte.

Plötzlich sind sie alle weg. Der ganze Strom der Reisenden ist von einem Moment zum andern meinen Blicken entschwunden, geradeso, als habe es sie nie gegeben. Auch Modgud ist fort. Aber Fluss und Brücke gibt es noch. Und dort, mitten auf der Brücke, steht sie und schaut mich still an. Alle Thursen Jötunheims könnten mich jetzt nicht mehr aufhalten. Ich springe auf, laufe zur Brücke, renne über sie und dann, endlich, schließe ich mein kleines Mädchen in die Arme. Helja ist kein Kind mehr. Sie ist eine junge Frau und in meinen Augen ist sie wunderschön, egal, ob ich ihre helle oder ihre dunkle Wange küsse. Sie lässt es sich lange gefallen. Helja lacht dabei und ihr Lachen ist bezaubernd. Sie küsst mich, hält meine Hände schließlich fest.
»Komm mit mir«, fordert sie mich auf.
Sie führt mich bis ans Ende der Brücke. Garm blinzelt, als ich so nahe bei ihm stehe. Helja streichelt seinen Kopf, ehe sie mich zu einer Bank bringt, wo wir uns setzen. Sie scheint öfter hier zu sein, denn es gibt Met aus tönernen Bechern, vorbereitete Speisen, weiche Kissen. Ich habe keinen Hunger. Ich muss sie immerzu anschauen, will sie berühren, streicheln.
»Man sagte mir, ihr seid alle tot«, finde ich endlich Worte. »Deine Mutter ...«

»Sie ist hier«, unterbricht sie mich mit ruhiger Stimme. »Mutter ist hier. Sie schläft. Es ist alles gut.«
»Kann ich sie sehen?«
Helja hält meine Hände fest in ihrem Schoß.
»Du solltest nicht einmal mich sehen, Vater. Dies ist nicht Jarnwidr, der Eisenwald. Wer hier schläft, findet Ruhe durch die Zeiten hindurch.«
»Aber nicht alle schlafen«, vermute ich.
Helja lächelt.
»Jeder findet, was er fürchtet oder hofft«, weicht sie mir aus.
Ich verstehe, dass sie mir nicht mehr erklären will. Und Helheim ist auch nicht wichtig für mich. Sie ist es. Garm erhebt sich, legt sich zu ihren Füßen nieder und döst weiter. Noch immer liegt die Brücke verwaist.
»Wo sind sie alle hin?«
»Sie sind alle noch da.« Mein kleines Mädchen lacht ganz leise auf. »Ich habe sie nur vor dir verhüllt. Und dich vor ihnen«, fügt sie bedeutsam an.
»Schon als kleines Kind hast du Freude daran gehabt, den Blick anderer zu trüben, so dass sie nur sehen, was sie sehen sollen«, erinnere ich mich. »Ich wünschte, ich wäre bei euch im Wald geblieben. Dann hätte das alles nicht geschehen können. Verzeih mir, Tochter, dass ich euch allein gelassen habe.«
»Es ist alles gut«, erwidert sie sanft. »Hier ist kein Ort für Schuld und Vergebung, Vater. Es gibt keine Schuld.«
»Erzählst du mir, was geschehen ist?« Bittend sehe ich sie an. »Ich werde keine Ruhe finden, ehe ich nicht alles weiß. Man sagte mir, die Asen haben dich und deine Brüder mit falschen Versprechungen entführt.«
»Wir freuten uns darauf, zu dir zu kommen und zu sehen, wie du in Asgard wohnst. Es war ein Abenteuer für uns. Sie waren auch sehr freundlich auf dem Weg.« Helja senkt den Kopf. Ich ahne, wie schwer ihr dieses Erinnern fällt. »Wir haben Asgard nicht einmal gesehen. Sie brachten uns auf einen wundervollen Segler, der weit übers Wasser zu einer Insel fuhr. Jörmungandr war misstrauisch. Er allein befürchtete einen Hinterhalt und glaubte ihren freundlichen Worten nicht. Er zischte Odin an und der große Ase packte meinen Bruder, hob ihn weit über sein Haupt und schleuderte ihn ins Meer, wo er versank. Fenrir war vorne im Schiff und sah es nicht. Und ich konnte es nicht verhindern.«
»Du warst ein Kind«, flüstere ich im hilflosen Versuch, sie zu trösten.
»Ich verbarg mich zwischen Tauen. Andere Asen reagierten entsetzt, doch Odin sagte, dass Jörmungandr großes Unheil bringe, wenn man ihn

leben ließe. Den Wolf könne man vielleicht zähmen, doch die Schlange sei unberechenbar. Er sah zu mir und rasch verbarg ich mich, indem ich ihm nur die dunkle Seite zeigte. Er war irritiert. Es kostete ihn Mühe, mich dennoch zu entdecken. Und dann entschied er, dass auch ich sterben müsse, da in meiner Nähe eine Schau der Weissagungen nicht möglich sei. Ich würde jedes Schauen verhüllen, was mich gefährlich mache.«
»Und wer legte Hand an dich?«
»Odin ergriff mich, doch Freyr trat vor ihn und sagte, ich sei seines Bruders Kind und dass Odins Blutband mit dir nicht erlaube, dass ich getötet werde. ‚Dann direkt nach Ginnungagap', rief Odin aus und schleuderte mich über Bord. Ich weiß nicht, wie es geschah, dass ich nicht im Meer versank. Ich kam direkt hierher, hinter das Gitter, wohin kein Lebender gehen darf. Garm stürmte herbei. Aber er zerriss mich nicht. Er erinnerte mich so sehr an Fenrir, um den ich sorgte. Ich lief zu ihm wie zu einem großen Bruder, umfasste seinen Hals, streichelte sein großes Maul. Und Garm warf sich auf den Rücken und duldete es freudig, dass ich seinen Bauch streichelte. So begann es hier.« Helja lächelt ein wenig. »Ich gehöre nicht mehr ins Reich der Lebenden und eigentlich auch nicht hierher. Aber ich bin da, hell und dunkel, offenbarend und verhüllend. So wurde Helheim aus Ginnungagap und Odin gab mir ungewollt mehr Macht, als irgendjemand haben kann.«
»Ich fürchtete, dich im größten Unglück zu finden. Doch du scheinst innerlich heil zu sein.«
»Das bin ich, Vater. Hier gehöre ich nun her. Dies ist mein Reich - die letzte Zuflucht allen endlichen Lebens.«
»Und ich kann hoffen, Fenrir auf jener Insel zu finden.« Der Gedanke gibt mir Mut. »Zumindest der Sohn ist mir geblieben.«
»Er ist unerreichbar für dich«, erwidert sie mit Bedauern und auf mein Drängen hin schildert sie, was meinem Sohn geschah.

Fenrir wurde auf die Insel gebracht, weit entfernt von jedem Land. Dort schien er sicher verwahrt. Gutmütig ließ er sich jede Bewachung gefallen. Ohne Arg duldete er die Asen in seiner Nähe, die kamen, um den großen Wolf zu sehen. Und groß wurde er. Er wuchs und wuchs. Bald fürchtete man ihn allein ob seiner Größe. Einzig Tyr ging noch zu ihm, sprach mit ihm, fütterte ihn. Eine alte Völva hatte geweissagt, es ginge großes Unheil aus von diesem Wolf. So beschlossen die Asen, den Wolf zu binden. Sie ließen die Fessel Läding fertigten und forderten Fenrir auf, seine Kräfte an ihr zu messen. Er ließ sich binden und zerriss die Fessel danach mit einem einzigen Ruck. Sie schmeichelten ihm und lobten seine Kraft. Für ihn war es ein Spiel, wie er es liebte. Sie brachten die Fessel Droma und forderten ihn wieder heraus. Er würde sehr berühmt sein, wenn er auch Droma sprengen könne. Also ließ er es geschehen, dass sie ihn banden. Es kostet ihn nur wenig mehr Mühe, auch dieses Band zu sprengen, so dass seine Stücke weit über die eigentlich trostlose Insel flogen.

Freyr besitzt einen jungen Diener mit Namen Skirnir, dessen Wirken oft schon hilfreich wurde. Ihn sandte Odin ins Reich der Schwarzalben, damit diese ein noch stärkeres Band fertigten. Dies Band erhielt den Namen Gleipnir. Die Zwerge nahmen Sehnen von Bären und verstärkten sie mit der Stimme der Fische, dem Speichel der Vögel, dem Bart der Weiber, den Wurzeln der Berge und dem Lärm eines Katzenschritts.

Fenrir ließ sich mit den stärksten Ketten nicht binden, die es gab. Also musste er gefesselt sein mit einem Band, das es nicht geben kann. Mögliches kann ihn nicht aufhalten. So muss das Unmögliche dazu dienen.

Skirnir brachte das Band. Gleipnir war schlicht gehalten und weich wie Seide. Die Asen forderten Fenrir heraus, sich noch einmal binden zu lassen. Gleipnir sei stärker als Droma und Läding, doch der Wolf würde es sicher zerreißen können, war er inzwischen doch noch größer geworden.

Fenrir aber war inzwischen durchaus misstrauisch geworden. Außer Tyr sprach sonst keiner mehr mit ihm. Er fühlte sich nicht anerkannt. Und er fürchtete ihren Spott, falls er das Band nicht zerreißen könne. Womöglich hielten sie ihn dann gebunden. Sie gaben aber nicht nach und nannten ihn einen Feigling. In seiner Ehre getroffen stimmte er schließlich zu, doch er forderte, dass einer der Asen seine Hand in den Wolfsrachen legen solle zum Beweis dafür, dass keine üble List geplant sei. Betretenes Schweigen herrschte. Dann aber trat Tyr zu Fenrir und legte ihm die Rechte ins Maul. Sie waren wie Freunde. Von Tyr allein rechnete Fenrir mit keinem Verrat.

Sie banden der Wolf und traten zurück. Als Fenrir die gewaltigen Muskeln anspannte, zog sich das Band fester zu. Je mehr er sich anstrengte, desto härter wurde die Fessel. Er ruckte. Gleipnir schnitt ihm ins Fleisch. Schmerz durchzuckte ihn. Im Schmerzreflex beißt jeder Wolf. Tyr verlor seine Hand. Der Ase und der Wolf sahen sich in die Augen. Beide litten unter Verrat und verlorener Freundschaft.

Als die Asen aber sahen, dass Fenrir gebunden war und sich nicht befreien konnte, da nahmen sie eine Kette am Ende von Gleipnir, zogen

sie durch einen großen Felsen, der Giöll genannt wird. Den befestigten sie tief unten auf dem Grund der Erde. Ein anderer Fels, Thwiti genannt, bildet ein Senkgewicht, das sie noch tiefer in die Erde taten.
Jetzt, erst jetzt versuchte Fenrir, nach ihnen zu schnappen und um sich zu beißen. Da ergriff Widar sein Schwert und steckte es dem Wolf in den Gaumen; das Heft gegen den Unterkiefer, die Spitze nach oben.
Geifer rinnt aus dem gesperrten Maul; soviel, dass daraus der Fluss Wan entsteht. Und manches Mal kann man Fenrirs Heulen hören, der bis zum Ende der Zeiten gefangen liegt.

»Inzwischen erzählt man sich«, endet Helja, von Mitleid erfüllt, »dass die Asen behaupten, sie haben Fenrir nicht getötet, weil die Insel eine Thingstätte sei und niemand einen solchen Ort mit Blut entweihen dürfe. Ich denke aber eher, dass Tyr oder Freyr oder beide es verhindert haben. Womöglich opferte Tyr seine Hand, um genau diese Bluttat zu verhindern. Es hat lange gedauert, bis ich von alledem erfuhr, denn selten kommt jemand aus Asgard hierher.«
»Und man kann nicht zu Fenrir gelangen?«
»Das ist unmöglich, Vater.«
»Das Schwert, diese Maulsperre ...«
»Oh, Fenrir wuchs weiter. Das Schwert ist längst zu Boden gefallen. Er zerrt nicht mehr an der Fessel. Er wartet.«
»Worauf?«
»Eine alte Seherin hat Odin verkündet, dass Fenrir ihn töten werde. Irgendwann wird er frei sein und dieses Schicksal erfüllen.«
»Das glaubst du wirklich?« Ich habe so meine Zweifel, doch meine Tochter lächelt wissend. »Nun weiß ich nicht, welchen meiner Söhne ich mehr betrauern soll.«
»Du musst nicht trauern.« Zärtlich küsst sie meine Hand. »Fenrir wartet. Und Jörmungandr schläft.«
»Er - er schläft? Er ist nicht ertrunken?«
Fassungslos starre ich die Tochter an.
»Ich musste ein wenig mit Ran handeln, ehe sie mir welche von denen gab, die ertrunken sind. Du weißt ja, bei dieser Meeresgöttin ist der letzte Ort derer, die im Meer sterben. Jörmungandr stürzte ins Meer, doch er atmet das Wasser. Er liegt auf dem Grund und wächst und wächst. Inzwischen liegt er ganz um Midgard herum und nuckelt an seiner eigenen Schwanzspitze.«
»Das hat er als Baby schon so gern gemacht.« Unwillkürlich lächle ich im Erinnern. »Er schläft und taucht niemals auf?«

»Er atmet alle sechs Stunden ein, sechs weitere Stunden später aus - er bewegt dadurch das Meer. Wenn er im Schlaf zuckt, entstehen Springfluten. Es ist gut, dass er schläft. Doch nun musst du mir erzählen, wie es dir inzwischen erging.«
Ich lege den Arm um Heljas Seite und komme ihrer Bitte nach. Ich sprach bisher nie darüber. Aber vor meiner Tochter fällt das Reden leicht, als ich von Svadilfari und Sleipnir spreche. Ich erzähle ihr auch von Sif, meiner Wette mit den Zwergen, meinen durchstochenen Lippen, dem gerösteten Frauenherz und jenem Mysterium. Sie ist kein Kind mehr. Sie ist eine Göttin geworden in Helheim. Geheimnisse sind bei ihr gut aufgehoben.
»Du bist unglaublich«, sagt sie dazu nur. »Ich liebe dich, Vater.« Dann springt sie auf und zerrt mich hoch. Garm erschrickt dabei, geht ein paar Schritte beiseite, ehe er sich wieder zu Boden legt. »Ich kann verhüllen und verbergen. Und ich kann aufdecken und offenbaren. Vertraust du mir?«
»Wie kannst du fragen, Kind?«
»Ich zeige dir etwas. Doch du darfst nicht sprechen und nicht handeln, sonst endet die Schau.«
Verwirrt nicke ich zur Bestätigung. Da legt sie ihre Hände auf meine Schultern und hüllt mich in ihren Mantel.

Es ist kalt. Es ist so unglaublich kalt, dass ich kaum zu Atmen wage, fürchtend, meine Lungen würden gefrieren. Ich sehe Yggdrasil. Nicht den ganzen Baum wie einst sehe ich. Ich sehe nur eine Wurzel, die bis zu Hvergelmir reicht. Unzählige Schlangen sind bei der Quelle in Niflheim. Und dann sehe ich ihn. Helja hält mich etwas fester, erinnert so stumm an mein Versprechen und verhindert einen Schreckensruf. Ich schweige und schaue.
Ein Drache, ein Wesen von uralter Kraft, nagt an Yggdrasils Wurzel. Er ist dunkel, fast schwarz - doch nicht düster, sondern von einer majestätischen Ausstrahlung umgeben. Unter großer Anstrengung schaue ich weiter. Nun wirkt er weiß, strahlend wie das Eis, das ihn und die Quelle umgibt. Fast ist es, als seien er und Niflheim eins. Er hebt den gewaltigen Kopf ein wenig an, schaut in unsere Richtung. Wir stehen weit entfernt und doch ist es nahezu so, als müsse ich nur die Hand ausstrecken, um ihn zu berühren. Sein Blick findet mich.
Es ist Nidhöggr. Mit einem Mal weiß ich den Namen. Ich bin reglos, gebannt durch die Macht seiner Augen. Ich schaue in die Tiefen der Zeit, aller Zeiten. Ich sehe unergründliches Wissen, wahre Weisheit. Ich

schaue eine Macht, so gewaltig, dass alles Wirken der Asen wie ein Nichts erscheint; eine Tiefe, die Ginnungagap als Rille spottet, eine Weite, die alle Himmel übertrifft. Ich schaue - und es gibt keine Worte, die unzähligen Eindrücke auch nur annähernd zu beschreiben, die hier auf mich einstürmen und mich fast zu zerreißen drohen.

Helja reibt meinen Rücken, um die Kälte zu vertreiben. Garm beschnüffelt meine Schuhe. Als meine Tochter mir einen Becher Wein reicht, trinke ich hastig.
»Garm tröstet mich, wenn ich Fenrir vermisse«, sagt Helja mit leiser Stimme. »Nidhöggr ersetzt mir ein wenig Jörmungandr. Ich liebe sie beide.«
»Woher kommt der Drache?«
»Es gibt Mysterien, die nie entschlüsselt werden, Vater. Nicht alle Fragen erhalten eine Antwort.«
»Er ernährt sich von Yggdrasil. Wird er die Esche fällen?«
»Aber nein. Er nagt nur ein wenig an der Wurzel. Seine Nahrung sind all die überflüssigen, längst entseelten Körper, die so mancher hier anschleppt und die bald nur noch Ballast sind.« Sie küsst zärtlich meine Lippen. »Und nun, Vater? Ist alles gesagt?«
»Du willst, dass ich gehe.« Ich verstehe sie. Ich begreife durchaus, dass ich hier nicht bleiben kann. »Ich fürchte, ich werde ruhelos sein. Aber dass ich dich fand, macht mir alles ein wenig leichter, Kind.«
»Keine Fragen mehr?«
»Oh doch, viele sogar.« Ich lache leise und wundere mich selbst über diese Heiterkeit. »Als ich auf dich wartete, dort, vor der Brücke - die Menschen waren so seltsam. Ich sollte vielleicht wieder einmal nach Midgard gehen.«
Helja lacht hell auf. Noch einmal zieht sie mich neben sich auf die Bank.
»Du weißt es nicht«, staunt mein Mädchen. »Du weißt nicht, wer und was du bist, Vater. Als ich ganz klein war, da hast du mir einmal erzählt, wie du mit Odin und Hönir gewandert bist und wie ihr die Menschen erschaffen habt. Erinnerst du dich?«
»Das ist lange her. Ja, ich erinnere mich. Hönir fand die Baumstämme. Es war wie ein Spiel, die Menschen zu machen. Aber sie sind nicht mehr aus Holz.«
»Du hast ihnen Wärme und Blut und Leidenschaft gegeben.« Helja hat nichts vergessen. »Und du hast ihnen das Herdfeuer gebracht, als die Eisriesen die Kälte bewirkten. In jedem Haus der Menschen ist das

Herdfeuer der Mittelpunkt ihrer Gemeinschaft. Dort sitzen sie. Sie opfern dir. Sie verehren dich.«
»Sie verehren Odin und Thor«, wehre ich ab. »Sie opfern Tyr und Freyr. Sie singen von Freyja und Frigg. Sie erbauen Kultstätten für die Asen.«
»Aber am Herdfeuer danken sie dir mit dem ersten Schluck und der ersten Speise. Es ist gut, wenn du nach Midgard gehst. Du wirst die Menschen mögen. Sie sind unbeständig, manchmal töricht. Sie können mutig sein. Und stolz. Oder verzagt. Sie besitzen ein inneres Feuer. In manchen brennt es hell. Und sie können lachen. Und singen. Und lieben.«
»Du kennst sie wohl besser als jeder andere«, muss ich eingestehen. »Ich werde sie mir anschauen. Und die Alte, die mich zuerst begrüßte, begegne ihr freundlich in deinem Reich, wenn es möglich ist.«
Helja lacht, voll Zuneigung und Liebe.
»Jeder Mensch, der dich liebt, wird immer nur meine helle Seite zu sehen bekommen«, verspricht sie mir voll Zuneigung.

Garm schnappt sich das Fleisch vom Teller, das ich bisher ignoriert habe. Ich sehe, wie er es gierig verschlingt. Als ich den Blick wieder hebe, bin ich allein. Möglicherweise ist Helja noch um mich. Doch sie hat sich verhüllt. Es ist Zeit für mich, Helheim zu verlassen. Nachdem ich die Brücke überquert habe und zurück schaue, sehe ich Modgud, die sich drohend aufbaut und mir Zeichen gibt, nur ja nicht wieder zu kommen. Die Reisenden hierher sehe ich immer noch nicht. Seltsamerweise empfinde das als beruhigend.

Thiazi

Ich wandere also durch Midgard und staune darüber, wie viele Menschen es inzwischen gibt; mehr noch aber, wie wenig sie meiner Erinnerung entsprechen. Sie haben sich entwickelt, vor allem in ihrem Denken. Sie bezeichnen sich selbst inzwischen als Söhne und Töchter von Heimdalls Geschlecht.
Ich wandere zwischen ihnen, gebe mich aber nirgendwo zu erkennen. Meist werde ich gastfreundlich empfangen, wenn ich irgendwo am Abend um Quartier bitte. So höre ich die Lieder, die sie abends am Herdfeuer singen; lausche den Geschichten, mit denen sie ihre Kinder belehren. Es sind die Alten, welche die Tradition bewahren. Ihnen hört die ganze Sippe zu, wenn sie von alten Sagen und Mythen berichten.
Einst, so erfahre ich nun, wandere ein hoher Ase mit Namen Heimdall durch Midgard, wo er sich den Namen Rigr gab. Fand er gastliche Aufnahme, verweile er stets auf wenige Tage. Sein Rat war immer trefflich. Er teile mit der Herrin des Hauses das Lager. Der Sohn, den sie später gebar, gründete den Stand - einmal jenen der Knechte, einmal den der Bauern und schließlich den der Herren. Diesen letzten Sohn lehrte er später den Gebrauch der Runen.
Die Menschen erinnern nicht mehr an Ask und Embla, aus denen sie geschaffen wurden. Sie sind eine starke Rasse geworden. Mein Töchterchen übertrieb nicht, als es sie beschrieb. Sie sind widersprüchlich, nicht nur unterschiedlich. Sie sind mutig und feige - aber beide Eigenschaften finden sich in jedem von ihnen. Mal kommt die eine zum Vorschein, mal die andere. Das fasziniert mich. Glück und Unglück, Stolz und Minderwert, Freude und Trauer, Dummheit und Wissen, Misstrauen und Vertrauen - ich finde alles in ihnen, und zwar in jedem Einzelnen. Sie können gastfreundlich oder auch abweisend sein. Sie können lieben oder hassen. Sie können sich öffnen oder auch voll Misstrauen verschließen. Sie sind toll!

Ich höre von einem Großmütterchen die Legende von Kwasir. Einst, so erzählt sie den ihren, gab es einen Krieg zwischen den Wanen und den Asen. Als diese mächtigen Gottheiten endlich zum Friedensschluss zusammenkamen, gingen sie alle zu einem großen Gefäß und gaben ihren Speichel hinein. Diese Art, die Gärung in Gang zu setzen, wird auch von den Menschen geübt. Nachdem sie sich trennten, nahmen die Asen

den Rest dessen, was im Gefäß übrig blieb. Daraus erschufen sie einen Mann, der Kwasir hieß. Seine Weisheit erstaunte alle. Nie blieb er eine Antwort schuldig, was immer man ihn auch fragen mochte. Kwasir zog durch Midgard und lehrte die Menschen seine Weisheit.
Die Zwerge Galar und Fjalar neideten den Menschen diese Lehre. Sie luden Kwasir zu sich ein, lockten ihn beiseite und erschlugen ihn. Sein Blut fingen sie in den Gefäßen Son und Bodn auf; den größeren Teil aber ließen sie in den Kessel Ödhrörir rinnen. Nun gaben sie Honig hinzu, und als die Gärung endete, war kostbarer Met gewonnen. Wer immer von diesem Met trinkt, wird zum Denker, zum Dichter, wird ein wahrer Weiser sein. Als die Asen nach Kwasir forschten, sagten die Zwerge, er sei an seiner eigenen Klugheit erstickt.
Danach luden die Zwerge den Riesen Gilling mit seinem Weib zu sich und baten ihn, mit ihnen aufs Meer zu fahren, vor dem sie sich allein fürchten würden. Der gutmütige Riese tat ihnen den Gefallen, doch die Zwerge ruderten zu den Klippen, wo das Schiff zerschellte. Gilling ertrank. Sein Weib jammerte in ihrem großen Schmerz und weinte laut. Fjalar riet ihr, aufs Meer zu schauen, wo alles geschah. Das würde sie sicherlich trösten können. Sie nahm den Rat an. Galar wartete auf dem Giebel des Hauses, und als die Riesin hinausging, ließ er einen Mühlstein auf ihren Kopf fallen, so dass sie starb. Den Zwergen gefiel ihre eigene Klugheit.
Doch Gillings Brudersohn Suttung suchte Rache. Er ergriff die Brüder, die um ihr Leben flehten und endlich zur Sühne den köstlichen Met boten. Suttung akzeptierte. Er nahm den Zwergen den Met ab, fuhr mit ihm nach Jötunheim und verbarg die kostbare Beute auf dem Hnitberg. Seine eigene Tochter Gunnlöd setzte er zur Hüterin ein.
So war die weitere Weisheit den Zwergen und Menschen verloren.
Die lauschenden Kinder empfanden heftigen Schrecken beim Gedanken daran, dass alle Weisheit nun bei den Riesen ruhe. Doch die Alte beruhigte sie und erzählte weiter:
Odin selbst befand sich auf Wanderschaft und kam in eine Gegend, wo neun Knechte Heu mähten. Er bot ihnen an, ihre Sicheln zu schärfen, da deren Werk recht mühsam geschah. Gern nahmen sie seine Hilfe an. Funken sprühten förmlich von seinem Wetzstein, als er die Sicheln bearbeitete, die danach viel besser schnitten. Die Knechte nun aber bedrängten Odin und wollten unbedingt den Wetzstein kaufen. Es ging nicht so sehr um den Preis, den Odin verlangte, sondern mehr darum, dass jeder der Knechte den Wetzstein für sich allein haben wollte. Endlich war Odin des Streites müde. Er warf den Wetzstein in die Luft.

Wer ihn fing, könne ihn behalten. Doch die Knechte entzweiten sich und zerschnitten sich beim Versuch, den Stein zu fangen, gegenseitig die Hälse, da sie die Sicheln dabei noch in Händen hielten. Nun ging Odin weiter und fand für die Nacht Quartier beim Riesen Baugi, der ein Bruder des Suttung war. Baugi beklagte es, dass seine neun Knechte sich umbrachten. Da bot ihm Odin an, deren Arbeit zu übernehmen, wenn er zum Lohn einen Schluck des Metes erhalte, der Suttung gehöre. Odin hatte sich vor Baugi den Namen Bölwerkr gegeben, so dass der Riese nicht wusste, dass der hohe Ase nach dem Dichtermet verlangte. Da Baugi über Suttungs Met nicht bestimmen konnte, bot er Odin an, mit ihm zu Suttung zu gehen. Der aber verweigerte dem Fremden den Met. Da schlug Odin dem Baugi eine List vor, denn er besaß den Bohrer Rati und mit diesem könne Baugi sicherlich ein Loch bohren durch den ganzen Berg. Tatsächlich ging der Riese ans Werk, und als das Loch tief genug war, wandelte Odin die Gestalt. Er wurde zum Wurm und kroch ins Loch hinein. Baugi versuchte noch, mit dem Bohrer nach ihm zu stechen. Aber er verfehlte ihn.
Odin kroch also bis zur Höhle, in der Gunnlöd den Met behütete. Drei Nächte blieb er bei ihr, nun in seiner wirklichen Gestalt. So sehr gefiel er ihr, dass sie ihm für jede Nacht einen Schluck Met als Lohn versprach. Endlich durfte er trinken. Odin trank mit dem ersten Schluck, ganz Ödhrörir aus, mit dem Zweiten leerte er Bodn und mit dem Dritten den Son. Nun besaß er allen Met. Rasch wandelte er erneut die Gestalt und flog eilig als Adler davon. Doch Suttung sah dies. Er besaß ein Adlerkleid, warf sich dieses über und folgte dem Dieb, der die Tochter verführte.
Die Asen sahen Odin kommen. Rasch stellten sie Gefäße auf in Asgard, in welche der Odin-Adler den kostbaren Met spie. Suttung war inzwischen gefährlich nahe. Da rettete sich Odin, indem er einen Teil des Mets hinten fahren ließ. So entkam er, der seither auch der Gott der Dichter genannt wird. Was er fahren ließ und in Tropfen zur Erde fiel, gilt als der Trank der Dichterlinge und der schlechten Barden.

Die lauschenden Kinder brechen in brüllendes Gelächter aus, von so heiterer Art, dass auch die Alten einstimmen.
»Odin hat Suttung ins Gesicht gefurzt«, ruft ein Knabe. »Das muss schlimm gewesen sein.«
Sie lachen alle. Ich liebe das Lachen der Menschen. Es hat etwas so Befreiendes und verbrüdert auf geheimnisvolle Weise. Ich liebe es auch, mit ihnen zu lachen. Und Ich liebe den Met, den sie brauen, nicht weniger als ihr Bier. Ihre Speisen sind oft einfach, ihre Arbeit Mühsal.

Doch ihre Sippenbindung ist fest und stärkt jeden Einzelnen von ihnen. Sie arbeiten zusammen. Sie feiern zusammen. Sie spielen gemeinsam. Und wenn sie singen, so stimmt jeder mit ein, ungeachtet eigener Sangeskunst. Sie bewundern den Asen Bragi, dessen Dichtung und Musik als wahrhaft göttlich gilt. Doch ihre eigene Musik und ihre eigenen Geschichten sind Teil ihres Lebens, ihres Landes, ihrer Wirklichkeit. Und somit ebenso wertvoll. Ich mag sie, diese Menschen.

Ich bin mitten unter ihnen. Manchmal arbeite ich mit ihnen, manchmal erzähle ich Geschichten. Oft zeige ich einem von ihnen, wie er sich mit List statt mit Gewalt aus einer Notlage befreien kann. Wenn sie traurig sind, erfinde ich Späße und gebe ihnen ihr Lachen zurück. So wandere ich durch Midgard.

Die Menschen verehren die Asen und die Wanen, die bei ihnen sind. Heimdall gilt ihnen viel. Thor nennen sie ihren Freund und Beschützer. Tyr und Forseti rufen sie an, wenn sie Recht sprechen müssen. Von Odin erflehen sie Sieg im Kampf, von Freyja Liebe, von Frigg Beständigkeit, von Freyr Fruchtbarkeit. Sie feiern Wanenfeste und Albenblots. Auch die Geister und Ahnen erhalten ihre Festzeiten, in denen ihrer gedacht wird. Die Riesen fürchten sie, doch auch ihnen wird zur Beschwichtigung geopfert. Die Menschen wissen um die neun Welten und ihre Sagen erzählen von Yggdrasil. Und sie wissen um mich.

»Für Lokke«, murmeln sie, wenn sie etwas Speise oder einen Schluck Trank ins Herdfeuer geben. »Für Loki.«

Für mich wird kein Blot gegeben, keine Feier veranstaltet. Mich haben sie in ihr Heim genommen, in ihren Alltag. Was Midgard betrifft, so habe ich wohl den besseren Anteil daran. Bei dieser Einsicht wird mir klar, dass mein Schmerz um meine Kinder und mein Groll auf Odin irgendwann verblassten.

Es gibt keine Pläne für mein weiteres Leben. Ich habe keine Ahnung, was die Nornen zusammenspinnen. Ich genieße einfach die Tage. Midgard ist schön. Manchmal begegne ich Wanen und Alben. Auch sie halten sich gern in der Welt der Menschen auf, die nicht wissen, wem sie da gastfreundlich begegnen.

Ich habe einen wundervollen, dichten Forst durchquerst und sehe von seinem Rand aus in der entfernten Ebene zwei Wanderer gehen. Sie reden nicht miteinander. Ich lehne mich gegen einen jungen Baumstamm und schaue ihnen einfach zu. Es ist mir unbegreiflich, wie man so wandern kann, mit gesenktem Haupt, den eigenen Gedanken

nachsinnend. In der Nähe weiden Hirsche, und sie sehen es nicht. Roter Mohn blüht und sie bemerken keine Farben. Tagfalter gaukeln um ihre Köpfe und sie nehmen diese Schönheit nicht wahr. Ich überlege eben, ob es nicht ein Spaß sein könnte, mich in die Form einer kleinen Schlange zu wandeln und sie darin ein wenig zu erschrecken, als sie den Schritt verhalten und in meine Richtung sehen.
»Loki?«
Der Jüngere deutet mit einer Hand auf mich. Ich kenne, erkenne ihn. Das ist Hönir, der dort mit Odin wandert. Ich überlege kurz, ob es nicht besser wäre, jetzt wieder im Forst zu verschwinden. Da aber Hönir bereits im Laufschritt auf mich zu rennt, gehe ich ihm entgegen. Er umarmt mich voll Freude. Ich mochte ihn schon immer. Es tut gut, ihn zu spüren. Da ist auch Odin heran, der mir beide Hände reicht, die ich nach kurzem Zögern ergreife.
»Sleipnir geht es gut«, sagt er nur, was Hönir einen fragenden Blick entlockt.
Aber wir erklären nichts. Mit dieser Bemerkung lässt mich Odin wissen, dass er das Geheimnis um die Herkunft Sleipnirs weiß und er zu seinem Wort steht. Meinem Sohn droht keine Gefahr.
»Wohin geht ihr?«
»Hönir wollte wandern«, lacht Odin, »und ich ließ mich überreden. Begleite uns doch ein wenig.«
Das kann nicht gut gehen. Sobald die Rede auf meine Kinder kommt, werden wir uns entzweien, womöglich zu Feinden werden. Ich nehme an, Odin denkt ebenso, denn er vermeidet jetzt und auch künftig sehr bewusst dieses Thema. Ich schließe mich ihnen also an. Es dauert, bis ich meine Vorsicht überwinde. Dann aber ist es fast so wie zu jener Zeit, als die Welten jung und die Menschen ungeschaffen waren. Hönir bleibt auch jetzt derselbe liebenswerte Freund, der er immer war, schweigsam, achtsam, aufmerksam.

Die Wanderschaft der Brüder gestaltet sich nun anders, denn ich habe keinen Sinn für langes, schweigsames Grübeln. Da ihnen an meiner Gesellschaft liegt, müssen sie zwangsweise auch mit meinen Augen sehen. Und es gefällt ihnen, die Wunder Midgards nun zu bemerken. Ein unscheinbares Kraut kann sehr bedeutsam sein, wenn man nicht nach Sinn, Nutzen und Heilkraft sucht, sondern Lebenswillen und Schönheit sieht. Es sind diese Kleinigkeiten, für welche die Götter den Blick verloren.

Wir wandern über eine fette Wiese, deren dichtes, hohes Grün von vielerlei Farben kleiner Wildblüten unterbrochen wird. Links steigt schroff eine Felswand an, rechts zeigt sich Weite und mittendrin eine alte, starke Linde, umsummt von unzähligen Bienen, die sich hier am Honigtau berauschen.
»Starke Bäume sind ein wahres Wunder«, murmelte Odin bei diesem Anblick.
Er erzählt mit wenigen Worten, wie er auf der Suche nach weiterem Wissen, nach einer ersehnten Erleuchtung, einst hinging und sich selbst kopfüber in Yggdrasil aufhängte; geopfert sich selbst, wie er sagt. Verwundet war er und er hatte weder Speise noch Trank, bis er am Ende schreiend die Runen erblickte, sie ergriff und dadurch vom Weltenbaum abfiel. Er lächelt mich an, wissend, dass ich kein Wort verstand und zugleich nicht bereit, sich tiefer zu erklären.
»Du würdest dich wohl in die Linde hängen«, spöttelt er liebevoll.
Mein Blick gleitet den Fels hinauf.
»Nein«, erwiderte ich dann, bereit, seinen Spott scherzhaft aufzufassen. »Siehst du die verkrüppelte Föhre dort auf halber Höhe, wie sie sich in einen Riss im Stein krallt? Sie passt besser zu mir, denke ich.«
»Sie ist schwach.«
»Ach, weißt du«, entgegne ich leichthin, »es ist keine große Kunst, auf fettem Grund zu wurzeln und umschmeichelt von Wind und Regen zum mächtigen Baum zu wachsen. Die Föhre dort krallt sich in nackten Stein und schafft es ohne Erdreich, doch zu grünen. Sie kämpft jeden Tag um ihr Leben. Sie muss Midgard ständig das Recht auf ihr Dasein entreißen. Und das macht sie gut. Doch, ich denke, sie ist sehr stark - ansonsten würde sie aufgeben und absterben.«
»Möglich ist das. Aber sie wird niemals stark genug sein, um einen Adlerhorst zu tragen.«
»Auch Sperlinge brauchen einen Ort, wo sie nisten können.« Ich werde ärgerlich. »Du magst ein Adler sein, Odin. Doch du wirst niemals so schön singen wie ein Finkenvogel.«
Hönir zuckt bei meinen heftigen Worten geradezu zusammen, was ich mit gewissem Erstaunen registriere. Anscheinend ist es zwischenzeitlich nicht mehr erlaubt, Odin Widerworte zu geben. Der schaut mich nur verblüfft an. Und dann lacht er. Odin lacht laut und heiter.
»Danke, Loki«, meint er dann leichthin. »Ich habe wohl verlernt, Sperlinge zu sehen.«
Mir macht es Spaß, ihm und Hönir die Augen wieder zu öffnen für die scheinbar unscheinbaren Dinge. Kleine schillernde Fische in einem Bach,

das Quaken der Frösche, Zeichnungen aus Quarzeinschlüssen auf einem Kiesel, Maserungen der Blätter der Laubbäume - Midgard ist wunderschön. Und sie sehen es nun auch. Einige Tage streifen wir übers Land. Wir lagern am Abend auf offenem Feld, als Odin sagt:
»Ich habe dich vermisst, Loki. Wenn du da bist, scheinen die Tage irgendwie heller, die Nächte tiefer, das Leben bunter zu sein. Ich habe auch diese Fröhlichkeit vermisst, die wir in jenen Tagen lebten, als wir die Menschen schufen. Ich wünsche mir, dass du mit uns nach Asgard kommst und dort Wohnstatt nimmst.«
Hönir drückt kurz meine Hand zum Zeichen, wie sehr er sich diesem Wunsch anschließt.
»Lieber nicht«, lehne ich heiter ab. »Man verliert in Asgard zu leicht seinen Kopf oder läuft Gefahr, dass einem alle Knochen gebrochen werden. Ich passe nicht in eine Welt voller Götter.«
»Du bist auch einer«, lässt Odin das nicht gelten. »Wir sind Brüder, Loki. In Asgard ist keiner, der dich anders als einen Asen nennt.«
Ich bleibe bei meiner Weigerung, lasse aber keine betrübte Stimmung aufkommen. Ein Stück des Weges werde ich die Brüder noch begleiten. Ich möchte, dass dies fröhliche Tage sind.

Und das sind sie, denn wir sprechen nicht mehr über dieses Thema. Endlich erreichen wir die Außenbezirke von Midgard. Das Land wird öde und steinig. Die Fülle und Fruchtbarkeit liegt hinter uns. Wir haben Hunger. Weit entfernt zupft eine Ochsenherde das spärliche Gras zwischen den Steinen. Odin greift fest nach Gungnir, dem Speer, den ich ihm von den Zwergen schmieden ließ.
»Du weißt ja, dass er nie sein Ziel verfehlt«, schmunzelt er, ehe er den Speer schleudert, der trotz der großen Entfernung sicher seine Beute findet.
Die Herde stiebt davon und wir freuen uns auf eine reichhaltige Mahlzeit. Rasch entfache ich ein Feuer. Wir legen Steine daran, zwischen denen das Fleisch garen soll. Die längst verdorrte Eiche, der hier einsam steht, hat das Holz geliefert. Doch das Fleisch wird nicht gar. Stunden später ist es immer noch so, als gäben die Steine keine Hitze ab. Hungrig warten wir weiter. Jetzt ersterben alle Gespräche. Als wir die Steine aufdecken, ist das Fleisch noch immer nicht durchgebraten.
»Wie kann das angehen?«, wundere ich mich nun doch.
»Das liegt wohl an mir«, ertönt da über uns eine Stimme. »Aber wenn ihr euer Mahl mit mir teilen wollt, wird das Fleisch binnen einer Stunde gar sein.«

Oben in der Eiche sitzt ein großer Adler; so groß, dass er riesischen Ursprungs sein muss. Nun, der Ochse war auch groß. Er wird auch diesen Vogel noch sättigen können. Also stimmen wir zu. Der Adler schwingt sich schließlich vom Baum herab und kommt nahe zum Feuer. Hönir zieht die Steine zurück. Es duftet köstlich. Das Fleisch ist gesotten. Es erscheint uns allen als die köstlichste Speise, die denkbar ist. Wir freuen uns auf das lang ersehnte Mahl. Da der Adler nun unser Gast ist, steht ihm das erste Stück zu. Während Hönir nach dem Dolch greift, um das Fleisch zu teilen, packt der ungeduldige Adler aber schon zu. Beide Lenden und beide Bugen schlingt er gierig hinunter. Voll Zorn greife ich nach dem neben mir liegenden Stock und schlage nach ihm, der nicht teilen, sondern das Beste für sich selbst haben will.

Was nun geschieht, ist mehr als nur peinlich. Der Stock trifft den Adler am Hinterteil, wo er stecken bleibt. Das andere Ende verfängt sich zugleich in meiner Kleidung. Der Adler fliegt auf. Ich kann mich nicht lösen. Er reißt mich mit sich, zerrt mich über Stein und Geröll, über dorniges Buschwerk und spitzes, abgestorbenes Holz. Ich habe das Gefühl, als würden mir beide Arme aus dem Leib gerissen, während zugleich meine Beine, aufgerissen und wund, heftig blutend unerträgliche Schmerzen bereiten. Der Riesenadler scheint geradezu Vergnügen daran zu haben, immer wieder eine Schleife zu fliegen, um mich dann erneut über das Geröllfeld zu schleifen und mir den Leib aufzureißen. Und er ist dabei klug genug, sich außerhalb der Sichtweite meiner Gefährten und somit auch der Reichweite Gungnirs zu halten.
»Hör endlich auf.« Ich gebe zu, dass ich jammere. Die Schmerzen rauben mir fast den klaren Sinn. »Gib mich frei.«
»Du kommst nicht frei, bis du gelobst, mir zu verschaffen, was ich will.«
Ich denke daran, dass ich ihm gern eine ganze Ochsenherde servieren werde, wenn er nur endlich landen will.
»Was immer du willst, sollst du bekommen.«
»Schwöre, dass du Idun mit ihren Äpfel aus Asgard bringen wirst.«
Und wieder fliegt er dicht überm Boden. Ein scharfer Stein zertrümmert mir fast das Knie. Ein leiser Schrei entringt sich meiner Kehle.
»Ich schwöre«, krächze ich, am Ende meiner Kraft.
Er landet. Endlich liege ich am Boden, wo ich mich unter Mühen vom Stock befreie. Auch er reißt sich das Holz aus dem Hinterteil.
»Ich bin Thiazi«, sagt er, ehe er auffliegt. »Vergiss nicht, was du geschworen hast.«

Ich würde ihm gern einen Stein hinterher schleudern, doch dazu fehlt mir die Kraft. Ich bin nicht einmal in der Lage, mich aufzurichten. Odin und Hönir nahen endlich. Sie versuchen, meinen Blutfluss zu stillen. Doch jede Berührung steigert meine Schmerzen. Endlich versetzt mich Odin in einen Schlaf, so tief, dass kein Übel mich mehr zu erreichen vermag.

Idun

Ich erwache auf weichem Lager in einem großen, hellen Saal. Eine Frau überprüft meine Verbände, nickt dann zufrieden ihrer Gefährtin zu und verlässt den Raum. Die andere folgt ihr und nimmt dabei Tuch und Salben mit. Ich schließe ermattet die Augen, öffne sie jedoch sofort wieder, weil ich eine Bewegung bemerke. Freyr befindet sich mit im Raum. Er füllt einen Becher und führt ihn mir an den Mund. Es ärgert mich, dass ich zu schwach bin, um abzuwehren, was ihm aber nur ein leises Lachen entlockt.

»Wo bin ich?«

Er setzt sich auf den Rand meiner Lagerstatt, ehe er antwortet:

»Du bist in Bilskirnir, Thors Palast. Es gibt über 500 Räume hier, irgendwelche stehen immer leer.«

»Und wo ist Thor?«

Er zuckt leicht mit den Achseln. Das scheint also nicht wichtig zu sein und vermutlich weiß Thor nicht einmal, dass ich in seinem Haus bin.

»Als Odin und Hönir dich brachten, habe ich nach Eir geschickt. Ich hoffe, du verzeihst diese Eigenmächtigkeit. Aber ich hielt weitere Narben nicht für angebracht.«

»Sie ist gut«, muss ich zugeben. »Die Schmerzen sind fast verschwunden. Wer ist ihre Gehilfin?«

»Sie heißt Sigyn. Die letzten Tage wachte sie bei dir.«

»Tage?« Ich versuche nun doch, mich aufzurichten. »Ich sollte gar nicht hier sein.«

Freyr drückt mich fast sanft zurück.

»Odin sagte schon, dass du dich gegen Asgard entschieden hast und nicht bleiben willst. Aber für den Moment sei unser aller Gast. Kann ich noch etwas für dich tun?«

»Du bist mir zu freundlich«, erwidere ich misstrauisch. »Hast du ein schlechtes Gewissen?«

»So ist es wohl«, gibt er lächelnd zu. »Aber weißt du, als es darum ging, die Werke der Zwerge zu beurteilen, da erschien mir Mjölnir wirklich das beste Teil zu sein.«

»Tja, wenn man sich zwischen einem Hammer und meinem Kopf entscheiden muss, fällt die Wahl wohl leicht.«

»Es ist nicht nur ein Hammer, Loki. Thor hat zuvor schon immer heftig gegen die Riesen gekämpft. Doch seit er Mjölnir besitzt, hat er sich

verändert. Er ist inzwischen der beste Beschützer, den Midgard sich wünschen kann. Er ist ein Freund der Menschen geworden. Wenn sie ihn um Hilfe anflehen, hält ihn nichts zurück. Ich sah, wie seine Augen aufleuchteten, als er Mjölnir das erste Mal ergriff.«
»Und gleich darauf droht er, mich mit diesem Hammer zu zerschmettern.« Ich stoße einen grunzenden Laut der Verachtung aus. »Nun, ich habe nichts wieder dich, Freyr. Dass Brock so plötzlich die Ahle seines Bruders in Händen hielt und mich wenigstens nicht mit seinem Dolch malträtierte, das verdanke ich ja wohl dir. Du willst etwas für mich tun?« Er nickt wie versprechend. »Dann bringe mich weg aus Asgard. Sofort.«
»Eir sagt, du benötigst noch ein paar Tage der Schonung«, lehnt er, sich erhebend ab. »Sobald du bei Kräften bist, werde ich deinem Wunsch entsprechen. Dann bringe ich dich, wohin du willst. Oder ich baue dir hier ein Haus, wenn du dich zu bleiben entscheidest.«
Freyr geht hinaus. Ich sehe noch, wie vor der Tür andere warten. Ich bin wohl nicht ganz ohne Bewachung. Aber ich muss fort. Thiazi erwartet, dass ich Idun aus Asgard führe. Das kann ich aber nur tun, wenn ich in Asgard bin. Und im Moment komme ich hier nicht weg.

Sigyn kümmert sich geradezu rührend um mich. Sie ist recht still und sehr sanft. Ihre Fürsorge tut mir gut, insbesondere, nachdem ich begreife, dass sie nicht auf Geheiß Eirs um mich ist, sondern sich aus eigenem Antrieb um mich kümmert. Sie erzählt mir von Bragi, Odins Sohn, der den größten Anteil des Ödhrörir erhalten habe, des Trankes, den Odin der Gunnlöd raubte und der aus Kwasirs Blut gebraut wurde. Bragi ist Skalde, Dichter und Sänger, und steht in hohem Ansehen. Idun ist seine Gemahlin; eine junge, schöne Asin, die das Geheimnis der goldenen Äpfel kennt, die sie bei der Quelle im Apfelhain pflückt.
»Und was ist das Geheimnis?«, frage ich belustigt.
»Die Äpfel halten uns jung.«
»Ich bin lange durch Midgard gewandert«, antworte ich lachend. »Sogar die Menschen schätzen den Wildapfel, gedörrt oder gekocht. Aber immer nur, wenn nichts Besseres zur Hand ist.«
»Erzählst du mir von Midgard?«
Ich komme ihrem Wunsch nach. Während ich das tue, wird mir klar, dass sie nur Asgard kennt - ja, dass die meisten hier nur ihre eigene Welt kennen. Ich habe alle neun Welten gesehen. Doch Sigyn und die ihren haben eine Heimat, während ich ruhelos wandere. Sie liebt meine Geschichten. Aber sie würde selbst niemals reisen wollen.

Ab und zu kreist ein riesischer Adler über Asgard. Die Asen achten nicht weiter darauf, doch für mich klingt sein heiserer Schrei wie eine Mahnung und auch wie eine Drohung. Ich sehe keine andere Lösung, als mein Wort einzulösen. Danach werde ich sicher einen Weg finden, Idun wieder nach Hause zu holen. Das Gehen empfinde ich noch als anstrengend, doch weite Wege sind nicht geplant. Ich finde Idun in ihrem Apfelhain, wo sie die Bäume aus der Quelle wässert.
»Kennt du den Apfelbaum, draußen vor dem Tor?«, erkundige ich mich.
»Ich wusste nicht, dass einer dort wächst.«
»Dabei ist er recht groß. Und seine Früchte scheinen mir diesen hier gleich zu sein; vielleicht etwas gleichmäßiger geformt.«
Mehr Überredung ist nicht nötig. Idun möchte den Baum und seine Früchte unbedingt sehen. Als ich vorschlage, ihre Äpfel, die sie stets in einem kleinen Korb bei sich führt, zum Vergleich mitzunehmen, geht sie arglos darauf ein. Ich komme mir wie ein Schuft vor und in dieser Stunde bin ich es wohl auch. Idun folgt mir, plaudert freundlich. Sie erwartet keine Bedrohung. Als der Adler auf sie herabstößt, sie packt und mit sich in die Lüfte entführt, schreit sie nicht einmal. Ich fühle mich elend; inwendig und auch körperlich. Als ich mein Quartier in Bilskirnir erreiche, lasse ich mich aufs Lager fallen und schlafe sofort ein.

Zwei Tage später, ich habe fast die ganze Zeit durchgeschlafen, werde ich gepackt und hochgerissen. Ich kenne die Leute nicht, die mich nach Gladsheim, Odins Halle, zerren. Immerhin bleiben sie vor dem Tor, durch das sie mich stoßen. Drinnen reden alle auf mich ein, was ich aber kaum bemerke. Ich starre nur Odin an. Er sitzt auf seinem Hochsitz. Und er wirkt alt, sehr alt. Sollte Sigyn mit der verjüngenden Wirkung der Äpfel nicht übertrieben haben? Verwirrt sehe ich mich um. Auch die anderen Asen sind sichtlich gealtert. Bragi, der allerdings auch vorher nicht unbedingt jung aussah, springt mich an. Er legt mir die Hände um den Hals und drückt zu.
»Was hast du mit Idun gemacht, Schurke?«, fährt er mich an.
Sein Bruder Balder packt meine Handgelenke, so dass ich mich nicht gegen Bragi wehren kann. Irgendwer spricht von Folter, um mir die Zunge zu lösen. Im Moment kann ich allerdings kaum atmen, geschweige denn reden. Hönir immerhin versucht, den erzürnten Balder von mir zu lösen, während Widar mir einen Hieb verpasst.
»Genug!«

Diese laute, gebieterische Stimme gehört Freyr, der sich soeben erhebt. Er kommt herbei und löst Bragi fast gewaltsam von mir. Ich habe keine Kraft mehr. Ich knie erschöpft am Boden und ringe nach Luft. Es ist Freyr, der mich aufhebt.

»Ja, es ist genug«, lässt sich Odin nun vernehmen, dessen Stimme seltsam müde klingt. »Es geht nicht an, dass mein Bruder in meinem Haus ständig an Leib und Leben bedroht wird.«

Erst jetzt ziehen sich die Angreifer bis zur Wand zurück. Freyr lässt seine Hand auf meiner Schulter liegen, gerade so, als wolle er allen Anwesenden zeigen, dass er keinen weiteren Angriff dulden wird. Er sieht unverändert aus. Als Wane ist er wohl auf keine Äpfel angewiesen.

»Du hast mit Idun vor zwei Tagen Asgard verlassen«, sagt er mit ruhiger Stimme. »Was ist geschehen? Wo ist sie?«

»Eine lange und üble Geschichte«, erwidere ich zerknirscht.

Bragi ballt die Hände zu Fäusten, aber er wagt es nicht, mich an der Seite Freyrs anzugreifen. Er ist nur mutig im Zorn. Mit wenigen Worten erzähle ich, nachdem Freyr nochmals nachhakt, wie Thiazi mich fast tötete und wie ich mein Leben erhielt. Irgendwer hinter mir nennt mich einen Feigling,

»Dann müssen wir also nach Jötunheim, um Idun zu befreien«, konstatiert Freyr gelassen.

Er ist kein Krieger, trägt nicht einmal ein Schwert. Aber er sieht, was nötig ist und ist bereit, es zu tun.

»Rufen wir Thor«, entscheidet Odin da.

»Lass es«, bitte ich rasch. »Thiazi wird Idun töten, wenn er sich angegriffen weiß. Es ist meine Sache, Idun zu holen.«

»Du kannst kaum gehen«, mahnt Freyr.

»Ich werde fliegen«, erwidere ich, mit einem Mal erheitert. »Deine Schwester besitzt ein Falkenhemd. Wenn sie es mir leiht, kann es gelingen.«

In meinem Zustand ist an Gestaltwandlung, wie ich sie erlernte, nicht zu denken. Das magische Hemd der Wanin kann aber einen guten Ersatz abgeben. Freyja selbst überreicht mir wenig später das Gewand.

»Ich bringe es dir zurück.«

Sie lächelt. Ich habe Freyja bisher kaum gesehen und sie sicher nicht beachtet. In dieser Stunde erscheint sie mir nicht nur schön. Sie wirkt sehr selbstsicher und sie verströmt etwas von der Freundlichkeit, die ihren Bruder auszeichnet.

»Bringe Idun zurück, Loki«, erwidert sie mit freundlicher Stimme. »Das Hemd ist unwichtig. Wenn du es lassen musst, um dich zu retten, tue es.«
»Es reicht, wenn Idun kommt. Ihn brauchen wir nicht«, ertönt hinter mir Njörds Stimme.
Alle verstummen, als Odin nun seinen Platz verlässt und zu mir tritt. Er reicht mir beide Hände. Nur Freyja und Freyr können ihn verstehen, als er mit müder Stimme sagt:
»Höre nicht hin, Loki. Ich brauche dich. Aber wir alle brauchen auch Idun. Gibt es einen anderen Weg, sie zu befreien, so nenne ihn mir. Ich habe Thiazi gesehen. Er ist nicht zu unterschätzen. Ich will dich nicht unnötig in Gefahr senden.«
»Ich wusste nicht, was die Äpfel und Idun für Asgard sind«, erwidere ich leise. »Und was ich begann, werde ich auch beenden. Ich bin bald zurück.«
Ich verlasse Gladsheim, werfe mir draußen das Falkenhemd über und erhebe mich in die Luft.

Es ist herrlich, als Falke unter dem Himmel dahin zu jagen. Der Blick ist so klar, so weit und so unglaublich scharf, dass es fast schon mühsam ist, das Gesehene richtig einzuordnen. Zugleich ist die Welt unter mir bunter geworden; ich erkenne mehr Farbabstufungen als zuvor. Eine im Gras huschende Maus erweckt einen nie gekannten Jagdtrieb, der sich nicht unterdrücken lässt. Nach der Mahlzeit schwinge ich mich erneut auf. Pfeilschnell gleite ich dahin. Ich kenne den Weg. Zwar weilte ich nie in direkter Nähe Thiazis, doch unter den Jöten ist er wohl bekannt und so habe ich manches über ihn vernommen. Er besitzt eine Burg, umgeben von großem See, aus der Luft leicht zu finden, auf deren Zinnen ich lande. Vorsorglich behalte ich die Falkengestalt, denn als Vogel erwecke ich kein Interesse bei den hier lebenden Riesen. Es dauert. Aber irgendwann finde ich das Gemach, in dem Idun am wärmenden Feuer sitzt. Sie erschrickt, als ich meine wahre Gestalt annehme, doch sie macht keinen Lärm.
»Loki, sie werden dich töten«, befürchtet sie. »Ich dachte, Asgard schickt eine Armee.«
»Das würden die Asen wohl tun, wenn es Erfolg verspräche.« Ich sehe mich um. »Gibt es für dich einen sicheren Weg nach draußen?«
»Nein, ich werde bewacht.«
Ich sehe sie zögernd an.

»Haben sie dir ein Leid zugefügt?« Idun schüttelt den Kopf. Sie ahnt nicht, wie erleichtert ich bin. »Erlaubst du mir einen Zauber?«
»Du bist zauberkundig?«, staunt sie. »Ich erlaube dir alles, was hilfreich erscheint. Aber du musst dich beeilen. Thiazi ist auf den See gerudert, doch kehrt er sicher bald zurück.«
Ich konzentriere mich schon. Der Zauber, an den ich denke, ist schwer und ich bin ungeübt in dieser Kunst. Idun nimmt ihren Korb mit den Äpfeln auf den Schoß. Sie wartet. Vermutlich erwartet sie irgendwelche Formeln. Doch wahrer Seidhr geschieht meist still.
Idun ist verschwunden. Auf ihrem Stuhl liegt ein kleiner Haselzweig mit Knospe und Nuss. Ich werfe mir das Falkenhemd über, ergreife die Beute und fliege durchs Fenster davon.

Mein Vorsprung ist noch gering, als Thiazi den Raub bemerkt. Der Riese nimmt die Gestalt des Adlers an und verfolgt mich. Ich weiß, was er in dieser Gestalt vermag. Ich mobilisiere meine letzten Kräfte, doch der Adler holt auf. Es geht nicht allein um mich, den er sicher zerfleischen wird. Es geht auch um Idun, die niemand finden und erkennen kann, um den Zauber zu lösen. Thiazi ist schnell, aber als Falke bin ich zumindest wendiger. In weiter Ferne taucht Asgard auf. Ich hoffe nichts mehr, als dass Heimdall wachsam den Himmel beobachtet. Er hört und sieht alles. Der Adler hat mich fast erreicht. Ich sehe die Asen auf dem Burgwall. Sie wissen, dass ich komme! Das gibt mir noch einmal Kraft. Ich überfliege die Mauer. In diesem Moment entzünden die Asen vorbereitete Feuer. Thiazi kann seinen Flug nicht schnell genug abbremsen. Die Flammen erreichen sein Gefieder. Seine Flügel brennen. Er stürzt aufs Idafeld, wo ich schon gelandet bin. Thor schwingt den Mjölnir. Ich werfe das Falkenhemd vom Leib, entreiße dem nächststehenden Asen das Schwert und schleudere es auf den Adler. Hammer und Schwert beenden sein Leben.

Schwer atmend nehme ich den Haselzweig, wanke Richtung Gladsheim. Tyr kommt stützend an meine Seite. Bragi, der nicht weiß, welchen Schatz ich trage, stürmt auf mich zu, glaubt seine Gemahlin verloren. Ich sehe, wie Thor die Hand ausstreckt und ihn am Gewand festhält. Freyja hebt ihr Falkenhemd auf und folgt mir.
»Bleibt alle draußen«, verlange ich am Tor.
Tyr tritt beiseite, doch Freyr und Freyja folgen mir in die Halle, in der niemand weilt. Freyr drückt mich auf eine Bank, nimmt den Haselzweig und legt ihn neben mich. Ich ringe noch immer um Atem.

»Du hast genug getan«, versichert Freyja.

Ich erkenne ihre Absicht und entspanne mich. Ich habe Seidhr in Wanaheim gelernt, wo sie als Meisterin des Zaubers gilt. Sie lächelt, als sie Idun erlöst und ihr die wahre Gestalt zurückgibt. Da nimmt Freyr den Korb und geht hinaus, den wartenden Asen die goldenen Äpfel zu reichen.

Ich höre nicht zu, als Freyja mit Idun spricht. Die Erschöpfung fordert ihren Tribut. Noch sitzend auf der Bank schlafe ich ein.

Skadi

Als ich erwache, sehe ich Thor auf einem Stuhl sitzen. Er lässt kein Auge von mir und er wirkt nicht gerade freundlich.
»Freyr hat verlangt, dass ich dir die Dienste von Eir anbieten soll«, murrt er.
Wider Willen muss ich leise lachen.
»Ich war nur erschöpft, nicht krank«, wehre ich ab, mich aufsetzend.
»Als ich dich fand, war dein Schlaf fast so tief wie der von Thiazi.«
»Was wohl bedeutet, dass du mich hierher getragen hast. Sieht so aus, als sei es dir schwergefallen.«
»Bursche«, Thor unterdrückt mühsam aufkeimenden Zorn, »du bist leicht wie eine Feder. Aber du hast in meinem Haus nichts verloren. Wer immer dir hier Quartier gab, es gefällt mir nicht.«
»Ich habe Sif nicht einmal gesehen«, versichere ich, seine Befürchtung ahnend. »Und ich danke herzlich für die Gastfreundschaft, die ich aber nicht länger in Anspruch nehmen werde. Wenn du mir verrätst, wo ich neue Kleidung herbekomme, verlasse ich Asgard noch heute.«
»Dort in der Truhe liegt alles bereit. Hönir sagte schon, dass du danach fragen wirst.« Er lacht laut. »Sei nicht beleidigt, Loki. Was du Idun tatest, ist übel. Aber wie du sie befreit hast, das war mutig. Hätte ich dir gar nicht zugetraut. Ich hielt dich für einen Hasenfuß.«
»War das jetzt ein Lob oder eine Kränkung?«, murre ich, während ich mich erhebe und die Truhe öffne.
Überrascht sehe ich die fein gearbeitete Gewandung. Was ich am Leib trug, als Thiazi mich über das Geröll schleifte, war von bescheidener Machart und wurde völlig zerfetzt. Was mich hier erwartet, ist - nach menschlichen Maßstäben - eines Herrschers würdig. Und es passt. Beinkleid und Wams schmiegen sich eng an meinen Körper. Das weiche Tuch fühlt sich herrlich an, warm, fest und doch nicht beengend. Der dünne Umhang reicht bis zu den Waden; an den Rändern ist er mit feinen Stichen bestickt. Die Stiefel passen perfekt. Das Schwert lasse ich liegen; ich bin darin nicht geübt. Nur den langen Dolch mit der schmalen Klinge befestige ich am Gürtel.
»Du wirst nicht gehen, ohne dich von Vater zu verabschieden.«
Ich frage mich inzwischen, warum jedes Wort aus Thors Mund wie eine Bedrohung klingt.
»Geht es ihm gut?«, frage ich vorsichtig.

Thor lacht auf seine laute, irgendwie fast aufdringliche Art. Ich schmunzle mit einem Mal, weil er mich darin an Eggdir erinnert.
»Es geht allen gut, Loki. Da draußen sind eine Menge Leute, die dich momentan bewundern und die dir danken wollen.«
»Und einige, die mir ans Leder wollen«, ergänze ich, an Bragi denkend.
»Dann solltest du in meiner Nähe bleiben, solange du in Asgard bist«, schlägt Thor gelassen vor.
Ich mustere ihn überrascht.
»Und warum sollte ich ausgerechnet dir vertrauen? Du wolltest mir schon einmal die Knochen zermalmen.«
»Du bist nachtragend wie ein altes Weib«, grinst er da. »Aber nun komm. Vater will dich sehen. Er gab Anweisung, dass du mit größtem Respekt behandelt werden musst.«
»Gilt das auch für dich?«
Thor lacht schallend.
»Das gilt insbesondere für mich«, versichert er vergnügt. »Nun komm endlich mit.«
Seufzend gebe ich nach. Es wäre mir lieber, ich könnte Asgard jetzt unbemerkt verlassen. Andererseits würde ich mich gerne von zumindest Freyr und Sigyn verabschieden. Und eigentlich hat Odin auch noch ein Wort verdient.

Thor bringt mich nach Gladsheim, wo Bragi als Hofskalde unser Eintreten mit lauter Stimme kündet. Die Halle hat sich verändert. Lange Tische und Bänke sind aufgebaut, überladen mit köstlichen Speisen. In Fässern steht Bier bereit. Die Asen wollen ohne jeden Zweifel ein Fest begehen und haben allem Anschein nach damit auf mich gewartet.
»Wie lange habe ich geschlafen?«, raune ich Thor zu, der wirklich an meiner Seite bleibt.
»Nur einen Tag«, antwortet er beruhigend, während er nach meinem Handgelenk greift und mich mit sanftem Druck durch die Halle führt, an deren entferntem Ende die drei Hochsitze stehen.
Doch die sind jetzt verwaist. Am Kopfende der Tafel sitzen Freyr und Freyja, Frigg, Odins Weib, er selbst und auch Hönir. Zwei Plätze sind frei. Die gelten wohl Thor und mir. Aber noch ehe wir sie erreichen, erhebt sich Odin und kommt mir entgegen. Er sieht wieder verjüngt und stark aus, was mich irgendwie sehr erleichtert. Fast demonstrativ legt er beide Arme um mich und zieht mich an seine Brust. Alle anwesenden Asen sollen sehen, dass er zu mir steht.

»Wer hat dich denn so prachtvoll eingekleidet?«, raunt er mir dabei zu. »Das ist nicht Thors Stil.«
»Ich glaube, das verdanke ich Hönir«, erwiderte ich flüsternd. »Mir gefällt es.«
»Du siehst gut aus«, bestätigt er. »Die Frauen werden alle um dich buhlen.«
Laut aber heißt er mich willkommen, nennt mich seinen Bruder, lobt meinen Falkenflug und fordert, dass man mir mit Achtung begegne.
»Du übertreibst«, flüstere ich, »denn immerhin habe ich Idun auch ausgeliefert.«
»Glaub mir«, antwortet er gefasst, »ich hätte dem Adler an deiner Stelle nicht nur Idun, sondern ganz Asgard versprochen.«
Er drückt mich neben Thor auf die Bank, ehe er zu seinem Platz zurückgeht und sich niederlässt. Es wird getafelt. Ich staune über die Mengen, die Thor an Speise zu sich nimmt. Und sein Durst ist ebenfalls beachtlich.
Später trägt Bragi einige Werke seiner Dichtkunst vor. Ich muss mir eingestehen, dass er darin wirklich gut ist. Das Ael lockert die Stimmung. Es wird gescherzt und gesungen.
Odin hatte Recht. Die Frauen umlagern mich, nachdem das fortgeschrittene Fest keine Sitzordnung mehr kennt. Ich finde auch endlich Gelegenheit, Eir für ihr Wirken zu danken. Es ist schön, nach all der vergangenen Zeit wieder einmal mit der klugen Frigg zu plaudern. Und die Gespräche mit Freyja sind mehr als nur anregend. Sie ahnt, vermutlich als Einzige in Asgard, was mich mit Wanaheim verbindet. Deshalb erlaubt sie sich sehr offene Gespräche, als uns niemand belauscht. Sie bemerkt allerdings auch, dass ich immer wieder zu Sigyn schaue, die nach wie vor Abstand zu mir hält.
»Warum gehst du nicht zu ihr?«, will sie unvermittelt wissen.
»Weil ich im Moment ganz allgemein nicht weiß, wohin ich gehen will«, antworte ich offen.
Sie möchte etwas erwidern, doch da ruft Thor meinen Namen laut quer durch die Halle, was augenblicklich jedes Gespräch in Gladsheim verstummen lässt. Alle Augen hängen an mir. Ich ziehe unwillkürlich den Kopf ein, was Thor ein lautes Lachen entlockt. Er ist mit wenigen Schritten bei mir. Wenn er zu viel getrunken hat und jetzt Streit sucht, habe ich ein Problem. Thor ist sehr kräftig gebaut. Er überragt mich um mehr als Haupteslänge. Und er besitzt die Sympathien aller in Asgard. Dieses Mal gelingt es mir nicht, seinem harten, wenn auch freundschaftlich gemeinten, Schulterschlag auszuweichen. Er hat seinen

Gürtel Meginjardar umgelegt, von dem es heißt, dass er seine Kraft verdopple. Dies scheint bedeutsam zu sein, dann jeder hält etwas Abstand von ihm.
»Na, Kleiner, hast du Lust auf ein Abenteuer?«, dröhnt er heiter.
Nein, er ist nicht betrunken. Er weiß genau, was er sagt und tut. Es geht auch keine Gefahr von ihm aus, was ich schon daran erkenne, dass Odin sein unterbrochenes Gespräch mit Hönir wieder aufnimmt und uns nicht weiter beachtet. Thor hat das Schwert gebracht, das ich in der Truhe beließ, drückt es mir in die Hand, greift nach meinem Oberarm und zieht mich einfach mich sich nach draußen.

Hier wartet sein zweirädriger Streitwagen. Die beiden Böcke Tanngrisnir und Tanngnjóstr sind eingespannt, scharren ungeduldig mit den Hufen. Thor hebt mich mit einer Hand auf den Wagen, streift seine Eisenhandschuhe über, greift nach dem Zügel. Ich komme nicht einmal dazu, etwas zu sagen. Donnergrollen begleitet uns, als wir mit atemberaubender Geschwindigkeit gen Midgard fahren. Es bleibt mir nichts anderes übrig, als mich am Wagen festzuhalten, um nicht hinausgeschleudert zu werden. Und Thor lacht darüber, als sei alles ein köstlicher Spaß.
»Bleib beim Wagen!«, ruft er mir zu, nachdem er endlich das Gefährt zum Stehen bringt.
Er selbst springt hinaus, Mjölnir fest umklammert. Dann sehe ich sie. Sturmriesen rollen an und Thor stellt sich gegen sie mit einer Behändigkeit und Kraft, dass es mich erstaunt. Er schwingt Mjölnir, schleudert den Hammer, fängt ihn im Zurückkehren auf und schlägt augenblicklich wieder zu. Ich sehe eine Menschensiedlung in der Nähe und die Verwüstung, welche der Sturm auf den Feldern anrichtete. Die Menschen rufen nach Thor, flehen ihn um Hilfe an. Ob sie wohl wissen, dass er bereits für sie streitet? Ich selbst halte mein Schwert in der Hand, bereit, mich bei direktem Angriff zu verteidigen. Aber ich kann mich nicht entschließen, aktiv in den Kampf einzugreifen. Diese Riesen dort sind meine Verwandten. Mein Vater und meine Brüder sind wie sie. Was aber werde ich tun, sollte Thor in ernsthafte Gefahr geraten? Ich bin mir nicht sicher. Er wollte, dass ich beim Wagen bleibe. Von hier aus beobachte ich den Kampf, einer gegen viele. Zum ersten Mal sehe ich Mjölnir wirken. Der Hammer ist wirklich göttlich, zumindest in Thors Hand.
Zwei der Riesen wenden sich von Thor ab, der weiterhin von ihrer Sippe bedroht wird. Sie richten sich auf die Siedlung aus. Einer reißt das Dach

von einem der Häuser. Da werfe ich mich wie ein Blitz dazwischen, treibe die Beiden zurück. Thor bemerkt diesen Eingriff, schleudert Mjölnir und nimmt mich so aus jeder Gefahr. Dann ist er neben mir, vor mir. Die verbliebenen Sturmriesen ergreifen die Flucht. Für die Menschen ist ein Donnerwetter vorüber. Sie danken für die Rettung und beginnen mit den Aufräumarbeiten.

Thor zieht mich zum Wagen. Die Rückfahrt geht langsamer, es gibt keine Eile mehr.

»Tut mir leid«, brummt er nach langem Schweigen.

»Was meinst du?«, will ich irritiert wissen.

»Vater sagte, dass du die Menschen irgendwie magst. Da dachte ich, es könne dir gefallen, zu sehen, wie Mjölnir ihnen dienstbar ist. Ich habe nicht bedacht, dass du womöglich den Thursen näher stehst. Ich meine, ich habe dich gezwungen, dich gegen deine Leute zu stellen. Das war nicht meine Absicht.«

»Mir gefiel es«, gebe ich grinsend zu.

Ich spüre seine Erleichterung, als er mir den Arm um die Schultern legt.

»Es geschieht nicht selten, dass die Leute hier um Hilfe rufen«, erklärt er dann gelassen. »Es sind meist nur kleine Schlachten. Es macht Spaß. Und es fühlt sich gut an.« Er lacht. »Du kannst mich gern öfter begleiten. Du gefällst mir.«

Seine direkte Art erstaunt mich fast mehr als diese Eröffnung.

»Ich dachte, ich bin dir zuwider«, halte ich ihm vor.

»Ich bin nicht sicher, ob dir zu trauen ist.« Er lacht laut. »Meinem Vater tust du jedenfalls gut. Seit er dich in Midgard traf, ist er wieder offener, irgendwie glücklicher. In deiner Nähe scheint so manches lebendiger zu sein.« Er lacht wieder. »Ich hab zuvor nie gesehen, wie die Frauen in Asgard so vergnügt sich um einen Gast scharen. Oder wie Freyr sich so unbeirrt auf die Seite eines Fremden stellt. Oder Freyja ihre vornehme Zurückhaltung aufgibt. Ach, es war ein gutes Fest. Und das war es durch dich.«

»Du solltest anhalten und mich aussteigen lassen.«

»Warum? Erträgst du ein einfaches Lob nicht?« Thor schnalzt mit der Zunge, was seine Böcke zu etwas schnellerer Gangart anregt. »Wenn es dir lieber ist, werde ich dich halt wieder beschimpfen und bedrohen.«

Ich muss lachen. Thor ist offen und herrlich unkompliziert. Asgard kommt in Sicht.

»Ob ich wohl in Gladsheim Quartier finde?«, überlege ich laut.

»Gefällt dir Bilskirnir nicht? Du kannst dort auch größere Räume haben, wenn du magst. Meinetwegen auch fünfhundert.« Er lacht wieder. »Vergiss einfach, was ich gestern sagte.«
»Und morgen vergesse ich deine heutigen Worte«, murre ich.
Thor lacht darüber. Er ist nicht bereit, jetzt mit mir zu streiten oder irgendwelche Vorbehalte gelten zu lassen. Für ihn ist die Sache entschieden, weil er sie entschied. Ich habe gar keine andere Wahl, als erneut in Bilskirnir zu wohnen.
Allerdings bin ich nun kein Eindringling mehr, wie ich schnell feststelle. Thor behandelt mich als willkommenen Gast und somit begegnen mir alle, die in Bilskirnir leben, mit großem Respekt. Er versucht nicht einmal, eine Begegnung zwischen mir und Sif zu verhindern, was mehr als Worte beweist, wie wenig er gegen mich steht.

Skadi ist eine prachtvolle Riesin: stark, wild, leidenschaftlich. Den Tod ihres Vaters Thiazi will sie nicht einfach hinnehmen. Sie sinnt auf Rache und Vergeltung. So erscheint sie, in schwerer Rüstung und voll bewaffnet, vor Asgards Toren. Sie führt kein Heer mit sich, doch unzweifelhaft steht ein solches bereit, um auf ihren Befehl hin anzugreifen. Heimdall hält sie auf. Doch auf Odins Befehl hin wird sie dann doch eingelassen.
Ich bewundere insgeheim ihren Mut. Sie steht allein mitten auf dem Idafeld, mit hoch erhobenem Haupt und völlig furchtlos. Viele Asen umstehen sie. Thor hält Mjölnir fest.
»Lass es«, raune ich ihm zu. »Du weißt doch, dass auf dem Idafeld kein Blut vergossen werden darf.«
Er knurrt eine unverständliche Antwort, aber er entspannt sich wenigstens. Skadi schaut jedem Einzelnen in die Augen, mustert jeden von uns. Als sie Balder sieht, leuchten ihre Augen kurz auf. Ich unterdrücke ein Grinsen. Balder strahlt etwas aus, das jeder Frau gefallen muss und das sogar geeignet ist, diese wütende Riesin zu beruhigen. Endlich steht sie vor Odin, der nach ihrem Begehr fragt.
»Ich fordere Sühne für den Tod meines Vaters, des Bergriesen Thiazi.«
Ihre Stimme klingt kraftvoll. Dass ein Heer auf ihren Angriffsbefehl wartet, sagt sie nicht. Trotzdem weiß es jeder. Dass Thiazi als Adler in Asgard eindrang und mehr oder weniger in Notwehr getötet wurde, spielt keine Rolle. Sie fühlt sich im Recht; ist es im Grunde auch, denn jedes genommene Blut schreit nach Sühne.
»Und was verlangst du?«, will Balder wissen.

Das irritiert sie, die eher mit Schmähung und Ablehnung rechnet. Sie starrt ihn an.
»Ich fordere einen Asen zum Gemahl«, erklärt sie nach langer Pause, ohne dabei den Blick von ihm zu wenden. »Wenn ihr mich versöhnen wollt, müsst ihr mich darüber hinaus zum Lachen bringen. Gelingt dies, ist die Buße angenommen.«
Mir ist nicht wohl bei der Sache. Eine Bergriesin zum Lachen zu bringen, ist nicht einfach. Und ihr einen Gemahl aus den eigenen Reihen zu geben, muss ebenfalls ein Ansinnen sein. Sie hat ohnehin nur Augen für Balder, der seinem Wesen nach allerdings überhaupt nicht zu ihr passt. Wird ihren Forderungen jedoch nicht entsprochen, erwartet uns alle eine große Schlacht, die viele Opfer fordern wird. Ich bin froh, nicht entscheiden zu müssen.
»Dann wähle deinen Gemahl«, gibt ihr Odin da unvermittelt nach. »Doch du sollst ihn nur an seinen Füßen erkennen dürfen.«
Er befiehlt die unvermählten Asen nach Gladsheim, wo sie sich alle mit nackten Füßen hinter einem Vorhang verbergen müssen. Zu meinem Entsetzen muss auch ich mich da einreihen. Immerhin bin ich unvermählt und durch das Blutband mit Odin auch Ase. Thor amüsiert sich köstlich über meine innere Abwehr. Wir stehen also hinter dem Vorhang, der bis über unsere Knie hinab reicht. Und Skadi betrachtet die nackten Füße der Männer, um ihren Bußgemahl zu wählen. Schließlich entscheidet sie sich.
»Diesen kiese ich«, erklärt sie. »Balder ist ohne fehl.«
Odin selbst zieht den Vorhang zurück. Sie steht nicht vor Balder, wie sie erhofft. Vor ihr steht Njörd aus Noatun, Freyrs Vater. Doch die Wahl ist getroffen und Skadi kann nicht mehr zurück.
»Sobald ich lache«, verspricht sie enttäuscht und grimmig, »kann die Vermählung stattfinden.«
Wir gehen alle wieder hinaus auf den freien Platz. Asgard gibt sich wirklich Mühe, die Riesin zu erweichen. Doch alle Späße und Scherze entlocken ihr nicht einmal ein Lächeln. Bragis feine Spottlieder erscheinen ihr hohl, die Darbietungen der anderen langweilig.
»Diese Frau hat keinen Humor«, knurrt Thor neben mir.
»Und ihr alle habt keinen Witz«, erwidere ich leise, um keine Aufmerksamkeit zu erwecken.
»Ich fand Bragis Lieder lustig.«
»Du bist auch kein Jöte«, erwidere ich, wobei ich an Eggdir denke und seinen oft derben Gesang, der Skadi sicherlich besser gefallen würde.

In dem Moment läuft ein verirrter Ziegenbock über den Platz. Er sucht wohl seine Herde. Die jungen Leute, die sich eben im Tauziehen üben und dabei allerlei Späße treiben, werden von ihm gestört. Und als er gegen einen von ihnen anrennt, so dass der sich nur mit einem raschen Sprung in Sicherheit bringen kann, muss ich unwillkürlich lachen. Aber ich bin wohl der Einzige, der das lustig findet, denn ich ernte vorwurfsvolle Blicke.
»Fangt ihn ein«, befiehlt Odin unwirsch, dem das alles schon viel zu lange dauert.
Das Tier wehrt sich, weicht immer wieder aus und attackiert die Leute dabei. Als aber der Bock in unsere Richtung getrieben wird, streckt Thor einfach die Hand aus, ergreift die Ziege am Schwanz und klemmt sie sich danach wie einen Sack unter den Arm. Er will sie wegtragen.
»Warte.«
Ich habe eine Idee. Das ganze Possenspiel wirkt ohnehin aufgesetzt und dadurch ermüdend. Eine Riesin liebt derbere Späße, wie ich weiß. Ich hole das Seil und binde es dem Bock fest um seinen Bart. Das Tier strampelt und wehrt sich, doch aus Thors Griff gibt es kein Entkommen. Alle Blicke gelten jetzt mir. Sogar Skadi richtet sich in ihrem Stuhl etwas auf und wirkt interessiert. Der Bock ist kräftig. Immer wieder versucht er, mit Kopf und Horn nach mir zu stoßen. Ich gehe ein paar Schritte weg, näher zu Skadi. Dann überwinde ich mich, binde das andere Ende des Stricks zwischen meine Lenden und nicke Thor auffordernd zu. Er ist skeptisch.
»Das wird weh tun«, warnt er.
»Mach schon, ehe ich es mir anders überlege.«
Thor gibt das Tier frei. Ich halte beide Hände in meine Hüften gestemmt. Der Bock zieht. Ich ziehe. Wir haben beide Schmerzen dabei. Ich schreie, weil mir das Erleichterung verschafft und den Eindruck der Schmerzen erhöht, während der Bock meckert und zerrt und ab und an auch zum Angriff übergeht, dem ich mit raschem Sprung ausweichen muss.
Die Zuschauer lachen laut auf. Es ist ein derbes, brutales Spiel. Nur Skadi lacht nicht, wenngleich sie keinen Blick mehr von mir lässt. Als es dem Bock fast gelingt, mich aufzuspießen, erschrickt sie sogar ein wenig. Es geht mir zu lange. Aber ich will mir nicht die Blöße geben, unterlegen zu sein. Also zerren wir weiter am Seil. Der Bock rennt wieder gegen mich, ich springe beiseite, komme ins Stolpern. Es gelingt mir dieses Mal nicht, mich abzufangen. Ich stolpere und falle direkt in Skadis Schoß.
»Rette mich«, flehe ich gespielt verzweifelt, »es wäre doch schade um meine Manneskraft.«

Und da endlich lacht sie. Skadi lacht wider Willen, aber aus vollstem Herzen. Dann packt sie nach dem Strick. Ihr Griff ist so fest, dass der Bock keine Chance hat, so heftig er auch zieht.

»Befreie dich«, rät sie mir lachend.

Rasch löse ich den Strick. Danach stößt sie mich von ihrem Schoß. Sie lacht immer noch und ich stehe lachend bei ihr, während andere den Bock nun zurück zu seiner Herde bringen.

Ganz Asgard lacht. Aber insgeheim atmen sie alle auf, weil Skadi endlich zufriedengestellt wurde. Sie legt nun zu guter Letzt ihre Rüstung und auch ihre Waffen ab, begibt sich zu Njörd und redet mit ihm.

Die Vermählung von Skadi und Njörd findet am nächsten Tag statt. Odin hat in der Nacht Thiazis Augen gen Himmel geworfen, wo sie als zwei helle Sterne strahlen.

»Thiazi wird auf uns herabschauen bis zum Ende der Zeit, solange die Welten bestehen«, sagt er dabei und macht ihr damit ein wertvolles Geschenk, das sie stets als Überbuße bezeichnet und das sie völlig mit den Asen aussöhnt.

Andvari

Ich bleibe in Asgard, wenn auch mehr, weil ich gerade nicht weiß, wohin ich sonst gehen mag. Thor ist nach wie vor ein guter Gastgeber. Es gibt viele gute Gespräche mit Asen, die ich mag - allen voran nach Thor auch Freyr, Odin, Hönir und Freyja und Frigg. Und natürlich ergibt sich nun auch so manche Begegnung mit Sigyn. Sie arbeitet für Eir, die in Friggs Diensten steht, und wohnt wie diese in Fensalir, Friggs Palast. So nach und nach fange ich an, mich in Asgard heimisch zu fühlen.
Freyr baut mir kein Haus, aber er zeigt mir eines, das leer steht, und bietet mir darin Wohnstatt an. Es ist kein Palast, doch geräumig und hell.
»Wenn es dir nicht genügt, wird eines gebaut nach deinen Wünschen«, verspricht er heiter und ich weiß, dass es durchaus in seiner Macht steht, das zu bewerkstelligen.
Es ist ihm wichtig, dass ich ein eigenes Haus beziehe, denn er will nicht, dass ich mich dauerhaft als Gast fühle. Und inzwischen teile ich diesen Wunsch. Das hat durchaus mit Sigyn zu tun. Ich freue mich ehrlich, als ihr dieses Haus gefällt. Dass wir einander gefallen, ist ja schon kein Geheimnis mehr.

Skadi inzwischen hat versucht, mit Njörd in Noatun zu leben. Doch sie, die Bergriesin, ertrug das ewige Geschrei der Möwen im Bereich dieses Meergottes nicht. Sie hielt es nur neun Nächte aus. Also gab Njörd ihr nach und zog mit ihr nach Thrymheim. Doch das Geheul der Wölfe in den Bergen raubte ihm den Schlaf. Neun Nächte später kehrte er nach Noatun zurück. Ihr Ehe galt somit als gescheitert und sie trennten sich.

Eingedenk dieser Geschichte ist es mir wichtig, Sigyn einen Ort zu bieten, der ihr gefallen kann. Und der auch mir gefällt. Das Haus, das Freyr uns schenkt, erfüllt unser beider Wünsche. So wird Sigyn meine Frau. Ich liebe sie, wie ich einst Angrboda liebte, auch wenn beide Frauen in nichts zu vergleichen sind.
Also lebe ich als Ase unter Asen in Asgard. Manchmal fahre ich mit Thor aus, wenn er Midgard beschützt. Einmal begleite ich Freyr nach Albenheim, wo er wie ein Herrscher begrüßt wird. Diese Welt erhielt er als Zahngeschenk vor langer Zeit. Er liebt dieses Reich und seine Bewohner. Die Besuche bei meiner Mutter und in Wanaheim sind

selten, doch bedeuten sie mir immer viel. Und die Stunden mit Sleipnir sind ungezählt; sie bereichern mich und söhnen mich ein wenig mit dem Verlust meiner anderen Kinder aus.

Einmal ist mir danach, mit Odin zu plaudern. Doch als ich Gladsheim betrete, weilt niemand hier. Ich stehe vor Hlidskialf, Odins Hochsitz. Man sagt, wer dort oben sitzt, kann in alle Reiche schauen und sehen, was immer er will. Und ich würde gern meine Kinder sehen: Jörmungandr am Grund des Meeres, Fenrir im Bauch der Erde und meine süße Helja in ihrem Reich. Ich zögere noch, starre Hlidskialf aber unverwandt an.

»Man sieht nicht immer, was man zu sehen hofft«, ertönt hinter mir Friggs Stimme. Ich zucke förmlich zusammen, ehe mich ihr zu wende. »Als Freyr sich auf Hlidskialf setzte, sah er in Jötunheim eine schöne Riesenfrau.«

»Gerda?«

»Ja, seine Gemahlin erblickte er von hier aus. Er wurde geradezu liebeskrank, vernachlässigte seine Pflichten, grämte sich Tag und Nacht, aß und trank nicht mehr und verließ nicht mehr seine Halle. Wir waren in großer Sorge um ihn. Endlich entdeckte er seinem Jugendfreund Skirnir die Ursache seines Leides.«

Frigg erzählt, wie Skirnir daraufhin Freyrs Pferd und Schwert nimmt und nach Jötunheim reitet. Gymir ist Gerdas Vater. Vor seinem Haus warten bellende Hunde, bedrohen den ungeladenen Besucher. Doch Skirnir lässt sich nicht einschüchtern. Er lärmt so lange, bis Gerda ihn einlässt. Dann wirbt er um sie; bietet ihr die goldenen Äpfel Iduns und Draupnir, Odins Ring, wenn sie bereit ist, Freyr zu erhören. Doch sie lehnt ab. Er schwingt das Schwert und droht mit Tod. Sie bleibt unbeeindruckt. Da greift er nach Zauberruten und bedroht sie mit Flüchen, wie sie schlimmer nicht sein können. Gerda gibt nach, reicht Skirnir Met und verspricht, sich in neun Tagen mit Freyr zu treffen. Skirnir erhält Freyrs Schwert als Lohn, nachdem er zurückgekehrt ist.

»Immerhin hat er so seine Liebe gefunden«, stelle ich nach Friggs Bericht fest. »Die beiden sind sehr glücklich miteinander.«

Frigg lächelt.

»Was man auf Hlidskialf zu sehen bekommt, ist im Voraus nicht zu wissen. Was möchtest du sehen, Loki? Welche Antworten suchst du? Der Preis ist manchmal sehr hoch. Ja, Freyr fand Gerda. Aber er riskierte das Leben seinen besten Freundes dabei.«

»Und was siehst du auf Hlidskialf?«, will ich wissen, denn ich zweifle nicht daran, dass Frigg den Blick von dort aus durchaus zu nutzen weiß.
Ihr Lächeln vertieft sich, doch sie kommt nicht dazu, zu antworten.
»Frigg weiß alle Dinge«, sagt Odin, der eben eintritt, an ihrer Stelle. »Aber sie spricht nicht darüber.«
Ich muss wider Willen lachen.
»Du meinst, ich solle mir ein Beispiel an ihr nehmen?«, deute ich seine Bemerkung völlig richtig, was ihm ein Schmunzeln entlockt.
»Falls du Midgard sehen wolltest«, lenkt er aber ab, »wäre es besser, dort zu wandern, als nur von Ferne zu schauen.«
»Ist das eine Einladung?«, forsche ich erfreut.
Er nickt. Odin will mit Hönir durch Midgard wandern und er hofft auf meine Begleitung. Ich freue mich auf vergnügliche Tage.

Sie necken mich, wenn ich irgendwo einen Adler rufen höre und unwillkürlich vorsichtiger werde. Wir haben viel Spaß zusammen. Es sind herrliche Sommertage. Das Korn steht golden auf den Feldern, die Bäume tragen schon reiche Frucht. Tiefes Blau am Himmel, sattes Grün auf den Wiesen - Midgard zeigt sich von seiner besten Seite. Ein schmaler Pfad führt am Flussufer stromaufwärts. Unweit sind Menschen bei der Ernte. Sie rufen uns, den fremden Wanderern, freundliche Grüße zu, sind guter Dinge. Wir sehen Lachse im Fluss und denken daran, dass wir für das Abendmahl vorsorgen sollten. Vor uns, entfernt, rauscht ein Wasserfall. Er stürzt in einen kleinen See, an dessen Ufer glatte Steine zum Verweilen einladen.
»Wartet«, flüstere ich und hindere so die Brüder am Weitergehen.
Ich habe vor ihnen den Otter gesehen, der auf einem der Steine sitzt und eben beginnt, den gefangenen Lachs zu verspeisen. Ein kleiner scharfkantiger Stein liegt auf dem Weg. Ich bücke mich, hebe ihn auf und ziele.
»Guter Wurf«, lobt Hönir, nachdem der Stein den Kopf des Otters tödlich traf.
»Ja«, freue ich mich, »mit einem Wurf Otter und Lachs erbeutet. Das wird ein gutes Mahl.«
Wir nehmen die Beute mit. Wie in den vergangenen Tagen hoffen wir auch für diesen Abend, irgendwo Gastquartier zu erhalten. Wir finden bald ein einsam gelegenes Gehöft, wo wir eintreten. Der Bauer hier nennt sich Hreidmar.
»Ich bin auf Gäste nicht vorbereitet und habe auch zu wenig Nahrung hier«, will er uns zuerst abweisen.

»Wir haben Mundvorrat für uns und deine Familie dabei«, verspricht Odin.
Hönir zeigt unsere Beute. Als Hreidmar den Otter sieht, ruft er laut seine Söhne Fafnir und Regin herbei. Er heult im Zorn, da dies sein erschlagener Sohn Otr sei, den wir töteten. Und er ist nicht einfach ein Landmann. Hreidmar ist zauberkundig, was wir wahrlich nicht erwarten konnten. Mit seinen Söhnen überwältigt und bindet er uns, ehe wir so recht begreifen, was geschieht.
»Wir konnten nicht ahnen, dass der Otter dein Sohn ist«, versucht Odin, ihn zu beruhigen. »Natürlich bedauern wir deinen Verlust. Du hast mein Wort, dass wir die Blutschuld durch Gold tilgen werden.«
Regin und Fafnir inzwischen häuten den Otter. Der Vater nimmt den Balg und verlangt, er solle inwendig völlig mit rotem Gold gefüllt werden. Ferner müsse er auch auswendig von Gold umhüllt sei. Wenn wir das bieten können, will er Frieden geben.
Wir beraten, was trotz unserer Fessel möglich ist. Hreidmar will nicht einfach Gold. Das wäre aus Asgard leicht zu beschaffen, in jeder gewünschten Menge. Doch er will rotes Gold; ein Gold, wie es nur bei den Schwarzalben zu finden ist, die es verstehen, ihm Kupfer beizumengen.
»Es tut mir leid, Loki, dass es wieder einmal deine Aufgabe sein wird, die Reise zu unternehmen«, erklärt Odin endlich. »Du bist der Einzige, der Schwarzalbenheim kennt. Hönir und ich werden als Geiseln hier warten müssen.«
»Ich hoffe, nicht zu lange. Ich hörte von einem Zwerg, der sehr reich sein soll. Es wird sich ein Weg finden, ihn zu berauben.«
Hreidmar traut mir nicht. Er würde lieber Hönir schicken, der ihm eher wie ein verlässlicher Bote erscheint. Odin traut er, einäugig, keine weite und schnelle Reise zu. Doch er gibt nach und lässt mich gehen, nicht ohne zuvor meinen Begleitern einen schrecklichen Tod anzudrohen, sollte ich zu lange säumen.

In meinen Wanenschuhen erreiche ich Schwarzalbenheim recht schnell. Ich muss in eine Gegend, die ich nicht kenne. Doch freundliche Zwerge weisen mir gern den Weg. Durch gewaltige Gewölbe und prachtvolle Hallen wandernd erreiche ich einen Bereich, wo ein tiefer See durch einen Wasserfall gespeist wird. Ich bin am Ziel.
Lange ist es her, dass ich von dem verfluchten Zwerg Andvari hörte, der mehr Gold besitzt als andere und dem die Nornen das Schicksal woben, sein Leben auch in Hechtgestalt verbringen zu müssen. Ich sehe den

Hecht im tiefen Wasser, setze mich ans Ufer und warte. Er hat mich bemerkt und ich bin ihm lästig. Ein Fremder auf seinem Besitz stört. Und ich sitze an der einzigen Stelle, wo der See flach zum Ufer ausläuft. Wenn Andvari seine Zwergengestalt annehmen will, muss er an mir vorbei. Und der Moment des Gestaltwandelns ist ein Moment der Schwäche, der Verwundbarkeit. Ich weiß allerdings nicht, wie lange er als Hecht bleiben kann. Ich selbst lebte Jahre als Stute. Und ich habe jetzt nicht jahrelang Zeit. Ich muss ihn überlisten. Also lege ich mich nieder und stelle mich schlafend. Wie erwartet, schwimmt er näher heran. Er bleibt vorsichtig, wartet, lauert. Lange währt dies. Doch irgendwann wird er unvorsichtig genug, um mir nahe zu kommen. Ich schnelle nach vorn und bekomme ihn zu packen, hebe ihn hoch. Als Hecht kann er an der Luft nicht atmen und unter meinem Griff ist es unmöglich, die Gestalt zu wandeln. Keuchend jammert er um sein Leben.

»Ich will all das rote Gold, das du gehortet hast!«

Er verspricht es, japsend nach Luft. Da werfe ich ihn an Land, wo er seine Zwergengestalt annehmen kann. Er schimpft und tobt, doch er führt mich zu dem Stein, wo er lebt, und holt von dort alles Gold hervor. Aufatmend denke ich, dass die Menge wohl genügen wird. Das erspart es mir, andere Zwerge aufzusuchen.

»Geh jetzt«, verlangt Andvari.

Er hat es zu eilig damit. Ich entdecke, wie er in der Hand einen kleinen Goldring verbirgt.

»Alles Gold war der Lösepreis«, erinnere ich ihn. »Gib mir den Ring.«

»Bitte nicht. Lass ihn mir. Er kann mir meinen Reichtum neu vermehren und aufbauen.«

»Nichts behältst du zurück«, bleibe ich stur und entreiße ihm den Ring.

Andvari ist wütend.

»Dann höre meinen Fluch«, schreit er, »denn jeder, der den Ring besitzt, soll durch ihn zu Tode kommen.«

»Das kommt mir gelegen«, erwidere ich gelassen, den Ring einsteckend, »denn der, der ihn besitzen wird, hat den Tod verdient.«

»Dann sage ihm, was ich entschied. Brüder werden sich töten für den Ring, Edle in Streit geraten. Niemandem wird mein Schatz etwas nützen.«

»Ich nehme ihn, um ihn wegzugeben.« Ich packe alles Gold bereits ein. »Du magst fluchen, wem du willst. Es trifft nicht mich.«

Andvari wünscht mir alles Üble. Dann aber geht er in den Stein zurück, um mich nicht weiter sehen zu müssen. Und ich nehme die Beute und beeile mich, nach Midgard zu gelangen.

Odin findet den Ring schön. Er nimmt ihn heimlich an sich; Hreidmar kann es nicht sehen. Ich schüttle mahnend den Kopf, doch Odin ignoriert mich jetzt bewusst. Hreidmar beginnt, den Balg des Otters mit rotem Gold zu füllen und stopft so dicht, wie er es eben vermag. Danach stellt er ihn auf und verlangt, dass er nun unter Gold begraben werde und dann kein Teil des Otters mehr durchscheinen dürfe. Diese Aufgabe übernimmt Odin. Als er fertig ist, fordert er Hreidmar auf, das Werk zu prüfen und uns danach freizugeben. Der alte Zauberer kontrolliert sehr genau. Triumphierend deutet er auf ein einzelnes Barthaar des Otters, das nicht von Gold bedeckt ist.
»Damit ist unser Vertrag hinfällig«, stellt er voll Schadenfreude fest.
Odin seufzt. Unwillig nimmt er den Ring und bedeckt mit ihm das Haar. Nun ist die Buße erfüllt und das Wergeld bezahlt. Hönir wird von der Fessel gelöst. Odin erhält Gungnir zurück. Wir haben es eilig, dieses Gehöft zu verlassen. Doch ehe ich aus der Tür trete, wende ich mich um, sehe Hreidmar an und sage ihm, dass dieser Ring einen Todesfluch birgt. Er ist nicht beeindruckt und zieht somit sein eigenes Schicksal auf sich.

Dieses sehr ungute Erlebnis hat uns die Lust auf weitere Wanderschaft verdorben. Wir kehren nach Asgard zurück. Es wird lange dauern, ehe wir von dieser unrühmlichen Gefangennahme erzählen und Bragi erlauben, darüber Lieder zu dichten.
Wenige Tage später besucht mich Odin in meinem Haus. Wir speisen zusammen. Als Sigyn uns allein lässt, spricht er von Hreidmar.
»Ich habe von Hlidskialf aus zu unserem Widersacher geschaut.«
»Ist er glücklich geworden mit dem Schatz des Zwerges?«
»Alles andere als dies. Nachdem wir den Ort verließen, verlangten die Söhne Fafnir und Regin ihren Anteil am Schatz, doch ihr Vater gab ihnen nichts davon ab. Da kamen sie überein, den Vater zu töten. Regin erschlug Hreidmar. Fafnir nahm daraufhin Waffe und Helm des Vaters und bedrohte den Bruder und schlug ihn in die Flucht. Da er dessen Rückkehr und Rache fürchtete, nahm er alles Gold und zog sich zur Gnitaheide zurück, wo er den Schatz in einer Höhle birgt. Dort ruht er, in Gestalt einer übergroßen Schlange, und hütet den Hort.«
»Ich sagte Hreidmar, dass der Ring verflucht ist«, erwidere ich leichthin.
»Hoffen wir, dass die Menschen nichts davon erfahren und nicht einer

hingeht und dermaleinst den Drachen Fafnir erschlägt um des Schatzes willen.«
»Menschen sind unberechenbar«, lächelt Odin zur Antwort.
»Götter auch«, erwidere ich grinsend. »Ich kenne einen, der wollte diesen Ring behalten.«
Wir lachen beide über den Scherz. Und eigentlich sind wir beide froh, Andvaris verfluchten Ring in Midgard zu wissen, wo ein Drache ihn bewacht.

Geirröd

Oft reise ich mit Thor, wenn Midgard ihn zu Hilfe ruft. Ich bewundere seine Kraft. Gerät er in Zorn, ist er nicht zu halten. Für mich selbst sind diese Reisen nicht gefährlich. Thor will, dass ich mich abseits halte. Immer gelingt dies nicht. So manche Schlacht schlagen wir gemeinsam und immer ist er dann bemüht, mich zu beschützen. Er braucht meine Hilfe nicht, aber er schätzt meine Gesellschaft. Wir führen selten tiefsinnige Gespräche. Für Thor sind die Dinge einfach. Er philosophiert nie. Ich mag seine direkte Art. Ich mag es auch, ihm so manchen Streich zu spielen, weil er sich so herrlich aufregen kann.

Wenn mir langweilig wird, leihe ich mir das Falkenhemd und fliege nach Jötunheim. Auf diese Art erfahre ich so manches Mal von den Plänen der Jöten, die sich mit Hilfe Thors meist leicht vereiteln lassen. Ein solcher Flug führt mich nach Geirrödsgard, wo ich eine große Halle erblicke und dort am Fenster lande. Die Jöten hier rühmen sich ihrer Taten, wie sie Leid über Midgard bringen. Sie spotten Thors, der ja nicht immer rechtzeitig gerufen wird. Aber sie fürchten Mjölnir, und meinen, ohne den Hammer sei Thor nichts wert. Einzelne prahlen damit, keinen der Götter zu fürchten. Sie würden gern gen Asgard ziehen. Doch das sind nur hohle Worte, um einander zu imponieren.
Inzwischen sieht Geirröd den Falken und befiehlt einem seiner Leute, mich zu fangen. Der Riese scheint ein rechter Tölpel zu sein. Wenn er zum Fenster kommt, fliege ich kurz auf, und sobald er sich umwendet, lande ich wieder. Lange geht das so. Der Bursche durchschaut das Spiel einfach nicht. Erst, als Geirröd ihn zornig anfährt, verlässt er die Halle.
Wenig später sehe ich diesen Riesen, wie er außen die Hallenwand erklimmt. Er rutscht immer wider ab, verliert den Halt. Doch er versucht es stets aufs Neue. Als er näher kommt, flattere ich auf und setze mich etwas weiter oben hin. Und er klettert weiter, stößt sich, krallt sich in den Stein. Er schwitzt. Und er ist wütend. Allerdings ist er auch langsam, so dass ich ihn durchaus nahe herankommen lasse, um im letzten Moment zu entwischen.
Ich bin nun oben auf dem Dach. Höher hinauf geht es nicht mehr. Der Riese schiebt sich mir zu. Es wird Zeit, das ungleiche Spiel zu beenden. Ich breite die Flügel aus. Doch was ist das? Es gelingt mir nicht, mich aufzuschwingen. Diese Jöten haben ihr Dach wohl mit Pech abgedichtet.

Auf alle Fälle kleben meine Füße fest. Ich zerre, ziehe. Vergeblich. Der Jöte ist heran, packt mich mit schmerzhaft festem Griff und verhindert so, dass ich ihm meinen Schnabel ins Fleisch haue.
Triumphierend trägt er mich in die Halle, hält mich unter Beifall und Gelächter hoch. Geirröd erhebt sich von seinem Stuhl, kommt auf uns zu. Sein Diener hat mich mit beiden Händen fest umfasst, hebt mich vor das Gesicht seines Herrn. Und der Jöte starrt mir in die Augen, lange und schweigsam.
»Das ist kein Vogel«, sagt er endlich voll Argwohn. »Das ist ein Mann. Wer bist du?«
Die Riesen umher sind alle verstummt. Neugierig schieben sie sich näher. Geirröd wiederholt seine Frage. Ich ziehe es jedoch vor, zu schweigen. Meine Lage ist äußerst unangenehm. Jedes Wort wäre jetzt falsch. Ich habe Grund, um mein Leben zu fürchten. Doch für den Moment ist Geirröd zu neugierig auf meine Identität, um mir vorschnell den Tod zu geben.
»Sperrt ihn in eine Kiste«, verlangt er schließlich. »Ein paar Tage Hunger und Durst werden ihm die Zunge schon lösen.«
Geirröds Töchter Gneip und Gialp bringen eine kleine Kiste herbei. Als sich der Deckel über mir schließt, befinde ich mich in völliger Dunkelheit. Anscheinend stehe ich auf dem Tisch in der Halle. Ich höre die Jöten noch reden. Aber die Geräusche sind gedämpft und kaum zu verstehen.
Tage vergehen, bis Geirröd die Kiste öffnet und mich wieder anschaut. Ich schweige weiterhin. So bleibe ich eingesperrt.

Drei volle Monate ziehen vorüber. Inzwischen bin ich mürbe. Es ist unerträglich, bewegungsunfähig in einer Kiste zu verharren. Der Hunger ist leichter zu ertragen als diese unsägliche Langeweile. Als Geirröd wieder einmal die Kiste öffnet, bin ich besiegt.
»Nun, wer bist du?«, will er wissen.
»Ich bin Loptr Farbautison.«
Er lacht und tritt zurück, was es mir endlich ermöglicht, die Kiste zu verlassen und fürs Erste das Falkenhemd abzulegen.
»Loki bist du also«, stellt er befriedigt fest, »der kleine Riese, der ein Ase sein will. Man sagt, dass du mit Donarthor durch die Lande fährst.« Bei diesen Worten schiebt er mir eine große Schale mit gebratenem Fleisch und einen Becher Bier zu. Ich stille Hunger und Durst, alles andere ist zunächst unwichtig. »Es gibt sogar Jöten, die sagen, dass du Mjölnir dem Thor verschafft hast.«

»Sehe ich wie ein Schmied aus?«, knurre ich unwillig.
Er lacht schallend.
»Wie eine Fliege siehst du aus«, dröhnt er, »ein Hänfling, den ich leicht zerquetschen kann. Es ist dein Glück, dass du so unwichtig bist.« Das beruhigt mich. »Wenn du dein Leben lösen willst, musst du mir Thor herbeischaffen. Ohne Kraftgürtel und ohne Mjölnir.«
»Und dafür sollte dir mein Wort genügen?«, zweifle ich offen.
Ich bin gesättigt und denke schon an Flucht. Doch die Hallentore sind von Geirröds Dienern bewacht und das große Fenster durch eine Lederplane verhängt. Ich bin noch immer gefangen.
»Du hast Idun aus Asgard geführt, also scheint dein Wort zumindest für dich Wert zu besitzen«, entgegnet er gelassen. »Du bist frei, wenn du versprichst, Asathor ohne den Hammer zu mir zu bringen.« Er lacht wieder, wofür ich ihm gern die Schale an den Kopf würfe. »Du kannst auch gerne weitere drei Monate darüber nachdenken, Vöglein.«
Bei diesen Worten ziehe ich unwillkürlich den Kopf ein, denn diese Drohung meint er ernst. Für den Moment bin ich bereit, alles zu versprechen, um dieser Kiste zu entgehen. Also schwöre ich, seine Bedingung zu erfüllen. Gneip reißt die Lederplane vom Fenster. Da gibt es kein Halten mehr. Ich werfe mir das Falkenhemd über und verschwinde durchs Fenster. Das Gelächter der Jöten folgt mir lange nach.

Asgard begrüßt mich freudig, gibt sich aber zufrieden, als ich meine lange Abwesenheit nicht weiter erkläre. Ich habe ausnehmend schlechte Laune in jenen Tagen. Die bessert sich zwar etwas, als Sigyn mir entdeckt, dass sie schwanger ist. Trotzdem kann ich Geirröds Forderung nicht vergessen. Und ich kann mit niemandem darüber reden. Was Idun geschah, ist mir verziehen. Doch niemand wird es mir nachsehen, wenn ich Thor in Gefahr bringe. Ich könnte es selbst nicht entschuldigen. In diesen Tagen weicht man mir aus. Solange ich gute Laune habe, meine Späße treibe und die Asen zum Lachen bringe, sind sie alle gern um mich. Doch meinen düsteren Sinn können sie nicht einordnen. Der Einzige, der sich davon nicht wirklich beeindrucken lässt, ist ausgerechnet Thor.
»Komm, Kleiner, wir gehen Riesen klopfen«, ruft er, mich von der Bank hochziehend.
Die letzten Einladungen hierzu schlug ich aus. Dieses Mal fragt er nicht. Er greift einfach mein Handgelenk und zieht mich mit sich. Der folgende Kampf ist hart und mühsam, denn der Gegner sind viele. Und dieses Mal

werfe ich mich mitten rein, kämpfe mit dem Schwert, suche die Gefahr. Thor hat durchaus Mühe, mich zu bewahren. Als der Kampf vorüber ist, brummt er aber nur:
»Mach das nie wieder.«
»Kann ich nicht versprechen«, murre ich zur Antwort.
Da unterbricht Thor die Heimfahrt, springt vom Wagen, zieht mich mit sich und geht dann quer über die Hügel. Bisher fragte er nicht, wo ich die letzten Monate verbrachte. Und auch jetzt will er nur wissen:
»Was ist los mit dir, Loki? Was bedrückt dich?« Er ist ehrlich besorgt und bereit, mir in jeder erdenklichen Sache beizustehen. Das macht es aber nicht leichter für mich. »Du willst es nicht sagen, hm? Na gut, es geht mich ja auch nichts an.«
»Doch, das tut es«, widerspreche ich beschämt.
Thor benimmt sich in allem wie ein Freund. Ich kann und werde ihn nicht an Geirröd ausliefern. Das kostet mich meine Ehre und mein Ansehen. Solche Dinge sprechen sich schnell herum. Ich werde nirgendwo mehr eine Gemeinschaft finden, in der ich aufgenommen bin. Letztlich kostet mich das sogar meine eigene Selbstachtung. Trotzdem finde ich nun, da mir dies so klar wird und ich meine Entscheidung fälle, auch meine Ruhe wieder. Ich erzähle Thor von meiner Reise nach Jötunheim und allem, was dort geschah. Er hört mir schweigend zu, unterbricht mich nicht und stellt auch keine Fragen. Einige Zeit gehen wir schweigend.
»Du hast ein seltsames Talent, dich in Schwierigkeiten zu bringen«, sagt er endlich. »Du weißt schon, dass du die Geschichte nur ein wenig anders erzählen musst, damit ich sofort nach Jötunheim reise?«
»Das wirst du hoffentlich bleiben lassen, nachdem du nun auch weißt, dass du erwartet wirst. Zumindest wirst du nicht waffenlos gehen. Denke einfach nicht weiter darüber nach, Thor. Es ist, wie du sagst: Es sind meine Schwierigkeiten. Und sie sind nicht groß genug, um dafür einen Freund zu verraten.«
»Freund, hm?«
Über Freundschaft sprachen wir nie. Thor lacht, schlägt mir kräftig auf die Schulter und ruft seinen Wagen herbei. Asgard ist rasch erreicht.

Ich ziehe mich weiterhin zurück. Nur Sigyns Nähe ist mir derzeit erträglich. Wenige Tage später kommt Thor in mein Haus.
»Lass uns gehen«, fordert er mich auf.
Ich verstehe nicht ganz. Er will wohl schon wieder nach Midgard und eigentlich ist es schön, dass er mich dabei haben und so aus meinem

eher trüben Gedanken reißen will. Dieses Mal verzichtet er auf den Wagen, was uns nicht unbedingt langsamer macht. Es ist bestenfalls nicht ganz so bequem.
»Wir gehen nicht nach Midgard«, begreife ich, nachdem wir schon einige Zeit unterwegs sind.
»Wir besuchen Grid«, erwiderte er gut gelaunt. »Dort nehmen wir Herberge für die Nacht. Sie ist nett.«
»Nett? Wir sind an der Grenze zu Jötunheim.«
»Sie ist ja auch eine Riesin.« Thor lacht vergnügt. »Sie hat Vater einmal sehr gefallen. Grid ist Widars Mutter.«
Diesen Sohn Odins kenne ich nur flüchtig. Verglichen mit ihm ist Hönir ein Schwätzer, weshalb man ihn auch den schweigsamen Asen nennt. Er gilt als sehr verlässlich. Sein Wohnsitz Landvidi ist von hohem Gras und viel Buschwerk umgeben. Er schätzt die Stille dort. Odin liebt ihn sehr. Mehr weiß ich nicht von ihm, doch Thor erzählt nun ein wenig und ich sehe, wie sehr er diesen Bruder schätzt.
Grid begrüßt uns freundlich, bewirtet uns, beschert uns Mahl und Zerstreuung. Später am Abend sitzen wir gemeinsam beim Feuer. Grid gießt uns ein von ihrem hervorragenden Ael, das sie selbst braut. Nachdem nun keine Bediensteten mehr in der Nähe sind, redet sie offener und fragt, wohin die Reise geht.
»Geirröd hat uns eingeladen«, lacht Thor vergnügt.
Ich erschrecke zutiefst. Damit habe ich nicht gerechnet.
»Wo ist Mjölnir?«, frage ich angespannt.
»Zuhause, in der Truhe bei meinem Kraftgürtel.« Thor ist unbekümmert. »Ich habe Jöten bekämpft, ehe ich Mjölnir besaß. Ich wurde nicht schwächer seither.«
»Geirröd ist nicht einfach ein Jöte«, gibt Grid zu bedenken. »Er ist ein hundsübler, bösartiger Riese voll falsch und alles andere als umgänglich. Seine Einladung ist gewiss eine üble Falle.«
»Das ist sie!«, bestätige ich. »Und deshalb werden wir morgen früh zurück nach Asgard gehen.«
Thor lehnt ab. Er lacht mir fröhlich zu und meint gelassen:
»Nichts da; wir werden dem Großmaul eins auf die Mütze geben, so dass er künftig kleine Falkenvögel in Ruhe lässt.«
»Du lässt dich nicht abbringen«, stelle ich resigniert fest.
»Wenn ich aufhöre, für einen Freund einzustehen, brauche ich auch keinen Hammer mehr«, antwortet er gelassen.
»So wichtig ist es also.« Grid nickt verstehend. Sie erhebt sich, öffnet eine Truhe und entnimmt ihr einige Gegenstände, die sie Thor reicht.

»Dann nimm meine Eisenhandschuhe mit dir, Odins Sohn. Und lege meinen Kraftgürtel an, der dir gute Dienste leisten wird. Das hier ist Gridarwöl, mein Stab. Er wird dir den Mjölnir nicht ersetzen, doch sicherlich hilfreich sein.« Sie schaut mich geradezu finster an. »Und du solltest Thor nicht davon abhalten wollen, einem Freund zu helfen.«
Thor lacht schallend, was Grid sofort versöhnt. Der Abend verläuft fröhlich. Früh am andern Morgen brechen wir nach herzlichem Abschied auf.

Ich unternehme noch einen schwachen Versuch, Thor zur Umkehr zu bewegen. Aber er will davon nichts hören. So bleibt mir nur, ihm zu danken. Aber er winkt ab. Es sind keine Worte nötig, findet er.
Wir erreichen den größten aller Flüsse, der Wimur heißt. Hier erst legt Thor den Stärkegürtel an.
»Halt dich an meinem Gürtel fest«, verlangt er von mir. »Die Strömung ist reißend.«
Er braucht jetzt Grids Stab, mit dem er sich gegen die Strömung stemmt, während ich mich an seinen Gürtel klammere und hoffe, nicht fortgerissen zu werden. Wir haben den Fluss bis zur Mitte erreicht, als er anschwillt. Das Wasser steigt Thor bis an die Schultern hinauf.
»Höre auf damit«, schreit Thor den Fluss an. »Je mehr du wächst, desto mehr wächst auch meine Asenkraft.«
Der Fluss kommt zwischen zwei hohen Bergen hervor. Als wir zu diesen schauen, erkennen wir Gialp, Geirröds Tochter, die quer über dem Strom steht und sein Wachsen verursacht. Ich ziehe mich am Gürtel hoch und achte nun sehr darauf, das Gesicht nicht mehr unter Wasser zu bringen. Mit liegt wirklich nicht daran, Riesenpisse zu trinken. Thor inzwischen greift einen Stein vom Flussbett und schleudert ihn auf Gialp.
»Bei der Quelle muss der Strom gestaut werden«, knurrt er wütend, als er sieht, wie sein Wurf das Ziel hart trifft.
Gialp schreit schmerzerfüllt auf und entschwindet unserem Blick. Doch der Fluss bleibt immer noch gefährlich. Wir haben ihn fast überquerst, als ein Strudel nach uns greift. Im letzten Moment gelingt es Thor, die Äste einer Eberesche zu ergreifen und sich, und damit auch mich, an Land zu ziehen.

Wir erreichen Geirröds Halle, wo ich laut rufend Einlass begehre und verkünde, dass ich kam, mein Wort einzulösen. Einer der Diener zeigt uns ein Gästehaus, wo wir zu warten haben. Der Raum ist bis auf einen

Stuhl völlig leer. Also setze ich mich an der Wand auf den Boden. Ich bin angespannt. Ich fürchte um Thor, der im Stuhl sitzt. Keinen Blick löse ich von der Tür, erwarte ich doch jeden Moment einen Überfall.

Ein gewaltiger Schreck durchfährt mich, als ich sehe, wie Thor auf dem Stuhl angehoben wird. Das ist kein sanftes Heben, sondern der Versuch, ihn an der Decke zu zerquetschen. Er aber stößt mit Grids Stab gegen das Dach, drückt sich auf dem Stuhl abwärts. Ich sehe die Anstrengung. Seine Muskeln schwellen an. Er hat Mühe bei seinem Tun.

Plötzlich knirscht und kracht es, Todesschreie ertönen. Dann ist es still. Thor springt auf. Wir beide sehen nun Gneip und Gialp, Geirröds Töchter. Sie hatten sich unter dem Stuhl verborgen, Thor angehoben. Und beiden hat er im Widerstand den Rücken gebrochen. Er sagt kein Wort. Grimmig legt er nun die Eisenhandschuhe an. Es wird zum Kampf kommen, das wissen wir beide.

Wir werden in die Halle geführt, die ich schon kenne. Jetzt sehe ich hier aber weniger Tische und Bänke, sondern große Feuer auf der ganzen Hallenlänge.

»Bleib hinter mir«, raunt mir Thor zu.

Ich nicke angespannt, die Hand am Knauf des Schwertes, das mir bei diesen Gegnern ohnehin nicht viel helfen wird. Thor steht erhobenen Hauptes. Im Gegensatz zu mir empfindet er keine Furcht. Er ist erfüllt von mühsam beherrschtem Zorn.

Geirröd steht ihm gegenüber, mustert ihn voll Verachtung. Befriedigt sieht er, dass Thor seinen Hammer nicht mit sich führt. So geschwächt wähnt er, den Asen leicht zu besiegen. Er geht ein paar nachlässig wirkende Schritte, greift dann mit überraschender Behändigkeit nach einer in der Glut liegenden Zange, mit der er einen glühenden Eisenkeil auf Thor schleudert. Der kann nicht ausweichen, da ich ansonsten getroffen würde. Thor hebt die Hand und fängt mit den Eisenhandschuhen das glühende Geschoss in der Luft. Geirröd erschrickt sichtlich. Mit einem gewaltigen Sprung versucht er, sich hinter einer der Eisensäulen in Sicherheit zu bringen. Aber Thor hat den Keil schon geworfen und dies mit solcher Wucht, dass er die Säule durchschlägt, Geirröd durchbohrt und sogar durch die Hallenwand fährt, bis er draußen irgendwo in der Erde landet.

Geirröd ist tot. Und damit sind auch seine Diener besiegt, die alle in wilder Flucht ihr Heil suchen. Nicht einer versucht, uns anzugreifen. Thors Lachen folgt ihnen weit hinein nach Jötunheim.

Wir bringen Grid ihre Gaben zurück, verweilen einen Tag und machen uns dann auf den Heimweg. Thor ist guter Dinge, vergnügt wie selten und äußerst zufrieden mit dem Verlauf der Sache. Ich bin erstmal nur erleichtert, dass dieses Vorkommnis so gut ausging, Thors Heiterkeit wirkt aber ansteckend; bald sind wir beide guter Laune. Etwas ist nun anders zwischen uns, was auch in Asgard noch Bestand hat. Wir verbringen nicht alle Zeit miteinander. Es sind mehr Kleinigkeiten, die sich ändern. Beim Gelage nimmt Thor erst Platz, wenn ich auch eingetroffen bin. Bei Streitgesprächen, die ich immer wieder führe, steht er plötzlich neben mir und bringt mit einem einzigen drohenden Blick meine Gegner zum Schweigen. Wenn er so richtig in Zorn gerät und es sich mit anderen Asen leicht verscherzen könnte, genügt plötzlich eine beruhigende Geste von mir, damit er ablässt. Wir sind uns näher gekommen, was einiges Rätselraten bewirkt. Auch Sif und Sigyn schließen sich einander nun viel näher an. Es lebt sich gut in Asgard. Ich habe das Gefühl, zu Hause zu sein.

Thialfi

Im Winter geht Thor nach Jötunheim, um die Riesen zu dezimieren, damit sie nicht eines Tages Midgard überrennen. Am ersten Sommertag ist er zurück, was mit einem großen Fest gefeiert wird. Ich bin nicht dabei. Sigyn hat eben Narfi geboren und ich kann den Blick nicht von dem Säugling lassen. Er ist ein kleiner, aber gesunder Ase. Alle Befürchtungen, mein Kind könne äußerlich anders sein - irgendwie meinen anderen Kindern ähneln - waren unbegründet. Niemand weiß, unter welchen Ängsten ich litt. Thor wäre es vermutlich nicht entgangen. Es ist gut, dass er in letzter Zeit nicht in Asgard weilte.
Spät in der Nacht kommt er in mein Haus. Sigyn schläft. Er bemüht sich, sehr leise zu sein. Aber sie erwacht sofort, als er den Kleinen hochhebt. Er hält meinen Sohn in einer Hand, die dem Kleinen wie eine Wiege vorkommen muss. Nachdem er ihn lange still betrachtet hat, legt er den Kleinen mit unendlicher Vorsicht zu Sigyn zurück.
»Das habt ihr beide gut gemacht«, sagt er leise. Sigyn lächelt nur. »Leihst du mir deinen Gemahl für ein paar Stunden? Wir feiern noch und ich will ihn dabei haben.«
»Ich sagte ihm, dass er zum Fest gehen soll. Nimm ihn nur mit, Thor.«
»Ich sehe euch beiden gern beim Schlafen zu«, sage ich da.
Doch das zählt vor Thor nicht. Da Sigyn mich jetzt nicht braucht, führt er mich einfach mit sich. Das Fest gestaltet sich fröhlich. Sogar Odin wirkt in dieser Nacht heiterer als sonst. Wir unterhalten uns endlich einmal wieder. Als ich ihn darauf anspreche, dass er in letzter Zeit so ernst und in sich gekehrt wirkt, winkt er ab. Er will nicht darüber reden.

Gegen Morgen sind nur noch wenige Asen auf dem Festplatz. Thor neben mir trinkt immer noch, was seinen Sinn aber nicht trübt. Er erzählt mit Begeisterung von seinen Abenteuern in Jötunheim. Odin zieht sich zurück. Freyja sitzt noch bei uns. Thor wendet sich an sie und fragt:
»Warum hat Vater Gladsheim umgebaut?«
»Er hat Visionen.«
»Von dir gelenkt?«
Sie schüttelt den Kopf.
»Er bespricht sich viel mit Mimirs Haupt. Und er beschwört alte Seherinnen. Es wurde ihm geweissagt, dass sich einst alle Welten wider

Asgard erheben. Dann wird Midgard fallen. Die Zeiten werden enden. Er bereitet sich auf den Endkampf vor.«
»Gegen die Jöten?«, stößt Thor verächtlich aus.
»Gegen alle, die wider uns sein werden.« Freyja füllt die Becher erneut. »Walküren sind jetzt viel mehr um Odin als ich. Er schickt sie über die Schlachtfelder der Menschen. Die Tapfersten, die im Kampf fallen, wählen sie aus. Diese Einherjer, die ehrenvoll Gefallenen, werden in Gladsheims Halle Walhall wohnen. Die Hälfte für ihn, die andere Hälfte für mich. Sie werden unsere Armee sein, wenn wir sie brauchen.«
Thor gefällt das nicht.
»Eine Halle mit 540 Toren, breit genug, dass 800 Mann nebeneinander hindurch können. Das Dach aus Schilden, von Speeren gestützt. Das ist Asgards nicht würdig.«
»Oh, Odin erfreut sich an den Waffenspielen der Einherjer«, erwidert Freyja gelassen. »Andhrimnir, der Koch, bereitet ihnen täglich das Fleisch des Ebers Saehrimnir, der jeden Tag wieder lebendig wird, um neu verzehrt zu werden. Bragi begrüßt die Neuankömmlinge. Und die Walküren reichen ihnen Bier und Met. Du solltest es dir anschauen, Thor.«
»Das muss ich wohl, da Vater so stolz auf die Sache ist. Gefallen muss sie mir trotzdem nicht. Gefällt es dir, Loki?«
»Die Menschen rufen Odin an, wenn sie in die Schlachten ziehen, damit er ihnen beistehe und zum Sieg verhelfe«, antworte ich langsam. »Wenn er die Tapfersten aber in Walhall wissen will, werden wohl nicht die Besten immer siegen.«
Thor lacht und nimmt dem Thema damit die Schärfe.
»Solange die Einherjer Bilskirnir nicht betreten, sollen mir egal sein«, beschließt er dann. »Wenn es wirklich jemals zu einem solchen Kampf kommen sollte, wird er ohnehin nicht von Menschen entschieden. Die brauchen ja schon gegen einen einzelnen Frostriesen Hilfe.«
Er lacht wieder, ehe er den Becher leert. Die Sonne scheint über Asgard, ehe auch wir den Festplatz verlassen. Ich bin froh, dass Thor wieder da ist. Ich habe ihn doch tatsächlich den Winter über richtig vermisst.

Ich freue mich, als wenig später Thor den Wagen einspannen lässt. Es geht nach Midgard und ich bin dabei. Ich habe auch diese Kämpfe vermisst. Es tut gut, mit ihm gemeinsam zu streiten. Ich halte mich dabei nicht mehr zurück und Thor findet seinen Spaß daran, wie wir Seite an Seite streiten. Für den Rückweg lassen wir uns wieder Zeit. Am

Abend kommen wir zu einem Gehöft. Die Leute hier sind arm, die Wintervorräte aufgebraucht. Doch Quartier bieten sie uns an.
»An einem reichen Mahl soll es nicht mangeln«, entscheidet Thor und geht hinaus.
Der Sohn des Bauern, ein Jüngling mit Namen Thialfi, folgt ihm, kehrt jedoch sehr rasch zurück. Bleich und verstört setzt er sich neben seine jüngere Schwester Röskwa.
»Er hat seine Böcke geschlachtet«, flüstert er.
Darüber bin auch ich erstaunt, denn bisher geschah dies nie. Aber in Hinblick auf den Eber Saehrimnir, der täglich für die Einherjer geschlachtet wird, bleibe ich sorglos. Ich gehe hinaus und helfe Thor, die Böcke abzuziehen, als die Bäurin beginnt, das Herdfeuer zu schüren. Später verbreitet das Fleisch im Kessel einen herrlichen Duft.
»Es reicht für uns alle«, sagt Thor freundlich zu dem Bauern, »auch du und die deinen werden heute satt sein.«
Der Alte dankt mit linkischen Worten. Er weiß nicht, wer Gast ist in seinem Haus. In Thor vermutet er einen Jarl, einen Fürsten aus der Fremde. Und er behandelt ihn so, wie er glaubt, dass man einen mächtigen Menschen behandeln müsse. Ich schmunzle vor mich hin, denn Thor ist das sichtlich unangenehm. Röskwa setzt sich nahe zu ihm, himmelt ihn geradezu an. Und Thialfi, der neben mir sitzt, knetet die eigenen Hände und wagt es kaum, den Blick zu heben.
»Du wirkst furchtsam«, sage ich zu dem Jungen.
»Wer ist er?«, flüstert Thialfi, hoffend, Thor würde die neugierige Frage nicht hören.
»Ein Freund.«
»Er wirkt so stark, so unbesiegbar. Und er muss sehr gütig sein, schlachtet er doch seine Tiere für uns. Meinst du, er würde mich in Dienst nehmen?«
»O ja«, haucht Röskwa, »mich bitte auch.«
Die Bauerin ermahnt die Kinder, nicht so aufdringlich zu sein, so dass sie beide verstummen. Alle erschrecken, als sich Thor erhebt. Doch er legt nur die beiden Bocksfelle neben den Herd.
»Das Fleisch ist gar«, stellt er fest. »Esst, soviel ihr wollt. Doch lasst die Knochen heil und legt sie nachher auf die Felle.«
Der Bauer füllt die Becher mit dünnem Tee. Er entschuldigt sich, weil er nichts Besseres bieten kann. Das gesottene Fleisch wird aufgetischt. Wir greifen schon zu, als die Bäuerin ein kleines Stück davon nimmt und ins Herdfeuer wirft.
»Für Loki«, sagt sie dabei.

Thor starrt mich in sprachlosem Erstaunen an und ich habe Mühe, jetzt nicht in schallendes Gelächter auszubrechen. Der Mann und die Kinder tun es der Frau gleich, die fast beschämt erklärt:
»Wir danken dem Gott, der uns einst das Herdfeuer schenkte.«
Hastig werfe auch ich ein kleines Stückchen Fleisch ins Feuer, während ich gleichzeitig den Freund frech angrinse. Thor ist verwirrt, aber er schließt sich an. Es sieht so aus, als gäbe es vorher nichts zu essen. Aber nun greifen alle zu und lassen sich das reiche Mahl munden.
»Er bemerkt mich nicht einmal«, stellt Thialfi während des Essens fest, da Thor sich nur mit seinen Eltern unterhält.
»Dann musst du wohl irgendwie seine Aufmerksamkeit erregen«, erwidere ich heiter.
Es arbeitet sichtlich in dem Jungen, der fast verzweifelt ein Thema sucht, das er anschneiden und ihn so mit Thor ins Gespräch bringen kann. Schließlich senkt er wieder den Kopf. Er hat nicht den Mut, wirklich das Wort zu ergreifen.

Die Menschen schlafen in ihren Betten, während Thor und ich uns auf den Boden lagern. Wir sind satt, aber durstig. Ich gäbe jetzt viel für ein Fass Bier. Der dünne, leicht bittere Tee hat nicht befriedigt.
»Was haben diese Leute mit der Herdfeuersache gemeint?«, will Thor wissen.
»Das ist lange her.«
Er dreht sich auf die Seite, sieht mich an.
»Du hast ihnen das Feuer gebracht?«
»Als die Asen nach Asgard zogen und die Menschheit noch jung den Eisriesen ausgeliefert war, habe ich das Herdfeuer aus Wanaheim geholt«, bestätige ich.
»Du kannst doch selbst Feuer machen«, wundert er sich.
»Das wusste ich damals noch nicht. Es war zu der Zeit, in der du noch nicht wusstest, dass du der Beschützer Midgards sein wirst.«
»Das wusste ich immer.« Er grinst. »Ich wusste nur nicht, dass ich irgendwann einmal erst dann etwas zu Essen bekomme, wenn ich dir den ersten Bissen opfere. Aber es gefiel mir. Das wäre in Asgard eine lustige Sitte.«
»Bloß nicht«, entfährt es mir da. »Zumindest Bragi und wohl auch Heimdall würden eher Hungers sterben, als mir zu opfern.«
Er lacht, versucht aber, es leise zu tun, um die Menschen nicht zu stören. Heiteren Sinnes schlafen wir ein.

Als ich erwache, hat Thor sich erhoben und angekleidet. Ich sehe ihn bei den Bocksfellen, wo die Knochen liegen. Er hebt den Mjölnir, um die Felle zu weihen und die Tiere neu zu beleben. Ich setze mich hastig auf. Diesen Zauber sah ich noch nie zuvor. Er fasziniert mich. Böcke stehen tatsächlich auf. Doch Thor ist nicht zufrieden. Er kniet bei einem der Tiere, befühlt sein Hinterbein.
»Aufwachen«, schreit er plötzlich mit donnernder Stimme. Ich springe auf. Die Menschen stürzen herein, starren ihn an. »Wer hat meinem Bock den Knochen zertrümmert?«
Ich sehe erst jetzt, wie das Tier lahmt. Thor öffnet die Tür, damit die Böcke draußen etwas Gras rupfen können. Dann wendet er sich wieder um. So habe ich ihn noch nie gesehen. Thor schließt die Augen zu schmalen Schlitzen, so dass sie kaum mehr unter den Brauen zu sehen sind. Und sein Blick ist furchtbar, drohend, düster und bedrohlich. Angstvoll fallen die Menschen auf die Knie. Thor ergreift den Mjölnir so hart, dass die Knöchel der Hand weiß hervor treten. Die Menschen schreien entsetzt auf. Sie wissen jetzt, wer in ihrem Haus weilt. Und sie fürchten um ihr Leben. Stumm lege ich ihm die Hand auf den Unterarm. Er will sie unwillig abschütteln, bemerkt aber nun selbst die Todesangst dieser Menschen und entspannt sich etwas.
Thialfi wirft sich vor ihm nieder, umklammert seine Füße.
»Lass meine Familie leben«, fleht er. »Ich war es. Ich allein habe den Knochen zerbrochen, um das Mark zu schlürfen. Ich allein verdiene Strafe.«
Nun ist es dem Jüngling also doch gelungen, Thors Aufmerksamkeit zu erregen. Aber er ist jetzt nur lästig. Thor atmet insgeheim auf, als ich Thialfi fast gewaltsam von ihm löse.
»Nimm zur Sühne all unseren Besitz«, fleht der Bauer, »aber schone meinen Sohn.«
Röskwa überwindet ihre Angst zuerst.
»Du bist Asathor«, spricht sie aus, was alle anderen ahnen. »Nimm mich zur Sühne, bitte. Ich werde dir in allem dienstbar sein.«
Thialfi legt den Arm um ihre Seite. Er wirkt jetzt sehr gefasst, als er tapfer sagt:
»Meine Schwester hat nichts getan, Herr. Ich aber werde tun, was du verlangst.«
Thor stößt einen knurrenden Laut aus, was die Menschen wie unter einem Hieb zusammenzucken lässt. Hilfesuchend schaut er mich an.
»Sag was«, fordert er mich fast befehlend auf.

»Ganz Midgard ruft dich zu Hilfe, wenn die Jöten drohen«, erwidere ich langsam. »Aber keiner der Leute würde dich freiwillig auf deinen Reisen begleiten wollen. Hier hast du zwei Menschen, die dir dienen wollen. Und das wollten sie schon, ehe sie wussten, wer du bist.«
»Es sind Menschen.«
»Für diese streitest du, mein Freund.«
Thor schaut auf die Kinder nieder.
»Ihr wollt wirklich mit mir kommen?«, vergewissert er sich.
Röskwa nimmt dies als Genehmigung. Sie springt auf, packt rasch ein paar Habe ein. Thialfi stammelt Dankesworte. Die Augen der Alten leuchten. Es kann keine größere Ehre geben, als die Kinder im Dienst dieses Asen zu wissen.

Ich folge Thor ins Freie, damit die Menschen sich unbelauscht voneinander verabschieden können.
»Dein Rat war schon besser«, brummt er.
Ich lache.
»Zumindest kam er nicht unaufgefordert.«
Jetzt grinst er endlich. Sein Zorn ist gänzlich verraucht. Als die Menschen zu uns kommen, entscheidet er, die Böcke in der Pflege der Alten zu lassen, damit das verletzte Tier sich etwas kurieren kann.
»Wir machen noch eine Reise«, entscheidet er unvermittelt, »und holen die Tiere auf dem Rückweg ab. Wenn es euch beiden bei mir nicht gefällt, kommt ihr also bald nach Hause.«
Thialfi nimmt Thors Bündel, Röskwa das meine. Sie folgen uns, halten aber Abstand.
»Du willst sie nicht mitnehmen nach Asgard?«, frage ich.
»Nein. Jedenfalls nicht sofort. Wenn sie keine Last sind, können sie bleiben. Im andern Fall bringen wir sie hierher zurück. Dann hatten sie wenigstens ihr ersehntes Abenteuer, von dem sie abends am Feuer singen können.«
»Du magst sie ja jetzt schon«, stelle ich erstaunt fest und lache.
Das tut er, aber er zeigt es nicht. Den Menschen gegenüber gibt er sich wortkarg, fast abweisend. So halten sie scheu Abstand, hören aber nicht auf, ihm durchgehend bewundernde Blicke zuzuwerfen.

Wir rasten an einem Bach. Erstaunt sehe ich zu, wie Röskwa geschickt mit bloßen Händen Fische fängt und sie an Land schleudert. Das verspricht, ein gutes Mahl zu werden. Thialfi hat Feuerholz besorgt, müht sich mit Feuersteinen. Fassungslos lässt er es geschehen, dass ich

ihn beiseiteschiebe und die Flammen aus mir selbst heraus entfache, ehe ich mich zu Thor lagere.
Röskwa serviert den gebratenen Fisch auf großen Lattichblättern, wobei sie vor Thor kniet. Der deutet nur stumm auf mich und so gibt sie mir zuerst von der Speise. Die Kinder setzen sich verschüchtert zum Feuer. Es wird wohl einige Tage dauern, bis sie ihre Scheu verlieren. Thialfi löst ein Krümel weißes Fischfleisch.
»Lass es bleiben«, fährt ihn Thor da unvermittelt an. Thialfi erschrickt und verkrampft. Thor lacht laut auf. »Was soll Loki mit dem Krümel, da ihr ihm doch einen ganzen Fisch gebraten habt?«
Die beiden Menschen starren mich an. Bisher war ich für sie neben Thor kaum existent.
»Das ist Loki selbst«, flüstert Röskwa ergriffen.
»Und ihm steht der erste Bissen durchaus zu«, grinst Thor erheitert. »Also haltet euch daran, aber hört damit auf, im Feuer zu opfern. Zumindest, solange wir zusammen sind.« Er zwinkert mir zu. »Wir wollen doch nicht, dass Bragi verhungern muss«, fügt er fröhlich an.
Nachdem mich Thor also vorstellte und die beiden mich nun mehr beachten, beziehe ich sie nun in alles ein. Mich stört ihre Scheu. Also versuche ich, diese zu überwinden. Und das geht erstaunlich leicht und schnell. Sobald es mir einmal gelungen ist, die beiden Menschen zum Lachen zu bringen, sind sie vergnügliche Reisegefährten.

Skrymir

Es geht ostwärts, Richtung Jötunheim. Thialfi trägt weiterhin Thors Tasche. Ich staune darüber, wie leichtfüßig und unermüdlich der Junge den Weg bewältigt. Doch auch Röskwa hält tapfer mit. Es ist erstaunlich, wie wenig diese Menschen von Midgard wissen. Sie haben sich zuvor nie weiter als eine oder zwei Wegstunden von ihrem Heim entfernt und kennen nur, was dort in der Nähe liegt. Nun sehen sie Wälder, doch so dicht und tief, dass es sie ängstigt. Sie schauen Heide, Hügel, Berg und breite Ströme und sie beobachten verzückt Tiere, deren Namen sie zwar schon hörten, deren Gestalt ihnen bisher aber unbekannt blieb. Thor lacht öfter über sie, aber stets auf sehr nachsichtige Weise.
Wir erreichen das Meer, das diese Menschen zum ersten Mal sehen. Sie gehen nicht mehr weiter, um diesen Anblick völlig in sich aufzunehmen. Ich lagere neben Thor nieder und dann schauen wir ihnen einfach zu, wie sie sich vorsichtig der flachen Brandung nähern, die Weite bewundernd bestaunen und dem Flug der lauten Seevögel mit den Blicken folgen.
»Willst du die Menschen wirklich in eine Schlacht mit den Jöten führen?«, erkundige mich.
»Aber nein«, wehrt Thor heiter ab. »Naja, vielleicht, wenn wir einen einzelnen Riesen treffen. Wir zeigen ihnen ein wenig ein fernes Land, damit sie zumindest Dinge gesehen haben, die außer ihnen kein Mensch je schaut.«
»Reicht es nicht, sich rühmen zu können, mit Göttern gereist zu sein?«
»Und du meinst, das glaubt ihnen wer in ihrem Dorf? Sicher nicht. So wenig, wie Asgard glauben wird, dass ich mit Menschenkindern reise.« Er lacht. »Das ist deine Schuld, Loki. Du verdirbst meinen Ruf.«
»Ich weiß schon, dass sich einige in Asgard laut darüber wundern, warum wir so oft zusammen unterwegs sind«, erwidere ich, durch seine Worte seltsam beschämt.
Thor lacht leise auf.
»Laut bestimmt nicht, zumindest nicht, wenn ich es hören könnte. Hey, sei nicht gekränkt.« Er stößt mich freundschaftlich in die Seite. »Ich mag dich. Es macht Spaß, mit dir zu reisen. Was schert uns das Geschwätz der Neider?«
»Es ist aber nicht gut, wenn ich wirklich deinem Ruf schade.«

»Das meinst du wirklich? Ich bin Thor Odinson. Mein Ruf ist unantastbar. Aber du bist wohl müde, da du solche Gedanken hegst und nicht mehr verstehst, wenn ich scherze. Wir werden hier übernachten und uns ausruhen.«
Am andern Tag gehen wir der Küste entlang, bis wir ein Boot finden, das uns über die See bringt. Röskwa fürchtet die hohen Wellen und klammert sich angstvoll an meinen Arm, während Thialfi sich tapfer gibt, am Ende aber doch über der Reling hängt und spuckt.

Wir haben Jötunheim erreicht, gehen weiter ins Landesinnere. Ein düsterer Wald liegt vor uns. Wir gehen einfach weiter, den ganzen Tag hindurch. Der Wald ist nicht bedrohlich, doch es mangelt an Blattpflanzen. Nicht einmal Pilze zeigen sich. Entfernt schreit eine Krähe. Jagdbares Wild verbirgt sich vor uns. Die Menschen halten sich eng hinter Thor und sehen sich oft furchtsam um. Mich schreckt diese Gegend nicht. Sie erinnert mich an den Eisenwald, wo ich so lange lebte. Nur der Mangel an Nahrung stört. Den Durst löscht immerhin ein winziges Rinnsal, das sich halb versickert einen Weg bahnt. Es dämmert inzwischen. In der Ferne heult ein Wolf.
»Wir brauchen ein Nachtlager«, murmelt Thialfi, sich immer wieder nach einer geeigneten Stelle umschauend.
»Es wird sich was finden«, erwidert Thor unbekümmert, während er den Weg nicht unterbricht.
Die Dunkelheit kommt rasch in Jötunheim. Ein Weitergehen ist nicht mehr möglich. Thialfi entdeckt die Hütte als Erster. Der Eingang ist offen, geht über die gesamte Breite. Hier lagern wir uns nieder; viel zu müde, um an Feuer oder Bequemlichkeit zu denken. Zur Mitternacht aber wird unser Schlaf jäh unterbrochen. Die Erde bebt, der Boden zittert. Die ganze Hütte wackelt und schwankt. Thor ist schon aufgesprungen. Er ist kampfbereit, doch es ist kein Gegner da. Rechts entdeckt er einen Anbau.
»Kommt hier hinein«, forderte er uns auf.
Danach setzt er sich in den Türrahmen. Wir sind hinter ihm, geschützt durch ihn. Das Lärmen nimmt nicht ab. Thor umklammert Mjölnirs Schaft und lauert. Den Menschen und auch mir ist inzwischen wirklich bang zumute. Selbst Thor wagt es kaum, zu atmen. Die ganze Nacht geht es so. An Schlaf ist nicht mehr zu denken. Wir reden nicht miteinander. Jeder erträgt seine eigene Furcht auf stille Weise.
Endlich bricht der Morgen an. Thor erhebt sich, geht hinaus. Wir folgen ihm rasch; wollen seine schützende Nähe nicht aufgeben. Unweit

entfernt liegt einer auf dem Boden und schnarcht und schläft. Er ist ein Riese, aber selbst für dieses Geschlecht ist er ein wahrer Hüne, wie ich größer zuvor nie einen sah. Thor legt vorsorglich seinen Stärkegürtel an. Der Schläfer bemerkt die Bewegung, springt hastig auf. Thor hält Mjölnir. Doch dieses eine Mal schlägt er nicht unbedacht zu.
»Wer bist du?«, ruft er dem Riesen entgegen.
»Ich bin Skrymir«, kommt laut die Antwort. »Und ich weiß, dass du Asathor bist. Was aber hast du mit meinem Handschuh gemacht?«
Er bückt sich, hebt den Handschuh auf. Thor und ich starren uns an sprachlos an. Was wir für eine Hütte hielten, ist der Handschuh eines Riesen. Und der Anbau, in dem wir Schutz suchten, ist der Däumling. Es scheint von dem Riesen keine Gefahr auszugehen. Thor entspannt sich, steckt Mjölnir ein. Skrymir sieht dies und deutet es als versöhnliche Geste.
»Wir könnten unsere Reise gemeinsam fortsetzen«, schlägt er vor.
Röskwa und Thialfi schütteln entsetzt die Köpfe, doch Thor willigt ein. Skrymir lagert sich nieder, verzehrt sein mitgebrachtes Frühmahl. Und auch wir bedienen uns unserer mickrigen Vorräte. Als danach der Riese vorschlägt, das Gepäck zusammen zu tun und Thor nichts dagegen hat, knüpft er alles zu einem Bündel und schultert es selbst.
Skrymir geht voran mit großem Schritt.
»Ich traue dem Kerl nicht«, murre ich leise.
»Und ich weiß nicht, ob er zu bezwingen ist«, brummt Thor, der nie zuvor an einem Sieg zweifelte. »Außerdem hat er unser Gepäck. Also gehen wir eine Weile mit ihm.«
Die Menschen haben ihre Angst verloren. Sie fühlen sich sehr sicher in Gegenwart des Giganten. Der Wald erscheint ihnen nun weniger bedrohlich, so dass sie nun auch einen Blick für seine verborgene Schönheit entwickeln. Der Wald lichtet sich nach und nach; Laubbäume vermitteln ein heimatliches Gefühl. Am Abend wählt Skrymir am Fuß einer mächtigen Eiche die Lagerstatt. Das Bündel legt er auf den Boden.
»Bereitet euch nur ein Nachtmahl zu«, lädt er uns ein. »Ich bin nicht hungrig.«
Er legt sich etwas entfernt nieder und wenig später schnarcht er so laut wie in der Nacht zuvor. Thor greift das Bündel. Wir alle haben Hunger. Doch es ist unglaublich. Thor müht sich ab und es gelingt ihm nicht, auch nur einen einzigen Knoten zu lösen, so fest schnürte der Riese das Bündel. Nachdem es Thor nicht gelingt, ziehe ich es vor, es selbst erst gar nicht zu versuchen. Missmutig starren wir auf das Bündel, das unsere Nahrung birgt.

»Ich hab Hunger«, flüstert Röskwa, den Tränen nahe.
Ihr Bruder nimmt sie tröstend in den Arm. Und ich sehe, wie Thor die Adern schwellen. Gleich wird er wütend sein. Schon greift er mit beiden Händen den Mjölnir, geht die wenigen Schritte bis Skrymir und schlägt diesem mit all seiner Asenkraft den Hammer auf den Schädel.
Skrymir erwacht. Er schaut Thor an, ignoriert den Mjölnir dabei völlig, und fragt:
»Ist mir ein Blatt des Baumes auf den Kopf gefallen? Wie dem auch sei, wenn ihr gegessen habt, solltet ihr ruhen.«
»Das hatten wir soeben vor«, brummt Thor, um seine Fassung bemüht.
Wir lagern uns unter einer anderen Eiche nieder. Doch keiner von uns wagt es, nun zu schlafen. Ich drehe ein Eichenblatt zwischen meinen Fingern. Die ganze Situation ist grotesk. Ich weiß, wie Thor zuschlagen kann. Sogar ein Hüne wie Skrymir müsste zumindest Kopfweh haben.
»Sag nichts«, verlangt Thor, als ich den Blick zu ihm hebe.
Er ist immer noch wütend. Und es fällt ihm nicht leicht, die Wut zu unterdrücken. Als gegen Mitternacht Skrymir aber tief schläft und so laut schnarcht, dass es im ganzen Wald widerhallt, geht er wieder zu ihm. Er schwingt Mjölnir wie nie zuvor. Hart trifft der Hammer Skrymirs Wirbel; dringt tief ein in den Leib.
Skrymir schlägt die Augen auf. Wieder übersieht er den Hammer.
»Was war das denn, Thor? Fiel mir eine Eichel auf den Kopf?«
»Keine Ahnung«, brummt der, »ich bin eben erst aufgewacht. Aber es ist mitten in der Nacht. Wir sollten noch schlafen.«
Thor legt sich neben mich. Er macht kein Auge zu, sondern wartet. Einen dritten Hieb wird dieser Riese nicht überstehen. In der Morgendämmerung endlich schnarcht er wieder. Und Thor geht noch einmal zu ihm, hebt Mjölnir und schlägt den Riesen so heftig auf die Schläfe, dass der Hammer fast gänzlich im Schädel versinkt. Thor springt zurück, da Skrymir sich nun aufrichtet und sich über die Wange streicht.
»Da sind wohl Vögel im Baum und scheißen mir ins Gesicht«, brummt er. Er erhebt sich. »Seid ihr wach? Dann steht auf und zieht euch an. Unsere Wege trennen sich nun, denn ich ziehe nordwärts zu den Bergen. Ihr solltet umkehren.«
»Warum? Wohin führt dieser Pfad, der dort nach Osten geht?«, erwidert Thor, der genau wie wir alle eine Trennung von diesem Riesen begrüßt.
»Dort geht es zur Burg Utgard«, gibt Skrymir bereitwillig Auskunft. »Ihr habt euch schon über meine Größe gewundert. Dort würdet ihr größere Leute sehen.«

»Wer herrscht über diese Burg?«
»Man nennt ihn Utgardloki. Er und seine Hofleute haben etwas gegen überhebliche Besucher, die in falschem Stolz wähnen, ungesühnt kränken zu können. Wenn ihr meinen Rat annehmen wollt: Geht zurück in eure Welt.«
Skrymir bückt sich, hebt das Bündel auf und schultert es. Er nickt uns grüßend zu, ehe er den Weg aufnimmt. Wir alle atmen auf, als er unserem Blick entschwindet.
»Er hat unser Gepäck mitgenommen«, murmelt Thialfi verstört.
»Und da vorn ist wirklich eine Riesenburg?«, will Röskwa wissen, die den ganzen Schrecken schon verwindet. »Wieso heißt der Herrscher dort wie du? Seid ihr verwandt?«
»Nicht anzunehmen«, wehre ich ab.
»Das ist auch unwichtig«, entscheidet Thor. »Was immer hier alles geschah, es ist weder rühmlich noch erklärbar. Wir sollten wirklich nach Hause gehen.«
»Ich würde aber gern die Burg sehen«, bettelt Röskwa. »Ich habe noch nie eine Burg gesehen.«
»Es gibt auch andere Burgen«, verspreche ich. »Ganz Asgard ist eine Burg.«
»Aber das ist weit«, vermutet Thialfi ganz richtig. »Wir haben keine Vorräte mehr.«
Wir alle schauen auf Thor, der seltsam unschlüssig ist.
»Womöglich können wir in der Burg unsere Vorräte ersetzen«, sagt er schließlich. »Es ist wohl nur ein kleiner Umweg.«
Die beiden Menschen sind begeistert. Ich bin skeptisch, drehe wieder nachdenklich ein Eichenblatt zwischen den Fingern. Thor stößt mich aufmunternd in die Seite.
»Man muss nicht alles verstehen wollen, Kleiner«, rät er mir.
Das beruhigt mich nicht, doch ich sehe ein, dass es wenig Sinn macht, darüber lange zu reden. Wer immer dieser Skrymir sein mag, sein Rat, Burg Utgard zu meiden, erscheint mir weiterhin gut. Da die andern jedoch den Weg nach Osten nehmen, schließe ich mich an.

Utgardloki

Der Weg ist nicht weit. Es dauert nicht sehr lange, bis wir in einer Ebene Burg Utgard aufragen sehen. Und es ist eine gewaltige Burg; größer als jeder Bau, den ich bisher sah. Wir stehen lange und staunen. Mein unbehagliches Gefühl wächst, worüber ich mich selbst ärgere. Thor mustert mich von der Seite, schaut dann zu den Menschen und sagt:
»Da drinnen redet ihr Loki ausschließlich mit seinem richtigen Namen an. Er heißt Loptr. Wir wollen doch nicht, dass eine zufällige Namensähnlichkeit als Hochmut ausgelegt wird.«
Die Beiden nicken versprechend. Da gehen wir näher und finden das vergitterte Burgtor verschlossen vor. Thor versucht vergeblich, es aufzustemmen. Im Burghof ist niemand zu sehen.
»Nachdem wir hier sind, gehen wir auch hinein«, beschließe ich und zwänge mich zwischen den Gitterstäben hindurch.
Röskwa und Thialfi tun mir gleich. Thor hat etwas Mühe damit, da er bedeutend kräftiger gebaut ist. Doch dann stehen wir im Burghof und schauen uns wieder um. Noch immer zeigt sich keiner der Bewohner. Thor deutet auf eine Halle, deren Tor weit geöffnet ist. Dorthin gehen wir, treten nach kurzem Zögern ein.
Der Anblick ist gewaltig und durchaus auch einschüchternd. Auf zwei langen Bänken sitzen eine Menge Jöten, einer größer als der andere. Ganz am andern Ende der Halle sitzt, leicht erhöht, ihr Herr. Das also muss Utgardloki sein. Ich gehe neben Thor nach vorn, während die Menschen sich dicht hinter uns halten. Thor steht aufrecht. Doch er schlägt sich grüßend mit der Hand an die Brust und spricht mit lauter Stimme:
»Heil sei dem Herrscher Utgardloki.«
Ich trete einen Schritt zurück und überlasse nun alles dem Freund. Utgardloki schaut uns peinlich lange musternd an. Endlich lächelt er.
»Ich bezweifle sehr, dass ihr verirrte Reisende seid«, stellt er gelassen fest. In seinem Reich hat er nichts zu fürchten, auch nicht von Asengöttern. »Mir scheint, dass du Thor bist und womöglich bist du mehr, als du hier vorgeben willst.«
»Ich bin Thor Odinson«, erwidert Thor, der seine Herkunft nicht verschleiern will. »Meine Begleiter sind Loptr, Thialfi und das Mädchen Röskwa.«

»Und was sind eure besonderen Fertigkeiten?«, antwortet er belustigt. »Hier ist keiner, der nicht eine besondere Kunst versteht. Und hier hat keiner Gastrecht, der sich nicht durch irgendein Geschick vor allen anderen auszuzeichnen vermag.«

Ich habe Hunger und nicht die mindeste Lust auf langes Geplänkel. Vermutlich endet ohnehin alles wieder in einer Schlacht und die will ich nicht in hungrigem Leib bestehen.

»Nun«, sage ich darum, »wenn es um Künste geht, dann bin ich bereit, die meine zu zeigen. Hier ist wohl keiner, der schneller als ich zu essen vermag.«

Die Jöten lachen und es klingt wie Donner in der Halle, bis Utgardloki sie mit einer Handbewegung verstummen heißt.

»Nun, das ist eine seltsame Kunst«, erklärt der Jöte amüsiert. »Aber eine Kunst ist es allemal. Logi, tritt hervor.«

Der so Angerufene erhebt sich und kommt zu uns, mustert mich unverhohlen. Immerhin ist er, verglichen mit den anderen, von kleinerem Wuchs. Der Teller bei seinem Platz ist leer. Also ist er schon gesättigt und somit hoffentlich nicht wirklich ein Gegner.

Einige Jöten bringen einen langen Trog herbei, füllen ihn mit gebratenem und gesottenem Fleisch bis obenhin. Logi geht an das eine Ende, ich an das andere. Ich bin eigentlich nicht gierig und habe nie an einem Wettessen teilgenommen. Aber ich habe wahrhaft Hunger. Logi grinst mich tückisch an. Und dann greifen wir zu. Ich esse, so schnell und so viel ich vermag. Die Jöten ringsum feuern Logi an, doch darum kümmere ich mich jetzt nicht. Und endlich habe ich das Fleisch in meiner Hälfte des Troges von den Knochen abgegessen. Ich bin satt. So satt, wie ich es nie zuvor gewesen bin. Keinen Bissen werde ich mehr hinabwürgen können. Ich sehe auf und geradewegs in Logis grinsendes Gesicht, das nahe vor mir ist. Er hat nicht nur das Fleisch verzehrt, sondern ebenso alle Knochen und den Trog gleich mit dazu.

»Dieses Spiel hast du verloren, Loptr«, urteilt Utgardloki voll Heiterkeit. »Und was ist deine Kunst, der du dich Thialfi nennst?«

Der Mensch zuckt zusammen, da er unerwartet angesprochen ist. Erstaunlicherweise gibt er seiner Furcht aber keinen Raum.

»Ich bin schnell«, antwortet er selbstbewusst. »Wenn also einer hier mit mir um die Wette laufen will, so bin ich bereit dazu.«

Ich nicke ihm anerkennend zu. Seine Leichtfüßigkeit fiel mir während der Wanderung schon auf. Die Jöten wirken nicht sehr flink.

»Das ist eine gute Kunst, wenn du sie denn wirklich beherrschst. Wir wollen sehen, ob du so hurtig bist, wie du wähnst«, stimmt der Jötenherrscher zu.

Er erhebt sich und geht hinaus. Alle anderen folgen ihm. Auf dem Feld vor der Burg ist eine Rennbahn zu sehen. Utgardloki ruft einen jungen Burschen herbei, der Hugi genannt wird, und bestimmt ihn zu Thialfis Gegner. Sie sollen drei Mal gegeneinander laufen. Thialfi rennt. Aber Hugi ist schneller. Er erreicht das Ende der Bahn, kehrt um und läuft Thialfi entgegen, wobei er ihm frech ins Gesicht lacht.

»Wenn du gewinnen willst, Thialfi, musst du dich mehr anstrengen«, rät Utgardloki nach dem Lauf. Ich gebe aber zu, dass bisher noch niemand hierher kam, der leichtfüßiger lief als du.«

Der zweite Lauf endet ähnlich, obwohl Thialfi, angestachelt durch die Anerkennung, wirklich das Letzte gibt.

»Ein guter Lauf«, lobt der Jöte wieder, »aber ich glaube nicht mehr, dass du gewinnen kannst. Die dritte Runde wird es zeigen.«

Thialfis Atem geht schon schwer. Er hat keine Chance. Aber er gibt nicht auf. Sie laufen also ein drittes Mal. Als Hugi das Ende der Bahn erreicht hat, liegt die halbe Strecke noch vor Thialfi.

»Es ist genug.« Utgardloki bricht das Rennen ab. »Tapfer gelaufen, doch sicher nicht schnell genug. Gehen wir wieder hinein in die Halle.«

»Jetzt bin wohl ich an der Reihe«, flüstert mir Thor auf dem Weg zu.

»Sei vorsichtig«, mahne ich. »Den Jöten hier ist nicht zu trauen.«

»War das Fleisch wenigstens gut?«, grinst er.

»Nur am Anfang. Mir ist jetzt noch übel von der Menge. Ich bin auf Tage im Voraus satt.«

Er lacht leise auf, was uns viele erstaunte, aber nicht feindliche Blicke beschert. Dass wir lachen, obgleich wir die Spiele verlieren, scheint zu verwirren.

In der Halle nehmen alle ihre vorigen Plätze wieder ein. Thialfi und Röskwa stellen sich an die Wand, nahe bei der Türe. Auch ich halte mich etwas abseits, denn Utgardloki hat Thor zu sich gewunken und will nun wissen, in welcher Kunst er sich beweisen wolle.

»Wir haben viel von deinen Taten gehört und sind gespannt, zu sehen, ob du den Ruhm verdienst, den man dir gibt.«

»Nun, wenn es so ist, dann möchte ich mich im Trinken messen«, erwidert der Ase.

Der Riese lacht leise auf, geht zu einer Seitentür und ruft seinen Mundschenk.

»Bringe uns das Horn, aus dem wir alle gern trinken«, verlangt er, kehrt zurück und erklärt: »Wenn du das Horn auf einen Zug leerst, bist du gut. Manche brauchen zwei Versuche dazu. Im dritten Schluck kann es jeder leeren.«
Das Horn wird gebracht. Thor mustert es nur kurz. Es ist nicht sehr groß, aber wohl ungewöhnlich lange. Er ist sehr durstig. Das bin ich übrigens auch. Und ich weiß, welche Mengen er trinken kann. Fast schon bin ich sorglos bei der Wette.
Thor trinkt. Er hat einen wahrhaft guten Zug. Als ihm der Atem ausgeht, setzt er das Horn ab und schaut hinein. Es fehlt nur wenig des Inhalts. Utgardloki spottet:
»Ich hätte es nie geglaubt, wenn mir jemand erzählen wollte, dass Asathor kein besserer Trinker ist. Beim zweiten Zug wird es dir dann wohl gelingen.«
Thor würdigt ihn keiner Antwort, als er das Horn erneut ansetzt. Er gibt sich alle Mühe, doch das Ende des Horns hebt sich kaum an. Als er absetzt, hat er den Eindruck, weniger getrunken zu haben als beim ersten Versuch. Aber immerhin ist das Horn nicht mehr randvoll. Der Jöte spottet wieder:
»Bist du dir zu fein, etwas mehr zu trinken, als dir gut tut? Wenn du das Horn mit dem dritten Trunk leeren willst, musst du dich noch mehr anstrengen. Aber nicht einmal dann sind wir beeindruckt. Du magst bei den Asen ein großer Mann sein. Hier musst du dich erst beweisen.«
Thor wird wütend. Doch er beherrscht seinen Zorn und setzt erneut das Horn an seinen Mund. Wie er jetzt trinkt, so habe ich ihn nie zuvor trinken sehen. Er setzt erst ab, als er wirklich nicht mehr kann. Er gibt das Horn zurück. Er bemerkt es nicht, aber ich sehe, wie die Jöten darüber staunen, dass er doch eine beachtliche Menge getrunken hat. Sie scheinen es kaum fassen zu können, dass das Horn nicht mehr richtig voll ist.
»Deine Macht ist wirklich nicht sehr groß«, spöttelt der Jötenherrscher.
»Dann will ich mich in anderen Spielen beweisen«, schlägt Thor vor. »In Asgard zumindest würde niemand einen solchen Trunk klein nennen. Nun, welches Spiel schlägst du mir vor?«
Herausfordernd schaut er Utgardloki an, der kurz zu überlegen scheint.
»Nun ja«, meint er dann etwas geringschätzig, »nachdem ich nun sah, dass der mächtige Asathor doch nicht so viel vermag, wie man sich erzählt, wähle ich ein einfacheres Spiel. Die jungen Burschen hier machen sich einen Spaß daraus, meine Katze dort vom Boden zu heben. Meinst du, du schaffst das auch?«

Thor knurrt einen unverständlichen Laut, denn diese Herausforderung ist eher eine Beleidigung denn eine Aufgabe. Utgardlokis Katze ist grau und sie ist groß, wenngleich nicht riesig. Sie kommt jetzt aus ihrer Ecke heran, streicht Thor um die Füße, reibt sich an ihnen. Sie ist zutraulich und verschmust. Freyja, die Katzen sehr liebt, hätte ihre Freude an ihr.
Thor bückt sich und fasst die Katze mit einer Hand unter dem Bauch. Doch als er sie anhebt, krümmt sie den Rücken und macht sich lang. Da nimmt er beide Hände und stemmt das Tier weit über sein Haupt hinauf. Die Katze lässt es sich gefallen, nimmt aber die Pfoten nicht vom Boden. Thor reckt sich. Da verliert die Katze mit einer Pfote den Bodenkontakt. Doch weiter hinauf kann Thor sie nicht mehr heben. Er setzt sie fast behutsam ab.
»Das habe ich erwartet«, höhnt Utgardloki, »die Katze ist ziemlich groß und du bist ziemlich klein und kurz neben meinen Leuten.«
»Du nennst mich klein?« Thor ist von mühsam beherrschtem Zorn erfüllt. Nie zuvor ließ er sich so verspotten. »Dann gib mir einen Gegner, mit dem ich ringen kann. Ich bin jetzt zornig und will mich schlagen.«
Ich schiebe mich zu den beiden Menschen und taste dabei nach meinem Schwert. Die Sache wird gefährlich. Wenn die Jöten Thor noch ein wenig reizen, wird er den Mjölnir schwingen. Utgardloki mustert seine Leute, als suche er einen Gegner. Schließlich meint er gelassen:
»Jedem Einzelnen hier würde ein Ringkampf mit dir wie ein Kinderspiel erscheinen. Aber es sei. Ruft meine alte Amme Elli herbei. Mit der magst du ringen, Asathor. Sie hat schon Stärkere als dich niedergeworfen,«
Ehe Thor seinen Zorn ausleben kann, betritt eine alte, grauhaarige Frau die Halle, die Utgardloki sofort auffordert, sich mit Thor im Kampf zu messen. Thor will sie einfach hochheben und wegstellen, doch die Alte steht fest. Schließlich kommt es doch zum harten Ringkampf, der allerdings nicht sehr lange währt. Thor geht im Kampf auf die Knie. In diesem Moment springt Utgardloki herbei und beendet den Kampf, um Thor weitere Beschämung zu ersparen - oder auch, um seinen Asenzorn nicht weiter zu reizen.
»Es sind keine weiteren Kämpfe und Spiele mehr nötig«, entscheidet er, scheucht ein paar seiner Leute von ihren Sitzen und bittet uns, Platz zu nehmen. Inzwischen ist es ohnehin Abend. Die Jöten bewirten uns reichlich, wobei ich nichts weiter esse und Thor jeden Trank verweigert. Davon haben wir beide wohl zu viel gehabt für einen Tag. Wir vier sind sehr schweigsam. Die beschämenden Niederlagen wirken noch in uns. Daran ändert auch die nun gebotene Zerstreuung nichts. Später

erhalten wir großzügiges und geräumiges Nachtquartier, wobei wir darauf bestehen, uns einen einzigen Raum zu teilen.

Früh am Morgen erheben wir uns, kleiden uns eilig an. Keiner sagt etwas. Aber wir wollen alle dasselbe: möglichst schnell möglichst weit weg von hier. Doch da kommt Utgardloki in unser Quartier, lässt einen Tisch bringen und uns wirklich gut bewirten. Er begleitet uns danach aus seiner Burg, wobei Thialfi nun ein Bündel mit Vorräten trägt.
»Nun sage mir, Asathor«, fragt der Jöte und dieses Mal klingt in seiner Stimme wirklich kein Spott, »wie gefiel dir die Reise in mein Reich? Siehst du ein, einen Mächtigeren denn dich getroffen zu haben?«
»Unsere Begegnung hat mir keine Ehre gemacht«, antwortet Thor da ehrlich. »Was mich aber am meisten ärgert, das ist, dass ihr mich für völlig unbedeutend erachtet.«
Utgardloki lächelt freundlich.
»Nachdem du meine Burg nun wieder verlassen hast - und ich schwöre dir, dass du sie nie wieder betreten wirst - will ich dir die Wahrheit sagen. Du bist nicht unbedeutend, Asathor. Hätte ich geahnt, wie stark du wirklich bist, wärest du niemals zu uns gelangt. Mit deiner Kraft hast du uns alle fast ins Unglück gestürzt.«
»Wovon sprichst du?«
»Von Blendwerk, das dich in die Irre führte von Anfang an.« Er lacht leise. »Auf dem Weg hierher seid ihr mir als Skrymir begegnet. Dass du euer Speisebündel nicht öffnen konntest, lag einfach daran, dass ich es mit Eisenbändern verschloss. Aber das konntest du nicht sehen.«
»Ich habe dir fast den Kopf zertrümmert.«
»Wobei der erste Schlag noch der sanfteste gewesen ist.« Der Riese schmunzelt. »Trotzdem wäre er mein Tod gewesen, wenn er denn getroffen hätte.«
»Ich treffe immer«, murrt Thor beleidigt.
»Hast du den Felsblock bei meiner Halle gesehen? Der hat jetzt drei tiefe Täler, denn ich hielt ihn mir zum Schütz über den Kopf, so dass dein Hammer nur auf Stein treffen konnte. Du hast es nur nicht gesehen.«
»So waren auch die Spiele Blendwerk?«
»So ist es. Dein Kamerad aß stark und schnell, doch sein Gegner Logi ist das Wildfeuer, das alles verzehrt - Fleisch, Knochen und Trog. Er konnte nicht gewinnen. Hugi, mit dem Thialfi um die Wette lief, ist mein Gedanke. Niemand kann es mit der Geschwindigkeit eines Gedankens aufnehmen.«

»So ist es wohl. Und welches Blendwerk war das Horn?«
»Oh, das war nur ein Horn.« Er lacht, ehe er anfügt: »Das andere Ende des Horns liegt allerdings im Meer, das du ja bald erreichen wirst. Du wirst staunen, wie wenig Wasser es jetzt noch führt.«
Thor umklammert heimlich den Mjölnir.
»Die Katze?«, will er fordernd wissen.
»Wir erschraken alle, als wir sahen, wie sie einen Fuß vom Boden nahm. Denn es war keine Katze. Das war in Wirklichkeit die Midgardschlange.«
Ich zucke wie unter einem Hieb zusammen. Dieser Jöte wagt es, von meinem Kind zu sprechen. Thor sieht es, schiebt sich vor mich.
»Die Schlange selbst?«, vergewissert er sich.
»Sie liegt um alle Lande. Du hast sie so hoch gehoben, dass Schweif und Kopf kaum noch die Erde berührten«, bestätigt der Riese. »Und dein Kampf mit Elli war ein Wunder für uns alle. Sie hat dich auf die Knie gedrückt - doch sie ist das Alter, das niemand überwinden kann und dem jeder unterliegen muss. Nun also hast du deine Ehre wieder.«
»Wenn mir je wieder jemand sagt, dass Jöten nicht zauberkundig seien, haue ich ihm aufs Maul«, knurrt Thor da.
Utgardloki lacht leise auf bei diesen Worten.
»Unsere Wegen trennen sich hier«, entscheidet er dann. »Kommt nicht wieder in mein Reich; das ist unser beider Bestes. Ich würde im andern Fall jederzeit wieder meine Burg und die Meinen durch Täuschungen zu schützen wissen, die du nicht zu durchschauen vermagst.«
Das klingt wie eine Drohung, soll es wohl auch sein. Thor hebt den Hammer. Er will die Sache jetzt und hier beenden. Doch als er zuschlagen will, ist der Jöte verschwunden.
»Dann werde ich eben diese Burg zerlegen«, knurrt Thor und wendet sich um.
Doch hinter uns liegt keine Burg mehr. Wir sehen weites Feld, auf dem es blüht. Es ist ein so friedlicher Anblick, wie er kaum nach Jötunheim passen will.
»Lass es gut sein«, bitte ich da. »Dieser Mann ist uns über. Ich bin schon froh, dass wir mit heiler Haut von hier wegkommen.«
Er zögert. Doch dann steckt er den Hammer ein und nimmt den Weg auf. Seine schlechte Laune aber bleibt.

Wir erreichen das Meer zu einer Zeit, da Ebbe herrscht, gehen der Küste entlang und suchen ein Schiff. Röskwa schaut immer wieder entgeistert aufs Watt hinaus. Schließlich sagt sie fast ehrfürchtig:
»So viel hast du getrunken, Thor? Das Meer ist ja fast leer.«

Da endlich lacht er. Wir lachen alle und in diesem Lachen ist jeder ungute Gedanke an Utgardloki endlich überwunden.
In Midgard holen wir den Wagen und die Böcke. Da Thialfi und Röskwa unbedingt bei Thor bleiben wollen, obgleich er es ihnen anheimstellt, bei den Eltern zu bleiben, nehmen wir sie mit. Für den Moment wollen wir nur noch nach Hause. Uns steht allen nicht der Sinn nach weiteren Abenteuern.

Alwis

Sif ist verzweifelt. Ich sitze bei ihr, habe den Arm um ihre Seite gelegt und dulde ihre Tränen. Worte des Trostes finde ich ohnehin nicht. Jarnsaxa hat Thor einen weiteren Sohn geboren, den er Magni nennt. Zärtlich streiche ich über ihr goldenes, langes Haar. Sif ist schön, schön und begehrenswert. Aber so fühlt sie sich jetzt nicht, da ihr Gemahl wieder bei der Riesin lag. Sie drängt sich gegen mich. Doch ich gebe ihr nicht nach. Das hat nichts mit Thor zu tun. Ich denke an Sigyn dabei, die wieder schwanger ist. Ich würde niemals wollen, dass sie so leidet, wie Sif es jetzt tut.

»Warum tut er das?«, klagt Sif unter Tränen. »Wir sind solange zusammen. Unsere Tochter Thrud ist erwachsen. Was lasse ich ihn vermissen?«

»Höre auf, dich zu quälen. Es hat nichts mit dir zu tun. Thor denkt selten nach, ehe er handelt. Und du weißt, dass er dich liebt.«

»Weiß ich das denn?«, ruft sie da aus. »Woran soll ich das erkennen können?«

Thor steht in der Tür. Wir wissen beide nicht, wie lange schon und was er alles hören konnte.

»Du erkennst es daran, dass ich hier bin«, beantwortet er Sifs Frage. »Dass ich immer bei dir sein werde, wenn du mich rufst. Genügt das nicht?«

»Nein«, fährt sie ihn an. »Das genügt nicht.«

Er zuckt die Achseln, wendet sich um. Er will tatsächlich gehen. Den Tränen einer Frau gegenüber ist er machtlos; da hilft ihm auch der Mjölnir nichts.

»Dann sag ihm, was genügen würde«, rate ich Sif drängend.

Er bleibt stehen. Mit einem Sprung ist er dann bei uns, starrt mich an. Mein Arm liegt noch immer um die Seite seiner Gemahlin. Thor packt mich am Wams, zieht mich hoch und stößt mich von sich.

»Raus mit dir«, verlangt er drohend.

Ich ziehe den Kopf ein, schleiche wie ein geprügelter Hund zur Tür, zwinkere von dort aus Sif aufmunternd zu und verschwinde. Ich hoffe sehr, dass die beiden sich wieder vertragen werden.

Ich habe mit Sleipnir einen langen Ausritt unternommen. Eigentlich darf ihn niemand außer Odin reiten, doch hat es nie jemand gewagt, mich hierin hindern zu wollen. Die Stunden mit diesem Sohn sind kostbar, für uns beide. Am Abend steige ich hinauf auf Asgards Mauer. Der Ausblick von hier oben ist berauschend. Ich liebe es, weit ins Land oder aufs Idafeld hinab zu schauen. Ich mag die Einsamkeit hier oben. Aber heute bin ich nicht lange allein. Thor kommt zu mir, setzt sich schweigend neben mich und lässt wie ich die Füße baumeln.

»Wieso sind Frauen so kompliziert?«, brummt er nach einiger Zeit.

Das klingt nicht nach einer Versöhnung.

»Sif ist also immer noch sauer?«

»Und Thrud steht ganz auf ihrer Seite. Die haben Magni noch nicht mal gesehen. Dabei ist er ein so kräftiger, hübscher, kleiner Kerl.«

»Ich denke nicht, dass es dabei um Magni geht.«

»Worum dann?«

Ich schaue ihn von der Seite her an und wundere mich über seine Begriffsstutzigkeit.

»Sif fühlt sich betrogen, wenn du dich zu Jarnsaxa legst.«

»Das ist doch nur eine Riesin. Ich liebe nur Sif.«

»Und wann hast du ihr das zuletzt gesagt?«

»Ach, Loki«, wehrt er brummig ab, »ich bin nicht der Typ für sanftes Liebesgesäusel. Jarnsaxa legt auch keinen Wert auf so was. Du verstehst das nicht.«

»Nein?«

»Naja, wie solltest du auch«, fügt er versöhnlich an. »Du bist glücklich mit Sigyn. Ich bin ja auch glücklich mit Sif. Nur manchmal, da ist es mir zu - zu seicht.«

»Ich verstehe dich«, gebe ich zu. »Ich weiß durchaus, wie eine Riesin lieben kann. So viel Kraft, Gier und Leidenschaft reißt einen schon mit. Das ist wie ein Tanz im Sturm, gewaltig und erhebend zugleich.«

»Wer hat dir das denn erzählt?«

Thor lacht. Er kann wirklich schrecklich unsensibel sein.

»Das muss man mir nicht erzählen«, fahre ich ihn, im Innersten getroffen, an. »Ich war mit Angrboda, einer Riesin verheiratet. Ich weiß, was es heißt, eine solche Frau zu lieben. Und auch, was es bedeutet, von ihr geliebt zu werden.«

Er schaut mich erschrocken an.

»Hey«, meint er, mir beruhigend die Hand auf den Arm legend, »es bringt doch nichts, an Vergangenes zu denken.«

Ich stoße seine Hand zurück und stehe auf.

»Ich denke jeden einzelnen verdammten Tag daran.«

Er starrt mich an. Aber dann wendet er das Gesicht und sieht hinab aufs Idafeld. Er schweigt. Zum ersten Mal in all den Jahren habe ich von meiner Vergangenheit, von Angrboda und damit indirekt auch von meinen Kindern mit ihr gesprochen. Und von dem Schmerz, den ich immer noch empfinde. Und Thor wendet sich schweigend ab. Missmutig steige ich die Mauer hinab. Ich bin wütend, wenn auch mehr auf mich als auf ihn. Ich weiß ja, dass es Dinge in Asgard gibt, über die nicht gesprochen werden darf. Diese Regel habe ich ausgerechnet vor Odins Sohn gebrochen. Bei aller Freundschaft vergaß ich wohl, dass er in erster Linie immer für Asgard einstehen wird.
Am andern Tag will ich die Versöhnung suchen und gehe nach Bilskirnir. Doch Thor hat Asgard verlassen. Sif erzählt mir, wie er am Abend völlig aufgewühlt und auch wütend sein Bündel packte.
»Hat er sich wenigstens mit dir ausgesöhnt?«, will ich wissen.
»Dazu war er wirklich nicht imstande.« Sif lächelt wehmütig. »Er meinte, er müsse jetzt unbedingt mit jemandem raufen und er ziehe es vor, wenn dieser jemand weit weg lebe. Hattet ihr Streit?«
»Das nicht. Aber wir waren nahe daran. Keine Bange, wir werden uns rasch wieder aussöhnen. Und das solltet ihr beide auch tun.«
»Dazu ist es wohl zu spät.« Sie wirkt recht unbekümmert, was mich erstaunt. »Hoffen wir, dass er ein wenig länger unterwegs ist, dieses Mal.«
Sie erklärt sich nicht weiter, da ihre Tochter Thrud nun eintritt und mir die Mutter entführt.

Ein paar Tage später, Sigyn hat sich festlich gekleidet, sind wir nach Bilskirnir geladen. Von Sigyn erfahre ich den Grund. Thrud hat das Werben eines Schwarzalben angenommen und will sich an diesem Abend vermählen. Und Thor ist noch immer auf Reisen.
»Das ist nicht gut«, ahne ich. »Thrud und Sif wollen Thor damit kränken.«
»Erscheint es dir so unmöglich, einen Schwarzalben zu lieben?«
»Liebe erscheint mir niemals unmöglich«, versichere ich, ehe ich sie küsse. »Aber unklug kann sie schon sein.«
»Da wir als Gäste geladen sind, werden wir Alwis, so heißt der Zwerg, freundlich begegnen«, verlangt sie und ich verspreche es ihr.
Ich habe auch keine Probleme damit. Ein paar Begegnungen mit Schwarzalben verliefen zwar unangenehm, doch habe ich in ihrem Reich auch freundliche Wesen erlebt und mich willkommen gefühlt. Das ist lange her. Dieses Reich, tief unter der Erde, hat seine eigene

Faszination. Trotzdem kann ich mir nicht vorstellen, dass Thrud sich dort heimisch fühlen wird. Aber das geht mich nichts an. Ich wundere mich nur über die vermutlich kleine Feier, von der Sigyn spricht.
Als Balder seine Nanna freite, feierte ganz Asgard auf dem Idafeld. Keiner fehlte, um ihnen Glück zu wünschen. Naja, bis auf seinen blinden Bruder Hödur, der sich entschuldigen ließ. Man sagt, er sei selbst in Nanna verliebt gewesen und verschmerze es nur schwer, gegen den strahlenden Bruder verloren zu haben.
Im Innenhof von Bilskirnir brennen hohe Feuer. Im Saal sind die Bänke geschmückt, die Tische beladen. Viele Gäste haben sich eingefunden. Nur die hohen Asen fehlen. Alwis und Thrud begrüßen sich, schließen den Bund, tauschen einen Kuss.
Der Zwerg macht einen guten Eindruck auf mich. Er weiß sich zu bewegen, ist höflich und pflegt gute Rede. Aber er fühlt sich in Asgard nicht wirklich wohl und drängt zum Aufbruch. Thrud umarmt die Mutter zum Abschied. Ich höre so etwas wie ein Donnergrollen.
»Uh oh«, entfährt es mir.
Thor steht in der Halle, baut sich vor Alwis auf.
»Wer bist du Bursche? Du bist bleich wie eine Leiche. Diese Braut ist nicht für dich.«
Der Zwerg schaut zu ihm auf.
»Ich bin Alwis«, er widert er selbstbewusst. »Mein Haus steht in Schwarzalbenheim. Und dahin gehe ich mit meiner Braut. Ich warne dich: Brich nicht den Bund, den wir geschlossen haben.«
»Du warnst mich?« Thors Adern schwellen an. »Ich war nicht hier, als Thrud dir versprochen wurde. Und nur der Vater gibt die Braut.«
»Und wer bist du, dass du wähnst, über sie ein Recht zu haben?«
Die Gäste weichen inzwischen alle etwas zurück.
»Thor bin ich, des Mädchens Vater. Und gegen meinen Willen kannst du sie nicht haben.«
»Dann gib mir deine Bewilligung.«
Alwis zeigt sich unbeeindruckt. Insgeheim bewundere ich seinen Mut. Thor tastet nach Mjölnir. Seufzend erhebe ich mich, trete zu ihm und begrüße ihn wie einen lang vermissten Freund. Er ist irritiert.
»Alwis ist Gast in deinem Haus und damit unantastbar«, raune ich ihm zu. »Du kannst den Gastfrieden nicht brechen.«
Thor schiebt mich wortlos beiseite. Aber er hat meinen Hinweis verstanden, denn er bedeutet Alwis, sich zu ihm zu setzen, ehe er einen großen Becher Ael leert.

»Du willst meine Tochter, hm? Dann beweise mir, dass du ihrer würdig bist. Zwerge sind allgemein rechte Dummköpfe. Wenn du dich weise dünkst, wirst du mir viele Fragen beantworten müssen.«
»Daran soll es nicht scheitern«, willigt Alwis ein. »Ich habe alle neun Welten gesehen und weiß von allen Wesen, die es gibt.«
Thor schenkt ihm mit eigener Hand ein. Er wirkt mit einem Mal sehr freundlich. Die Gäste nehmen wieder Platz und lauschen.
»Alle Welten kennst du, ja? Dann sage mir, wie die Erde in den Welten heißt, die alle ernährt.«
»Erde nennen sie nur die Menschen. Die Asen heißen sie Feld, die Wanen den Weg. Allgrün heißt sie bei den Jöten, Wachstum bei den Alben, Lehm bei den anderen.«
»Und wie heißt der Himmel?«
Alwis leert den Becher, ehe er antwortet:
»Himmel heißt er den Menschen, den Asen Dach, Windweber den Wanen, Überwelt den Riesen. Die Alben nennen ihn Glanzheim. Wir Zwerge aber Träufeltor.«
Thor schenkt nach.
»Wie heißen die Wolken?«
»Wolken heißen sie den Menschen, den Asen aber Wässerer. Windschiff sagen die Wanen. Regenbringer nennen sie die Riesen. Die Alben sagen Naschwetter dazu. Und in Hel heißen sie Nebelhelm.«
Es geht weiter, Stunde um Stunde. Thor wird des Fragens nicht müde und Alwis bleibt ihm nicht eine Antwort schuldig. Becher um Becher wird geleert.
»Wie heißt die Luftstille, allkluger Zwerg?«
»Luft heißt es den Menschen, Lager den Asen und Windflucht den Wanen. Schwüle nennen es die Thursen, Morgenruhe die Alben. Wir Zwerge heißen es Heiterkeit.«
Thor fragt nach Sonne und Mond, Meer, Feuer, Tag und Nacht. Er wird nicht müde, neue Fragen zu ersinnen. Und er wird nicht müde, immer weiter zu trinken und Alwis dazu zu animieren. Der Zwerg verträgt das Bier ganz gut. Seine Stimme wird zwar etwas schwerer, seine Antworten kommen langsamer, doch an deren Inhalt gibt es keine Kritik. Seine Kenntnis von den neun Welten ist wirklich beeindruckend.
»Ich habe noch nie so viel Wissen in eines Mannes Brust gefunden«, anerkennt Thor endlich, nachdem Alwis auch fragen nach Saat und Ael beantwortet hat.
Er schenkt nach. Die beiden stoßen an, leeren den Trunk. Alwis glaubt sich am Ziel, als Thor heimtückisch lächelt.

»Du bist klug, Zwerg. Aber schlau bist du nicht, denn du hast das Spiel verloren. Der Tag verzaubert dich. Die Sonne scheint in den Saal.«
Alwis erkennt seinen Fehler. Er springt von der Bank. Doch es ist zu spät. Hell durchflutet das Licht der Sonne den ganzen Saal, trifft auf ihn und verwandelt ihn, wie es bei Zwergen so üblich ist, in Stein. Thrud schreit auf, die Gäste weichen entsetzt zurück. Thor erhebt sich.
»Das Fest ist zu Ende«, verkündet er und fordert damit alle zum Gehen auf, während er wie nachlässig die Steinstatue etwas anstößt.
Der Stein kippt, zerschellt am Boden in viele Stücke. Thor kümmert sich nicht darum. Er legt einen Arm um die widerstrebende Thrud. Mit dem anderen zieht er Sif an sich, flüstert ihr etwas ins Ohr und küsst sie danach. Die Art, wie sie seinen Kuss erwidert, lässt mich vermuten, dass er dieses Mal von Liebe gesprochen hat.

Thrym

Thor weicht mir aus und auch ich suche seine Nähe nicht. Wahrscheinlich haben wir beide ein schlechtes Gewissen: er ob seines Schweigens und ich ob meiner unbedachten Rede. Glücklicherweise sind unsere Frauen klug genug, sich nicht anstecken zu lassen. Sie pflegen weiterhin ihre Freundschaft, was zwangsläufig dazu führt, dass sie auch darüber reden. So geraten wir einander wenigstens nicht aus dem Sinn. Er fährt ohne mich, wenn Midgard ihn zu Hilfe ruft.
Sigyn kommt nieder. Wir nennen den Sohn Vali. Das Haus ist voll von all den Gästen, die unsere Freude mit uns teilen wollen. Es ist schön, mit ihnen zu plaudern. Die Gespräche mit Balder sind sehr erbauend. Er hat eine sehr helle Art, die Dinge zu sehen. Seinem Sohn Forseti erscheint er manches Mal zu nachsichtig. Sogar Odin und Frigg sind gekommen, was mich besonders freut. Die Gespräche mit ihm sind so selten geworden. Sie entbehren inzwischen nie einer besonderen Schwere. Ich kann seine Sicht der Dinge nicht mehr verstehen. Aber er ist immer noch mein Blutbruder. Ich liebe ihn weiterhin.
»Wir sollten mal wieder zusammen wandern«, schlage ich vor.
»Ja, ja, sicher«, nickt Odin, der mir nicht einmal richtig zugehört hat. »Irgendwann finde ich die Zeit dazu.«
Freyr hält Vali auf dem Arm. Er lächelt, als der Säugling an seinem kleinen Finger lutscht. Es ist gar nicht so lange her, dass er den eigenen Sohn Fjölnir ebenso hielt. Die Frauen, unter ihnen auch Freyja, Eir, Gerda und Sif, sitzen mit Sigyn zusammen und tratschen. Es ist ein guter Tag. Ich bedauere, dass Thor auf Reisen ist. In diesen fröhlichen Stunden hätte ich ihn gern um mich.

Ein paar Tage später dringt er in mein Schlafgemach, legt mir die Hand auf den Mund, bedeutet mir, nachdem ich erwache, still zu sein. Ich folge ihm hinaus, um Sigyns Ruhe nicht zu stören.
»Was willst du, dass du so zu mir kommst?«, begrüße ich ihn nicht gerade freundlich.
»Ich muss dir etwas sagen. Niemand weiß es bisher.« Er wirkt sehr erregt, fast verzweifelt. »Mein Hammer ist gestohlen worden.«
»Wer sollte in Asgard etwas rauben?«, erwidere ich, streife mir aber schon die Kleidung über.

»Wenn ich das wüsste, käme der Hammer leicht zurück. Es war sicher keiner von uns.«

»Hast du überall gesucht?«

»Natürlich hab ich das«, braust er auf, um aber sofort die Stimme zu senken: »Was kann ich tun? Ich brauche deinen Rat.«

»Es wird mühsam sein, den Mjölnir in allen Welten zu suchen.« Ich überlege schon, wie das am schnellsten geschehen kann. »Vielleicht ist das die richtige Zeit für einen kleinen Vogelflug.«

»Du hilfst mir?«

Es ist eine Bitte, keine Frage.

»Das hängt von Freyja ab, Thor. Ich kann wohl schnell durch die Luft reisen, aber ein Flug wäre noch schneller. Und sicherer.«

»Nur, wenn du dich nicht wieder fangen lässt«, brummt er da nur.

Freyja empfängt uns sofort. Thor bestürmt sie ohne Gruß, ihr Falkenhemd zu leihen. Sie lacht.

»Was bist du so aufgebracht«, wundert sie sich. »Natürlich kannst du es haben. Selbst wenn es aus purem Gold gesponnen wäre oder aus Silber, es gehört dir. Nur bezweifle ich, dass du damit fliegen kannst.«

Sie entnimmt das Hemd einer Truhe, reicht es aber mir, nicht ihm.

»Ich hoffe, ich bin bald zurück«, sage ich noch, ehe ich es mir überwerfe.

Ich fliege auf, kreise kurz über Asgard und halte mich dann, einem Instinkt folgend, nordwärts gen Riesenheim. Ich habe Glück. Der Falkenblick ist unbezahlbar, zumal er auf weit Entferntes fokussieren kann, so dass es näher und klarer erscheint.

Auf einem Hügel sehe ich einen Thursenfürst. Thrym ist sein Name. Er hat wilde Hunde bei sich, denen er goldene Halsbänder anlegt, ehe er die Mähnen seiner Pferde kämmt. Er ist guter Dinge, recht sorglos. Und er ist allein, so dass ich es wage, in der Nähe zu landen und meine Gestalt zu wechseln.

»Was führt dich hierher?«, will er wissen. »Wie geht es bei den Asen und Alben, hm?«

Eine Vorstellung ist unnötig. Er weiß, wer ich bin. Alle Riesen wissen das inzwischen.

»Wie soll es gehen? Schlecht geht es«, antworte ich. »Sag an: Hältst du Thors Hammer verborgen?«

Da er direkt redet, tue ich es ihm gleich. Alles andere würde ihn beleidigen. Er lacht heiter auf.

»Ja, ich habe ihn verborgen. Er ist unerreichbar für euch alle, denn er liegt acht Rasten tief unter der Erde. Keiner gelangt dorthin.«

»Alle Dinge haben ihren Preis.«
Er lacht wieder.
»Was war dein Preis, Bruder Loptr, als du dich den Asen verkauftest? Der Hammer bleibt, wo er ist. Es sei denn ...«
»Ja?«, frage ich lauernd.
»Es sei denn, man bringt mir Freyja zur Braut.«
»Du bist nicht der erste Jöte, der sie begehrt.«
»Wohl wahr. Doch bin der Erste, der einen Brautpreis bietet, der Asgard gefallen muss.«
»Da könntest du recht haben. Ich werde deine Nachricht übermitteln.«
»Tu das.«
Er widmet sich seinen Pferden und beachtet mich nicht weiter. Diese Arroganz stört mich, doch für den Moment ist es klüger, sie bewusst zu übersehen. Ich fliege zurück.

Thor wartet voll Ungeduld vor Gladsheims Halle. Er sieht mich nahen und ruft mir entgegen:
»Du musst gar nicht erst landen. Sage mir gleich, ob du Mjölnir gefunden hast.«
Ich lande trotzdem, lege das Federkleid ab.
»So ein Flug ist anstrengend«, murre ich halb beleidigt. »Hast du Angst, in meiner wahren Gestalt vergesse ich, was der Falke sah?«
»Wo ist mein Hammer?«
Es ist nicht mit ihm zu reden. Er ist aufgewühlt und angespannt und alles andere als geduldig.
»Der Thursenfürst Thrym hat Mjölnir tief in der Erde verbogen. Er gibt ihn nur im Tausch gegen Freyja als seine Braut.«
»Dann muss es so sein«, entscheidet Thor. »Noch weiß kaum einer, was geschah. So soll es auch bleiben. Komm mit, Freyja ist in der Halle.«
Ich folge ihm und frage mich insgeheim, wie er Freyja das nahebringen will. Man könnte natürlich eine List ausdenken und vermutlich wird Freyja, die Thor durchaus mag, sich beteiligen. Meine Gedanken überschlagen sich. Mjölnir ist wichtig für Thor. Aber Freyja ist wichtig für Asgard. Man kann nicht das eine opfern wollen, um das andere zu haben. Thor sieht das anders. In der Halle unterbricht er ihr Gespräch mit ihrem Bruder Freyr:
»Kleide dich in Brautlinnen, Freyja. Wir beide reisen nach Riesenheim.«
Freyr schaut mich fragend an. Ich schüttle den Kopf zum Zeichen dafür, dass das nun wirklich nicht meine Idee gewesen ist. Da tritt er einfach beiseite.

Und Freyja zeigt sich von einer Seite, die ich bisher nicht an ihr sah. Sie schnaubt und tobt vor Wut. Sie brüllt, dass fast die Halle erbebt.
»Hältst du mich für mannstoll?«, fährt sie Thor an und bemerkt nicht einmal, wie ihr Halsgeschmeide bricht und zu Boden fällt. »Diese Reise werde ich gewiss nicht mit dir antreten.«
Thor ist verdattert. Auch er sah sie nie zuvor so wütend. Ihr Lärm ruft die anderen Asen herbei, die einen wilden Kampf in der Halle befürchten. Sie beruhigt sich erst, als auch Odin eintritt und Freyr den Arm um ihre Seite legt. Thor hat keine Wahl. Er muss nun vor den versammelten Asen den Verlust des Hammers eingestehen. Sie beraten. Das alles zieht sich hin. Freyja hat ihre Weigerung deutlich gemacht. Das ist also keine Option mehr. Man fragt mich, wo genau in Jötunheim dieser Thrym wohne und überlegt, ob er mit Waffengewalt zu besiegen sei. Doch da der Hammer tief in der Erde verborgen liegt, würde das keinen Gewinn bringen.
Heimdall als Einziger schweigt in der Runde. Sinnend betrachtet er Freyja, nachdenklich Thor. Es arbeitet in ihm. Als er schließlich nach vorn tritt, verstummen alle Gespräche. Heimdall gilt zu Recht als klug. Man nennt ihn weise wie die Wanen.
»Thrym will also eine Braut«, beginnt er. »Folglich müssen wir ihm geben, was er begehrt.« Freyja ballt die Hände zu Fäusten. Gleich wird sie ihre Beherrschung verlieren. Doch Heimdall fährt schon fort: »Kleiden wir also Thor ins Brautgewand. Umgürten wir ihn mit dem Bund der Schlüssel, damit es schön klimpert. Ein Schleier kann sein Haupt verhüllen. Und geschmückt wie eine Braut, angetan mit Freyjas Halsschmuck, kann er lange täuschen.«
Er bückt sich, hebt Freyjas Geschmeide auf und hält es Thor entgegen, der ihm die Hand beiseite schlägt.
»Willst du mich weibisch schimpfen, Heimdall?«, fährt er den Sprecher an. »Ich trage keine Frauenkleider.«
Ich mag Heimdall eigentlich nicht, weil er mir von Anfang an misstraut und mich das auch spüren lässt. Aber sein Plan klingt machbar. Ohne List kann es dieses Mal nicht gehen.
»Sei still, Thor«, mische ich mich da ein. »Wenn du den Hammer nicht erlangst, wird Asgard bald in Riesenhand sein. Das kannst du nicht wollen.«
Ich denke daran, wie Thor auch ohne Hammer gegen Geirröd bestand. Aber das war ein einzelner Gegner. Gegen die Schar der Jöten ist Mjölnir inzwischen wirklich eine unverzichtbare Waffe geworden.

»Es geschieht, wie Heimdall es rät«, entscheidet Odin da mit einer Stimme, die kein Widerwort dulden wird.
Thor wirft dem Vater einen wütenden Blick zu. Doch er schweigt. Er schweigt auch noch, als die Asinnen Brautgewänder herbeischaffen und ihn einkleiden. Er kocht vor Wut, aber er lässt es geschehen, dass Heimdall ihm das Brisingamen, Freyjas Halsschmuck, umlegt. Frigg bindet ihm Edelsteingeschmeide um die Brust. Sif befestigt den Schlüsselbund an seiner Hüfte. Ich muss mich sehr beherrschen, um nicht laut aufzulachen. Aber ich weiß, dass der geringste Spott Thor zur Raserei treiben wird. Alle wissen es. So lacht keiner. Jeder unterdrückt sein Schmunzeln. Aber als die Frauen Thor das Haupt mit dem Schleier verhüllen, kann Freyja sich nicht mehr beherrschen. Sie wendet sich hastig ab, damit Thor ihr erheitertes Schmunzeln nicht bemerkt. Aber er ahnt es wohl, denn er wendet sich nach ihr um. Ich springe auf.
»Hast du ein Gewand für mich, Freyja?«, rufe ich sie an.
»Für dich?«, erwidert sie entgeistert, nun zum Glück nicht mehr grinsend.
»Aber sicher.« Ich lache Thor zu, nicht spöttisch, wie er sehr wohl bemerkt, sondern eher aufmunternd. »Man kann eine Braut nicht ohne Magd reisen lassen.«
»Du kommst mit mir?«, vergewissert sich Thor, den Schleier zurückschlagend.
»Natürlich«, bestätige ich. »Ich kenne den Weg.«
»Zeichne ihn auf«, antwortet er unwirsch, ehe er die Stimme erhebt und verlangt, dass man seinen Wagen einspannen solle. »Die Sache ist zu groß und zu gefährlich.«
Ich nickte Freyja zu, die daraufhin geht, ein Gewand für mich zu holen. Gefahr! Dieses Wort steht nun im Raum. Bei all der Verkleidungsheiterkeit hat wohl niemand wirklich bedacht, wie übel die Sache ausgehen kann.
»Loki hat recht«, sagt Odin da. »Es ist unklug, allein zu gehen. Die meisten hier sind kampferprobt. Wähle dir einen Begleiter, Thor.«
»Ich brauche keinen Aufpasser«, begehrt er wütend auf.
Freyja ist zurück und reicht mir das Gewand einer Magd, das in der Größe halbwegs passen dürfte. Sif bedrängt Thor, nachzugeben. Sie hat Angst um ihn. Ich ziehe mich inzwischen um.
»Thor hat dich nicht gewählt«, erinnert mich Freyr mit leiser Stimme, der mir zur Hand geht.

»Aber ich habe ihn gewählt«, antworte ich in normaler Lautstärke, so dass die Umstehenden es alle hören können. »Man lässt einen Freund in Gefahr nicht allein.«
Thor starrt mich an. Er sagt kein Wort, als er sich der Tür zuwendet. Freyr nickt mir anerkennend zu, als ich die Halle verlasse.

Thor hat es eilig. Die Felsen brechen unter dem Wagen, so schnell lenkt er die Böcke. Es gibt keinen Halt und keine Rast, bis die Nacht jeden Weg verhüllt. Wir essen schweigsam, sitzen am Feuer und starren in die Glut.
»Wie lange willst du noch grollen?«, frage ich endlich, als mir das Schweigen aufs Gemüt schlägt.
»Ich grolle nicht«, gibt er nach langer Pause zu. »Ich kann nur damit nicht umgehen.«
»Womit?«
»Ich dachte, du bist in Asgard daheim. Ich dachte, du gehörst ganz zu uns. Aber oben auf der Mauer, da war es anders. Ich hatte den Eindruck, du leidest. Und ich habe dich nicht reden lassen.« Er starrt weiterhin in die Flammen. »Mein Vater verbot, vor dir über deine Vergangenheit zu reden. Aber jetzt sind wir weit weg von Asgard. Wenn du reden willst, höre ich dir zu.«
Das habe ich nicht erwartet. Thor ist bereit, sich gegen Odins Gebot zu stellen.
»Ohne deinen Hammer bist du nicht du«, vermute ich da. »Es gibt nichts zu reden jetzt. Und es steht auch nichts zwischen uns. Da oben auf der Mauer, das war mein Fehler.«
Thor legt sich nieder. Es wird Zeit, zu schlafen.
»Ich bin froh, dass du bei mir bist«, sagt er noch leise in der Dunkelheit und ahnt nicht, wie gut mir diese Worte tun.
Am andern Morgen ist er wohl gelaunt, scherzt sogar und schlenkert das ungewohnte Gewand voll Heiterkeit.

Wir nähern uns Riesenheim. Langsamer fährt jetzt der Wagen. Die Gefahr wird uns wieder bewusst. Thryms Burg ist groß. Das Tor steht weit geöffnet.
»Du siehst übrigens sehr schmuck aus, Loki«, grinst er, mich in den Frauengewändern hänselnd. »Pass auf, dass der Jöte nicht die schöne Magd der stark gebauten Freyja vorziehen mag.«
Ich lache leise. So fahren wir heiter in die Thrymburg ein, was den Jöten wie eine freudige Brautankunft dünkt. Die Halle ist festlich geschmückt.

Viele Gäste weilen hier, sorgsam gekleidet und bemüht um höfisches Benehmen. Am Kopfende der Tafel ist unser Platz. Ich sitze neben Thor, als uns aufgetischt wird. Thor denkt nicht an die Rolle, die er spielen soll. Seiner Gewohnheit gemäß isst und trinkt er. Einen ganzen Ochsen und acht Lachse verzehrt er, dazu die für die Frauen bereiteten Süßwaren. Und er leert drei Kufen Met. Thrym hat längst jedes Gespräch unterbrochen. Er starrt seine vermeintliche Braut entgeistert an.

»Ich habe noch nie eine so gierig schlingende Braut gesehen«, staunt er in aufkeimendem Misstrauen, »und nie ein Mädchen, das so viel Met in sich zu schütten vermag.«

Er darf nicht reden! Seine tiefe Stimme würde Thor verraten. Hastig gebe ich deshalb die Antwort:

»Freyja hat acht Tage nichts gegessen und getrunken, so liebeskrank war sie, als sie sich nach Riesenheim verzehrte.«

Thrym lacht. Die Antwort gefällt ihm. Er ist ein mächtiger Herrscher in Jötunheim und es erscheint ihm sehr natürlich, wenn eine Frau sich so nach ihm verzehrt. Und er weiß, dass seine Macht sich mehren wird, wenn Freyja erst seine Gemahlin ist.

Er neigt sich Thor zu, um einen Kuss zu erhaschen. Er zieht den Schleier etwas nach unten. Dann erschrickt er, springt auf und sofort ein paar Schritte zurück.

»Wie furchtbar flammen ihre Augen!«, ruft er aus. »Es ist, als schaut man in wahre Glut.«

»Freyja hat acht Nächte nicht geschlafen, während sie sich nach Riesenheim verzehrte«, antworte ich mit fast säuselnder Stimme.

Thrym ist nicht ganz überzeugt. Doch in diesem Moment betritt seine Schwester die Halle und tritt zu Thor, vor dem sie grüßend das Haupt neigt.

»Dein Schmuck ist hübsch«, stellt sie fest. »Schenke ihn mir als dein Brautgeschenk, dann will ich dich wie eine Schwester lieben.«

Da sie schwesterliche Liebe anbietet, sind Thryms Bedenken zerstreut. Laut ruft er seinen Leuten zu:

»Bringt mir den Hammer, um die Braut zu weihen. Legt ihr Mjölnir in den Schoß, damit wir nach ehelicher Sitte zusammengegeben sind.«

Hastig leere ich das Horn, da die Jöten nun den Tisch vor uns wegtragen. Ich erhebe mich und trete, ganz Magd, hinter die Braut, die allein beim Festakt sitzen darf. Thrym tritt zu seiner Braut, legt ihr den Hammer in den Schoß. Die Schlüssel klirren. Alles wirkt sehr echt. Thor erkennt den Mjölnir sofort. Ich ahne sein grimmiges Lächeln mehr, als dass ich es

unter dem Schleier erkenne. Seine Hand legt sich um den Schaft. Ich trete vorsorglich beiseite. Im nächsten Moment springt er auf, so dass der Stuhl weit nach hinten geschleudert wird. Der Hammer trifft zuerst Thrym. Die Gäste schreien auf. Und Thor, von Wut erfüllt, wirkt wie ein verheerender Sturm unter ihnen. Auch Thryms Schwester verschont er nicht, der er Hammerhiebe statt roter Ringe gibt. Dann steht er schwer atmend inmitten der Verwüstung und grinst mich an.
»Zufrieden?«, frage ich.
»Fast«, antwortet er und reißt sich die Weiberkleidung vom Leib. »Erst will ich wieder ein Mann sein. Dann, erst dann bin ich zufrieden.«
Ich lache leise. So schrecklich finde ich die Gewandung gar nicht; zumindest ist sie sehr bequem.
»Lass uns nach Hause gehen,« schlage ich vor.
Im Wagen liegt unser Bündel mit gewohnter Kleidung, in die wir uns nun hüllen. Hier gibt es nichts weiter für uns zu tun. Andere Jöten werden bald kommen und sich ans Aufräumen machen. Da ist es ohnehin besser, wieder weit entfernt zu sein.

Thor ist voll Heiterkeit. Der gewonnene Kampf, die Anstrengung darin und natürlich der wieder erlangte Hammer sind pures Glück für ihn. Er lacht. Und er schwatzt in einem fort. Er jagt die Böcke nicht mehr, so dass wir sogar während der Fahrt reden können.
»Ich hätte es ohne dich nicht geschafft«, meint er vergnügt. »Thrym würde sehr schnell gemerkt haben, dass seine Braut nicht Freyja ist.« Er klopft mir auf die Schulter, was jedes Mal ein richtiger Hieb ist. Dieses Mal kann ich nicht ausweichen. »Als Vater sagte, ich soll einen Begleiter wählen, da hatte jeder in Gladsheim Angst, ich nehme ausgerechnet ihn mit. Kampferprobt sind sie schon. Aber unbewaffnet nach Riesenheim, das ist ein wenig viel verlangt.«
»Im Nachhinein kommt es mir auch wie Wahnsinn vor«, erwidere ich grinsend. »Wir sollten es nicht wiederholen.«
Am Abend lagern wir bei einem Weiher, braten uns Fisch, trinken Wasser. Auf Reisen kann man sehr genügsam sein und trotzdem nichts vermissen.
»Willst du jetzt reden?«, fragt Thor unvermittelt. Auf meinen erstaunten Blick hin fügt er an: »Ich habe meinen Hammer wieder. Du meintest, ohne ihn sei ich ein anderer. Ich muss es wissen, Loki. Ist Asgard für dich ein Unglück?«
»Wie sollte es? Sigyn, Vali und Narfi sind da.«
»Und Sleipnir.«

»Ah, das weißt du also auch.«
»Alle wissen es.« Er legt mir den Arm um die Schultern, als wolle er mich trösten. »Eigentlich dachten wir, du habest aus Furcht vor Strafe Asgard verlassen damals und den Riesenbaumeister gewähren lassen. Als die Sache mit Sleipnir bekannt wurde, haben sich einige ordentlich geschämt, in dir einen Feigling gesehen zu haben.«
»Das hast du früher auch«, erinnere ich ihn belustigt, wobei ich mich selbst darüber wundere, diesen Bericht nicht als Kränkung zu empfinden.
»Wenn wir zurück sind, wird jedenfalls keiner mehr an deinem Mut zweifeln.« Er lacht. »Mancher denkt, auf unseren gemeinsamen Fahrten nach Midgard hältst du dich jedem Kampf fern. Es sagt nur keiner laut. Was übrigens nichts mit mir zu tun hat.«
»Sondern?«
»Die Wanen mögen dich und dulden keine Schmähung.«
»Njörd wollte mich einst erschlagen,« lache ich heiter.
»Aber seine Kinder stehen zu dir. Vor allem Freyr tut es. Wusstest du es nicht?«
»Doch - ich mag ihn auch. Ich bedauere nur sehr, dass ich deinem Vater nicht mehr so nahe stehe wie früher.«
»Er mag dich immer noch«, verspricht Thor. »Aber er beschwert seine Tage mit düsteren Visionen. Wenn wir zurück sind, wird es ein Fest geben. Vielleicht lockert ihn das ein wenig auf.«
Wir hoffen es beide und glauben doch nicht daran. Das Fest gibt es. Aber Odin lacht nicht dabei. Er grübelt. Aber ansonsten lacht ganz Asgard, als wir von diesem Abenteuer erzählen. Dass die Heimholung des Hammers gelang, erleichtert jeden, der davon weiß.

Brisingamen

Thor irrt sich nicht. Dass ich ihn freiwillig nach Thrymheim begleitet habe, verschafft mir ungewohnt viel Achtung, vor allem von Seiten jener, die mich bisher eher übersahen. Mit einem Mal bin ich in jedem Haus und jeder Halle willkommen. Das schließt Sigyn mit ein, die neue Freundschaften knüpft und viel offener und zugänglicher wird. Ich freue mich, da sie so glücklich wirkt. Fährt Thor nach Midgard, bin ich wieder mit dabei. Manchmal nimmt er Thialfi als Dritten mit. Meist reisen wir allein. Wir sind gern unterwegs, nehmen uns auch die Zeit, als unerkannte Wanderer bei Menschen einzukehren. Und wir sind gern wieder daheim.

Ich sehe Freyja mit hochrotem Kopf Gladsheim verlassen. Sie ist wütend. Freyja ist eine wirkliche Schönheit. Aber wenn sie wütend ist, blitzen ihre Augen und jeder Muskel ihres Körpers verströmt eine faszinierende Lebendigkeit. In solchen Momenten, die eher selten sind, wirkt sie unnahbar und zugleich unglaublich selbstbewusst. Bei einem solchen Anblick könnte ich mich fast in sie verlieben. Aber nur fast - ich habe Sigyn, die ich trotz Freyjas Schönheit immer vorziehen werde.
Ich bin neugierig. Das bin ich eigentlich immer, wenngleich ich es vorziehe, das geschickt zu verbergen. Was immer sie geärgert hat, ich will es wissen. Für einen Gestaltwandler wie mich ist es eine leichte Sache, mich unerkannt in Folkwang zu bewegen. Wer achtet schon auf eine Fliege an der Wand?
In der Zeit kurz nach dem Wanenkrieg war Freyja einem Mann namens Odr vermählt, der sie irgendwann verließ. Ich habe nie erfahren, warum dies geschah. Ich weiß nur, dass Freyja diesen Odr immer noch liebt. Sie suchte ihn lange Zeit vergeblich in allen Welten. Geblieben ist ihr die Tochter Hnoss, die sie liebt und mit der sie nahen Umgang pflegt. Ihr erzählt Freyja von ihrem Streit mit Odin, der nicht akzeptieren will, dass sie nicht aktiv in das Kriegsgeschehen Midgards eingreifen mag. Sie gibt den Einherjern Raum in Folkwang, sie ist walkürengleich auch in Schlachten dabei. Aber sie schürt keine Kriege. Anscheinend erwartet Odin genau dies von ihr.

Odin lässt mich rufen. Der Bote macht nicht den Eindruck, als sei dies eine freundschaftliche Einladung. Diese Wahrnehmung trügt nicht. Odin

sitzt auf Hlidskialf, seinem Hochsitz, wo er auf mich wartet. Niemand sonst befindet sich in der großen Halle.
»Wir müssen reden«, ruft er mir entgegen.
Ich lehne mich mit verschränkten Armen gegen die Tür und sehe ihn an. Glaubt er wirklich, mit mir wie mit einem Vasallen reden zu können?
»Gern, Bruder«, antworte ich betont freundlich. »Lass uns ein Horn Met leeren und ein wenig plaudern.«
Es herrscht Stille. Er ist sturer als ich, wie ich erkenne. Also gehe ich ihm nach geraumer Zeit entgegen. Aber da erhebt er sich und kommt zu mir.
»Den Met teilen wir ein andermal«, meint er versöhnlich. »Du musst mir einen Dienst erweisen. Du bist der Einzige, dem ich die Sache anvertrauen kann.«
»Sprich nur.«
»Du kennst Freyjas Halsschmuck, den sie eifersüchtig hütet.«
»Sie hat nicht gezögert, das Brisingamen Thor zu überlassen, als wir nach Thrymheim zogen.«
Er ist irritiert, schüttelt den Kopf.
»Sie legt den Schmuck niemals ab. Er bedeutet ihr viel. Weißt du, wie sie ihn erhielt?«
Ich sehe Odin an und schweige. Nicht einmal er weiß, dass Asgard keine Geheimnisse haben kann vor mir. Ich bin der Meinung, er muss das auch nicht wissen.
»Nun«, fährt er endlich fort, »sie erhielt ihn von vier Zwergen, denen sie den Brisingamen mit Liebesdienst abkaufte.«
»Und was stört dich daran?«, wundere ich mich.
»Keine Frau legt sich zu vier Männern gleichzeitig, schon gar nicht zu Schwarzalben«, fährt er mich an.
Wüsste ich es nicht besser, würde ich ihn jetzt für eifersüchtig halten.
»Gleichzeitig? Oder nacheinander?«, antworte ich langsam. »Außerdem ist das doch ihre Sache, nicht wahr? Eine Wanin sieht die Dinge vielleicht weniger verbissen als ein Ase.«
»Es ist eine Schande«, besteht er auf seiner Ansicht, meinen Einwand völlig ignorierend. »Ich will, dass du ihr das Brisingamen stiehlst.«
»Vergiss es«, lehne ich völlig gelassen ab. »Wie kommst du auf den Gedanken, mich zum Dieb zu machen?«
»Ich will ihr nur eine Lehre erteilen«, schränkt er da rasch ein. »Ich gebe ihr den Schmuck ja zurück. Doch sie soll sehen, dass er diesen Preis nicht wert ist. Er ist kostbar und fein gearbeitet. Aber es ist nur ein Schmuckstück. Denke daran, dass wir Brüder sind und geschworen haben, stets füreinander einzustehen. Ich weiß um deine Kunst, die

Gestalt zu wandeln. Niemand ist darin so gut wie du. Und deshalb bist du wohl der Einzige, dem es gelingen kann, unerkannt in Folkwang einzudringen und den Halsschmuck zu bergen.«
Beschwörend sieht er mich an. Odin erinnert sich unseres Blutbandes, lobt meine Kunst anerkennend - und belügt mich. Er wähnt, dass ich das nicht durchschaue. Wenn ich mich weigere, kann er nichts dagegen tun. Odin beherrscht Asgard nicht. Er ist im Rat nicht mehr als Freyr oder Thor. Aber natürlich hört man auf ihn. Es ist unklug, sich mit ihm zu überwerfen.
»Sie bekommt den Halsschmuck zurück?«, vergewissere ich mich.
»Du hast mein Wort.« Er verspricht es. »Betrachte es als Streich, mehr ist es ja nicht.«
Ich bin nicht überzeugt, doch ich willige ein. Letztlich habe ich keine andere Wahl. Doch die Sache gefällt mir nicht.

Folkwang ist eine große Burg und es ist nicht schwer, in diese einzudringen. Doch Freyjas Schlafgemach ist stets verschlossen und die Tür ein echtes Hindernis. Der Spalt unter ihr könnte groß genug sein, um in Gestalt einer Maus oder eines Insekts durchzuschlüpfen. Ich würde es nur nicht überleben. Ihre Katzen lauern. Vielleicht wollen sie nur spielen. Womöglich sind sie hungrig. Auf alle Fälle möchte ich deren Krallen nicht ausgeliefert sein. Da mir die Tür verwehrt ist und die Fenster keinen Spalt aufweisen, muss ich einen anderen Weg finden. Bisher bewege ich mich ungesehen in meiner wahren Gestalt. Das Wandeln derselben ist nie ganz einfach und kostet immer Kraft. Doch jetzt muss es sein, denn ich will auf das Dach. Und auf dem Weg dorthin stehen Wachen. So ziehe ich die Gestalt eines kleinen Vogels vor und fliege auf. Folkwang ist solide gebaut. Auf Risse im Mauerwerk ist nicht zu hoffen. Doch ganz oben im Giebel, da wo Wand und Dach zusammenfinden, dort finde ich den Spalt, auf den ich hoffe. Ein Eulenvogel kreist über mir. Ich muss mich wieder wandeln, da er mich schon als mögliche Beute betrachtet. Und der Spalt gibt dem Vogel ohnehin keinen Raum. Als Fliege bin ich jetzt zwar auch nicht sofort sicher, doch immerhin klein genug, um mich in die Fuge zu zwängen. Es ist geglückt. Ich sehe nieder auf Freyjas Lagerstatt. Sie schläft. Eine der Katzen hat sich an ihrem Fußende zusammengerollt. Die andere versucht, Schatten unter der Tür zu fangen. Gut, dass ich diesen Weg verwarf. Ich laufe an der Wand hinunter, nachdem ich mich der Abwesenheit sämtlicher Spinnentiere versichert habe.

Freyja trägt ein sehr dünnes Gewand, das ihre Schönheit kaum verbirgt. Sie ist halb aufgedeckt. Und sie trägt den Brisingamen. Ich hoffte ja, sie legt ihn ab in der Nacht, so dass er leicht zu nehmen ist. Sie reckt sich im Schlaf. Ihre Träume sind wohl angenehm. Die Katze streckt sich, leckt sich die Pfote mit geschlossenen Augen. Freyja liegt auf dem Verschluss des Schmuckes. Ich kann ihn so nicht nehmen.
Ich bin schon etwas erschöpft und will kein weiteres Mal die Gestalt wandeln. Doch die Fliege im Gesicht stört Freyja nicht. Dafür wird die Katze aufmerksam, die mit einem Sprung auf Freyjas Brust sitzt. Nun schlägt auch die Wanin im Schlaf nach mir, so dass ich mich rasch in Sicherheit bringen muss. Ich warte, bis die beiden wieder tief schlafen. Und dann werde ich zur Wanze. Das ist nicht besonders nett und überdies auch eine etwas unangenehme Gestalt, da ich mich in ihr sehr beengt fühle. Doch der Panzer wird einen Prankenhieb aushalten. Und der Rüssel kann Freyja sicher wirklich belästigen. Ich krabble - und Wanzen sind wirklich flink - über ihr Lager, zu ihrem Kopf, ihrem Gesicht. Ich rieche sie. Ich spüre ihr warmes Blut. Ich werde gierig. Als ich sie in die Wange steche und ein wenig süßes Blut trinke, vergesse ich fast, warum ich hier bin. Freyja wischt mich mit einer unwilligen, unbewussten Handbewegung beiseite, so dass ich in der Zimmerecke lande. Aber sie hat sich gedreht, liegt nun halb bäuchlings und der Verschluss des Schmuckstückes ist erreichbar. Da ich auf dem Rücken gelandet bin, dauert es ein wenig, bis ich mich drehen kann. Und erst jetzt ist es möglich, meine wahre Gestalt anzunehmen. Leise trete ich zum Lager. Die Katze schaut mich gelangweilt an, lässt sich ein kurzes Kraulen hinter dem Ohr gefallen. Vorsichtig löse ich den Verschluss, langsam, sehr behutsam ziehe den Brisingamen hervor und stecke ihn ein. Dann schleiche ich zur Tür. Die zweite Katze umschnurrt meine Beine. Vorsichtig schiebe ich sie beiseite. Freyjas Katzen sind wilde Tiere, deren Krallen empfindlich zu verletzen verstehen. Darüber täuscht diese Anschmiegsamkeit nicht hinweg. Als ich mich hinausschiebe und die Tür hinter mir schließe, atme ich auf. Ungesehen gelingt es mir, Freyjas Schlafgemach und diesen Bereich von Folkwang zu verlassen.

Asgard hat einen Wächter: Heimdall. Und dieser benötigt ausnehmend wenig Schlaf. Ich weiß nicht, wie er das macht. Er ist niemals müde, ruht so gut wie nie. Sein außergewöhnliches Gehör und seine Augen, schärfer als die eines Falken, sorgen dafür, dass ihm so gut wie nichts entgeht. Er sah mich wohl nicht in Folkwang eindringen. Doch als ich die

Burg verlasse, gewahrt er meinen Schatten. Es ist Nacht. Ich kann jetzt nicht in Gladsheim eindringen. Ich kann das Geschmeide aber auch nicht mit nach Hause nehmen. Und es würde mir gar nicht gefallen, damit von Heimdall oder anderen erwischt zu werden. Ich bin nicht einmal sicher, ob Odin in dem Fall dazu stünde, dass all dieses sein Wille ist. Ich habe keine andere Wahl, als das Brisingamen erst einmal außerhalb von Asgards Mauer zu verbergen.
Mit meinen Wanenschuhen komme ich ohnehin sehr zügig vorwärts. Heimdall jedoch will die Sache nicht auf sich beruhen lassen. Gulltopp, sein Pferd, ist schnell. Seinen Namen erhielt es ob seiner goldenen Mähne, die zu Zöpfen geflochten ist, den Gulltopp bedeutet Goldzopf. Und auf Gulltopp verfolgt mich Odins Sohn. Ich erreiche das Meer. Meine Schuhe tragen mich auch über Wasser, so dass ich zu Singastein, der kleinen Insel, gelange, noch ehe Heimdall mich erreicht. Aber er naht. Rasch berge ich den Schmuck zwischen Steinen. Es fällt mir schwer. Aber noch einmal wandle ich meine Gestalt, um Heimdall nun zu täuschen. Er sieht über die Wellen. Aber er erblickt auf Singastein nur einen Seehund, wie er in Küstennähe ja nicht selten ist.

Heimdall ist nicht wirklich Gestaltwandler. Er weiß zwar, wie es geht, weil Odin ihn ein wenig des Seidhr, der Zauberkunst lehrte. Doch das Sein in fremder Gestalt ist etwas mehr als nur ein Wechsel der Hülle. Es bedeutet immer auch einen Wechsel des Empfindens, was ihm völlig widerstrebt.
Er starrt zu mir, der ich in meiner jetzt dunkelgrauen Haut mit der Nacht fast verschmelze. Doch sein Blick ist viel klarer als der anderer Wesen. Er weiß, dass er mich bis hierher verfolgte. Zu meinem Erstaunen überwindet er sich, wandelt die Gestalt und schwimmt zu Singastein. Ich belle ihm entgegen, drohe, knurre. Er ist unbeeindruckt. So kommt es zum unvermeidbaren Kampf.
Wir kämpfen zuerst im Wasser. Das ist ein Jagen und Beißen. Und ich bin im Vorteil, denn die fremde Gestalt schreckt mich nicht. Er wirkt verwirrt in ihr. Aber er ist stur. Und ich weiß, dass er jetzt auch wütend ist. Heimdall greift mich immer wieder an. Schließlich ziehe ich mich auf die Insel zurück. Er folgt mir. Wir beißen. Wir verwunden uns gegenseitig bis aufs Blut. Schließlich bin ich besiegt. Es ist nicht Nachsicht, dass er mich nun nicht tötet. Er folgt nur dem Seehundinstinkt, als er nur noch knurrt und droht. Aber er duldet meine Flucht nicht. Also weiß er noch, wer er ist und warum er mir folgte. Es gibt keine Worte zwischen uns. Seehunde reden nicht. Aber in all dem

Drohen, Knurren und Beißen ist die Absicht immer klar: Beute! Er will meine Beute haben und er wird nicht ruhen, bis er sie bekommt. Oder bis ich nicht mehr imstande bin, sie ihm zu geben.
Schließlich zerre ich das Brisingamen aus seinem Versteck. Als er den Schmuck sieht, wirft er sich sofort darüber. Nun hindert er mich nicht mehr an der Flucht.

Unsere Wunden sind nicht tief oder gefährlich. Hoffentlich weiß er, dass ein Rückwandeln der Gestalt ihm nun schaden könnte. Der verletzte Seehund heilt rasch; diese Wunden in die wahre Gestalt transformiert bleiben und können tödlich sein. Ich schwimme zur Küste, bleibe im Meer, ernähre mich von leckerem Hering und finde es herrlich, Dorsche zu jagen. Das Leben in fremder Gestalt kann großartig sein. Es kann einen so durchdringen, dass man die Herkunft vergisst. Doch diese Gefahr gilt nicht für mich. Ich weiß, wer ich bin, immer. Als die Wunden sich schließen, wandle ich die Gestalt erneut. Ich rufe über die Wellen Heimdalls Namen, erinnere ihn an sein wahres Sein. Der Seehund stürzt sich ins Wasser, nähert sich. Da ziehe ich es vor, mich rasch auf den Weg zu begeben. Als ich Asgard erreiche, sehe ich in der Ferne den Reiter auf Gulltopp. Irgendwie atme ich auf. Odin würde es mir nie verzeihen, wäre Heimdall verloren. Aber ich werde ihm den Verlust des Brisingamen erklären müssen.

Es ist ein schöner Tag. Die Asen lagern im Freien auf dem Idafeld, plaudern miteinander, lachen und scherzen. Einige sitzen auf Bänken, andere haben es sich auf kostbaren Decken bequem gemacht. Ich gehe zu ihnen, begrüße meine Familie. Odin und Frigg sind in der Nähe, was mich fast wundert, da Odin kaum mehr an scheinbar sinnloser Geselligkeit teilnimmt. Er schaut zu mir und wartet, dass ich zu ihm komme. Freyja steht entfernt bei Hnoss und Sif. Wie gelangweilt begibt sie sich nun in Odins Nähe.
Heimdall reitet ein. Er sieht gesund und gekräftigt aus, als er aus dem Sattel springt. Mit schnellem Schritt geht er auf Freyja zu, erreicht sie, noch ehe ich ein Wort mit Odin wechseln kann. Als Heimdall das Geschmeide unter seinem Wams hervorzieht und ihr mit einem fröhlichen Lachen überreicht, gehört alle Aufmerksamkeit ihm. Die Leute kommen alle näher, um zu hören, was er sagt. Freyja legt sich den Schmuck um. Danach starrt sie ihn entgeistert an.
»Du?«

Mehr sagt sie nicht. Ich unterdrücke ein Lachen. Dass Heimdall in ihr Schlafgemach drang, erscheint ihr unvorstellbar. Er ahnt ihre Gedanken, errötet fast ein wenig.
»Ich nahm den Schmuck einem feigen Dieb im Kampf«, versichert er hastig.
»Dann sei bedankt«, sagt sie da nur.
Nun ist er irritiert. Niemand fragt, wer der freche Dieb sei. Und er möchte mich jetzt wirklich gern vor allen versammelten Asen verklagen.
»Womöglich hat ja auch er den Mjölnir gestohlen und Thrym übergeben«, sagt Heimdall drohend.
Zumindest weiß jetzt jeder, wen er meint, denn er schaut mich dabei finster und voll Misstrauen an. Thor gesellt sich wie zufällig an meine Seite.
»Zumindest gehört bestimmt mehr Mut dazu, den Mjölnir heimzuholen als diesen Schmuck«, meint er gelassen, mir ein Trinkhorn reichend.
»Streitet nicht«, mahnt Odin auf befehlende Art. »Die Sache soll vergessen sein.«
Heimdall setzt zu einer heftigen Erwiderung an, schweigt dann aber. Er spricht niemals gegen Odin. Nachgebend neigt er das Haupt, ehe er das Idafeld verlässt. Er ahnt nun, warum ich den Schmuck stahl. Aber das ändert nichts an seinem Misstrauen wider mich. Ich werde ihm einige Zeit aus dem Weg gehen.

Sehr viel später erst ergibt sich ein unbelauschtes Gespräch mit Freyja, die mir mit deutlichen Worten erklärt, was sie von meinem Eindringen in ihr Schlafgemach hält.
»Ich dachte nicht, dass ich diesen Bereich mit Zauber schützen muss«, murrt sie. »Du hattest kein Recht hierzu.«
»Ich weiß und ich bedauere es«, gebe ich aufrichtig zu. »Man kommt nicht gut gegen Odin an. Hast du ihm auch nachgegeben?«
»Woher weißt du?« Sie wirft den Kopf zurück. Stolz wirkt sie jetzt. »Er wollte Krieger, Helden. Er hat sie.«
»So bringt du Krieg nach Midgard?«, frage ich traurig.
»Dort herrscht auch ohne mich genügend Kampf«, wehrt sie ab und lächelt. »Ein Kampffeld, gehaselt. Zwei Heere, die sich bekämpfen. Wer tagsüber fällt, ersteht neu in der Nacht und bekriegt sich am andern Tag. Das ist sein ewiger Kampf. Ein Trugbild. Ein Schatten. Er hat mein Wort auf einen Krieg erpresst. Wie der sich nun gestaltet, ist meine Antwort. Es war den Aufwand nicht wert.«
»Das sind solche Dinge nie.«

»Warum so ernst, Loki? Ich hatte jetzt eher mit etwas Spott gerechnet.«
»Ich wurde zum Dieb«, murre ich, »wenn auch wider Willen. Und ich habe mit Heimdall gekämpft. Asgard fängt an, die Einheit zu verlieren. Das kann böse enden.«
»Es muss sich ja nicht wiederholen. Und ich zürne dir nicht«, verspricht sie da aufrichtig. »Jeden anderen hätte ich für diese Unverschämtheit büßen lassen.«
»Was macht mich zur Ausnahme?«, frage ich verblüfft.
Sie lacht und legt mir die Arme um den Hals.
»Vielleicht, weil es für dich auch andere Wege gäbe, in mein Schlafgemach zu gelangen«, flüstert sie mir betörend ins Ohr.
Ich küsse flüchtig ihre Wange, löse mich dann aber vorsichtshalber von ihr. Gegen ihre Verführungskünste kann ich ansonsten nicht lange bestehen. Sie lächelt dabei, ist sich ihrer Wirkung bewusst. Aber sie spielt nur, will mich nicht wirklich gewinnen. Und ich bin froh, dass der Raub des Brisingamen nicht trennend zwischen uns steht. Dank ihrer Großmut ging die Sache glimpflich aus.

Wala

Thor ist auf Ostfahrt, um gegen Reifriesen zu kämpfen. Odin reitet auf Sleipnir aus, gelangt bis Riesenheim, wo er sich von Hrungnir zu einem Wettrennen verleiten lässt. Dessen Pferd Gullfaxi ist wirklich schnell. Sleipnir erreicht Asgard trotzdem zuerst. Doch Hrungnir kann Gullfaxi nicht mehr rechtzeitig zügeln. Damit steht ein fremder, ungeladener Jöte zwischen uns. Die Asen laden ihn gastfreundlich zum Gelage. Der Riese trinkt mehr, als er vertragen kann. Seine Prahlerei ist uns allen bald unerträglich. Er wolle Freyja und Sif zu sich nach Riesenheim entführen, grölt er. Er werde ganz Asgard zerstören und alle Asen gleich mit. Ich weiß nicht, wer nach Thor rief. Doch wie stets, wenn er gerufen wird, ist er da. Als der Riese den drohend erhobenen Mjölnir erblickt, ist er schlagartig nüchtern. Er ist unbewaffnet und er ist Gast. Somit ist er unantastbar, was Thors Zorn aber kaum aufzuhalten vermag. Erst, als Hrungnir einen ehrenhaften Zweikampf anbietet, entspannt sich Thor.
Thialfi begleitet ihn zum Kampf. Die Gefolgschaft von Asen duldet Hrungnir nicht. Als Thialfi den riesigen Schild sieht, hinter dem sich der Jöte vor Mjölnir bergen will, behauptet er listig, Thor würde von unter der Erde kommend aus angreifen. Hrungnir stellt sich daraufhin auf den Schild. Da ist Thor heran und schleudert den Hammer. Der Jöte wirft seinen Wetzstein. Die beiden Waffen treffen aufeinander; der Wetzstein zerbricht in mehrere Stücke. Mjölnir aber zerschmettert des Riesen Haupt. Der Jöte stürzt über Thor, der durch einen Splitter des Wetzsteins am Kopf getroffen selbst zu Boden ging. Keinem gelingt es hernach, den gewaltigen Riesenleichnam von Thor zu nehmen. Erst sein kleiner Sohn Magni entwickelt die dazu nötige Kraft und befreit den Vater, der ihm zum Dank Gullfaxi schenkt.

Odin ist wütend darüber. Dieses prachtvolle Pferd sollte ihm, dem Vater Thors, gehören und nicht dem Sohn einer Riesin. Es kommt darüber fast zum Zwist. Die beiden gehen sich eine Zeit lang aus dem Weg.
»Es ist unrecht, Magni seine Mutter als Vergehen anzulasten«, beklagt sich Thor bei mir. »Man könnte meinen, Vater würde den Beischlaf mit einer Riesin als unehrenhaft empfinden.«
Wir sitzen oben auf Asgards Mauer, wohin wir uns inzwischen so manches Mal zurückziehen, um ungestört reden zu können. Vor anderen Zeugen würde Thor seinen Vater niemals kritisieren. Diese

Offenheit gesteht er nur mir zu, wohl wissend, dass ich Odin liebe, wie er es selbst ja auch tut. Und dass ich trotzdem nicht kritiklos zu all seinem Handeln stehe, auch wenn diese Kritik sich nicht offen zeigen darf.
»Er mag Jarnsaxa nicht.«
»Dann soll er das so sagen und nicht ihre Rasse vorschieben«, brummt Thor missmutig. »Magni ist Sohn einer Riesin Na und? Das bin ich auch.« Jetzt lächelt er doch, denn der Gedanke an seine Mutter Jörd, die er sehr liebt, erwärmt sein Herz. Auch sein Bruder Heimdall ist ja Sohn von Riesenmüttern. Seinen Bruder Widar zeugte Odin einst mit der Riesin Grid.
»Dein Vater denkt wohl nicht mehr an diese Frauen. Er sieht nur noch Frigg«, wende ich beruhigend ein.
»Drei Söhne hat sie ihm geboren.« Thors Blick verfinstert sich wieder. »Hermod behandelt er oft genug wie einen Vasallen. Hödur übersieht er völlig.«
»Die Blindheit deines Bruders überfordert ihn.«
»Das ist es nicht. Vater will stolz sein auf seine Söhne und wenn welche keine besondere Gabe aufweisen können, sind sie seiner nicht würdig. Und seine Liebe gilt ohnehin Balder.«
»Nun bist du ungerecht«, mahne ich sacht. »Er liebt dich ebenfalls.«
»Er liebt meine Kraft, durch die er die Jöten begrenzt. Er liebt Heimdalls Wachsamkeit, die Asgard Sicherheit verleiht. Er liebt auch Widars kluge Besonnenheit, dessen Schweigen im Rat oft so beredt ist. Hödur ist blind. Das macht ihn hilflos und Hilflosigkeit verachtet Odin. Aber Balder, mein geliebter kleiner Bruder, er ist über jeden Makel erhaben. Er ist Vaters ganzer Stolz. Hätte ich Gullfaxi Balder geschenkt, wäre Odin geschmeichelt.«
Ich kann nichts dagegen sagen. Thor sieht die Sache wie ich. Aber ich mag ihn darin nicht bestärken. Und ich weiß, dass der kleine Zwist zwischen ihm und seinem Vater beigelegt wird.
»Es stimmt schon«, sage ich nachdenklich, »dass dein Vater Balder über die Maßen liebt. Aber im Rat hört er auf deine Stimme, Thor. Balder ist viel zu sanft, zu nachgiebig, zu kompromissbereit in allem, als dass er ihn bei wichtigen Entscheidungen dir vorziehen könnte.«
»Stimmt.« Thor grinst. »Im Rat hört er auch mehr auf Freyr, den er sehr respektiert. Ich war wohl nur wütend. Komm, lass uns ein wenig mit unseren Söhnen spielen.«
Das gefällt mir. Das Spiel mit Narfi, Vali, Magni und Modi ist immer sehr fröhlich.

Er hat noch einen Sohn: Uller. Den brachte Sif mit in die Ehe. Er ist längst ein Mann und spielt nicht mehr wie ein Kind. Uller wohnt in Ydalir und seit einiger Zeit teilt er sein Leben mit Skadi, die Njörd ja verließ. Die beiden passen gut zusammen.

Sorge kehrt in Asgard ein. Balder meidet die Feste. Vergeblich sucht man seinen Rat bei Zwistigkeiten. Sein Wirken hat er völlig dem Sohn Forseti überlassen, der ihn in dieser Hinsicht auch bei weitem übertrifft. Balder findet keine Erholung mehr im Schlaf. Düstere Träume plagen ihn, schrecken ihn auf. Seine Gemahlin Nanna weint alle Tage aus Sorge um ihn. Sein Freund Uller unterlässt jede Jagd, bleibt in seiner Nähe, um zu schützen und zu raten. Mit einem Mal befürchtet jeder großes Unheil, denn so viel Schrecken gab es bisher in Asgard nicht. Odin berät sich mit Mimir, ruft alle ihm bekannten Seherinnen herbei. Sie deuten die Träume. Sie werfen Losstäbe. Ihre Schau sagt stets dasselbe:
»Balder ist dem Tod verfallen.«
Nicht jeder erfährt dies. Nur die hohen Asen, die Götter und Göttinnen, die in Gladsheim beim Rat zugegen sind, hören diese Worte. Wir sind alle erschrocken.
»Wir werden alle Wesen schwören lassen, dass sie Balder nicht schaden«, rät einer.
Frigg nimmt diesen Rat sofort auf. Sie will die Schwüre entgegen nehmen und ihren Sohn auf diese Art bewahren. Natürlich hofft jeder, das könne helfen. Doch so wirklich daran glauben fällt schwer. Und Balders düstere Träume bleiben.
»Es ist, als seien alle Schutzgeister aus Asgard verschwunden«, sagt Odin in jenen Tagen.
Die gedrückte Stimmung, diese stille Verzweiflung ist schwer zu ertragen. Thor atmet auf, als Midgard ihn ruft. Irgendwo sind Bergriesen in diese Welt eingedrungen und bedrohen ein paar Siedlungen. Als Gegner sind sie härter als Eis- oder Sturmriesen. Aber ein harter Kampf ist genau das, was Thor jetzt sucht. Frigg ruft uns zu sich.
»Ich lasse euch nicht gehen, ehe nicht auch ihr geschworen habt.«
»Ich soll schwören, meinem Bruder nicht zu schaden?«, fährt Thor sie da an. »Wofür hältst du mich?«
Sie senkt den Blick nicht vor seinen drohenden Augen. Da leistet er den Eid voll Zorn. Auch ich muss schwören, was mir aber recht gleichgültig ist. Es beruhigt die besorgte Mutter, deren Angst dadurch aber nicht geringer wird.

Wir fahren gen Midgard und kämpfen den Kampf. Die Schlacht währt lange. Der Sieg wird uns nicht leicht gegönnt. Aber wir erringen ihn und das hilft uns beiden, die unguten Gefühle in uns zu ertragen.

Als wir Asgard erreichen, ist Odin nicht da. Er ritt auf Sleipnir vor Tagen aus der Burg. Bei seiner Rückkehr wirkt er gealtert. Er spricht mit niemandem über die vergangene Zeit; schließt sich in Gladsheim ein und grübelt nur noch vor sich hin. Frigg ist weiterhin damit beschäftigt, die Schwüre aller Wesen zu sammeln. Ich hoffe wirklich, dass sich bald wieder irgendwo Jöten erheben, damit es einen Grund gibt, mit Thor aus dem bedrückten Asgard zu fahren.
Es ist später Abend, als ich zufällig höre, wie Odin nach Frigg schickt. Ich weiß ja, dass er vor ihr keine Geheimnisse pflegt. Was ihn so erschüttert hat, lässt sich jetzt vielleicht erfahren.
Wenn ich lauschen will, muss ich gute Ohren haben, denn egal, in welcher Gestalt ich mich Odins privaten Gemächern nähere, er wird misstrauisch auf jedes Tier reagieren. Also darf ich ihm nicht zu nahe kommen.
Odin sitzt bei Frigg, hält ihre Hände. In der entferntesten Zimmerecke, halb im Mauerritz verborgen, sitzt die Kakerlake, die er nicht sieht. Als Schabe habe ich beachtliche Vorteile. Der Körper ist zäh; kaum zu verletzen. Es dauert etwas, bis ich mich an diese Gestalt gewöhne. Unendliche viele Gerüche nehme ich plötzlich wahr und einige davon sind sehr verlockend. Die Ohren sitzen in den Kniebeugen, woran ich mich erst kurz gewöhnen muss. Doch es sind phantastische Organe, sehr präzise, sehr empfindsam. Ich höre zunächst viel zu viel. Die Fliege dort an der Wand nervt durch ihren lauten Schritt. Irgendwo in der Mauer hämmern mir fremde Maden. Eine neue Gestalt ist immer zuerst verwirrend. Doch nachdem ich mich in ihr einbette, wird sie vertraut. Die Düfte sind nicht mehr wichtig. Die Vielzahl der Geräusche dämpft sich ab. Ich höre die Asen, wie ich es plante.
»Wo bist du gewesen?«, will Frigg wissen.
Er legt den Arm um ihre Seite, hält sie fest.
»Ich war nicht zufrieden mit der beschränkten Schau der Seherinnen«, antwortet er leise. »So ritt ich nach Helheim, um dort die große Wala zu wecken.« Frigg erschrickt. »Es war nicht einfach«, gibt er zu. »Ein riesiger, laut bellender Hund verwehrte mir den Weg nach Helheim hinein. Seinem Biss entkam ich nur, weil Sleipnir schnell reagierte. Ich ritt dem Helgitter entlang; erheischte manchen Blick vom Innern. Beim östlichen Tor sah ich den Grabhügel der Wala. Dort sprach ich die

Beschwörung, sang das Wecklied, warf die Zauberstäbe. So zwang ich sie hervor.«
Frigg erschaudert. Solches Tun ist übelste Zauberei, eines Mannes im Grunde unwürdig. Sie fürchtet so sehr um Balder, dass sie fast vergessen hat, auch um Odin zu sorgen.
»Was geschah?«, will sie wissen.
Und Odin erzählt ihr alles, was er in Helheim am Grab der Wala erfuhr.

Die Wala kann sich gegen seine Beschwörung nicht wehren. Aber sie ist nicht erfreut über die Störung ihrer Totenruhe.
»Schnee beschneite mich. Regen traf mich. Tau beträufte mich. Ich war lange tot. Wer bist du, dass du es wagst, mich zu rufen?«
»Ich bin Wegtam«, stellt sich Odin mit falschem Namen vor, »Sohn des Waltam. Ich beschwöre dich, mir von dieser Welt zu berichten. Ich sah durch Helgrid einen weiten Saal und darin goldbedeckte Betten; die Bänke mit Ringen bestreut. Wer wird dort erwartet?«
»Dem Balder sind dort die Becher eingeschenkt. Für die Asen gibt es keine Hoffnung mehr. Du hast mich zum Reden gezwungen. Aber nun will ich schweigen.«
»Noch nicht«, hält Odin den Zauber aufrecht. »Zuerst sage mir, wer Balder ermorden wird.«
»Hödur bringt Balder nach Niflheim. Nun lass mich in Ruhe.«
»Noch nicht. Zuerst sage mir, wer Balders Tod rächen wird.«
Sie will nicht mehr reden. Doch Odins Seidhr wirkt stark und hält sie fest.
»Rinda im Westen wird Odin den Sohn gebären, der Balder rächen wird. Und nun höre auf, mich zu zwingen. Ich will wieder schlafen. Und schweigen.«
»Eines noch«, beharrt er. »Was die Seherinnen gedeutet haben und niemand verstand. Wer ist das Weib, das nicht weinen wird um Balder? Das musst du noch sagen, ehe ich dir Ruhe gönne.«
Die Wala begreift:
»Du bist nicht Wegtam. Du hast mich belogen und getäuscht. Du bist Odin.«
Und nun versteht auch er:
»Du bist keine Wala, keine wissende Frau. Du bist die Mutter dreier Riesen.«
»Verlasse Helheim«, sagt sie da nur. »Du kannst dich rühmen, mich besiegt zu haben. Doch dein Ruhm endet, wenn Loki die Bande bricht und das Verderben den Asen bringt.«

Odin und Frigg schweigen lange. Ich sitze in meinem Mauerspalt und möchte schreien, was in dieser Gestalt aber nicht möglich ist. Was geschah hier? Hat er Angrboda erweckt? In meinen Ohren klingt es so. Odin fand nicht die Wala. Die Mutter dreier Thursen, das kann meine Angrboda sein. Und warum spricht sie von mir und von einer Fessel? Sie hat Grund, ihn zu hassen, der er ihr die Kinder nahm. Er kann sie zwingen, mit ihm zu reden. Aber der Inhalt ihrer Rede muss ihm nicht gefallen. Womöglich wird Balder wirklich in Helheim erwartet. Aber wenn sie Hödur den Mörder Balders nennt, will sie vielleicht nur Zwist nach Asgard bringen. Auch ich habe nicht die Absicht, den Asen Verderben zu bringen. Und Rinda, wer immer das sein mag, will Odin sicher nicht einen Rächer gebären. Er hat die Wala durchschaut. Da wird er doch hoffentlich auch die Weisheit besitzen, ihre Worte zu verwerfen.

»Ich muss Hödur den Eid abnehmen«, stammelt Frigg verwirrt, ehe sie sich aufweinend an Odins Brust klammert.

»Wir werden Hödur nicht mehr aus den Augen lassen«, erwidert er, über ihr Haar streichelnd. »Nur so lässt sich das Unheil verhindern.«

Ich ahne, dass alles sich ändert. Nichts wird mehr sein wie zuvor. Balders Träume haben einen Schrecken erweckt, dessen Ende niemand sehen kann.

Balder

Hödur tut mir richtig leid. Er steht nun ununterbrochen unter Bewachung. Im Grunde führt er das Leben eines Gefangenen, auch wenn er sich in Asgard natürlich frei bewegen darf. Nur sind immer ausgewählte Getreue Odins um ihn. Er würde Balder nie etwas antun. Er liebt seinen Bruder. Sicher wissen wir alle, dass er auch Nanna liebt und sich sehr wünscht, sie hätte ihn statt seines Bruders gewählt. Aber das ist für Hödur mehr Kummer als Eifersucht. Aber nun ist er um des Bruders willen ein Gefangener im eigenen Heim. Und Balder ist nur noch mit sich selbst und seinen Träumen beschäftigt. In diesen Tagen entfremden sich die Brüder sehr.

Über die Wala denke ich nicht mehr nach. Einige Zeit habe ich gegrübelt. Aber endlich versiegt der Gedanke, Odin habe Angrboda erweckt. Es kann immerhin auch jemand gänzlich anderes gewesen sein. Mutter dreier Thursen - ist sie die Mutter des Schicksals, der Nornen, die am Urd-Brunnen weben? Ich werde es nie erfahren. Und es ist müßig, zu grübeln über Geheimnisse, die niemand lüften kann. Zumindest würde ich nicht mein Auge dafür geben; einen Preis, den Odin vor Mimir ja für sein Wissen bezahlte.
Beim Gedanken an Odin werde ich nachdenklich. Es ist viel zu lange her, dass wir gemeinsam wanderten. Er hat sich verändert. Einst war er voll Lebensfreude und Schöpferkraft. Nun ist er ernst geworden. Er erschafft nicht mehr das Neue. Er wurde zum Bewahrer. Ob ihn das erschöpft? Er sorgt schon gut, auch für Midgard. Er brachte den Menschen die Sitten und Regeln, lehrte sie, was Tapferkeit, Gastfreundschaft, Wert der Freundschaft überhaupt, Genügsamkeit und dergleichen ist. Die Menschen singen seine Sittensprüche. Sie verehren, opfern ihm. Aber ich habe den Eindruck, es macht ihn selbst nicht glücklich. Und das hat nichts mit Balders Träumen zu tun. Das war auch zuvor schon so, zumindest seit ihm das erste Mal eine Seherin vom Ende der Zeiten erzählte.

Thor fährt noch aus, wenn irgendwo Jöten die Reiche bedrohen. Diese Reisen sind ihm wie mir Erleichterung, weil sie uns erlauben, für kurze Zeit der bedrückten Stimmung in Asgard zu entfliehen. Letztens sahen wir Balder in den Gärten; ins Gespräch mit Nanna vertieft. Das gibt uns

Hoffnung, dass er seinen Lebensmut wieder finden wird. Frigg ist weiterhin damit beschäftigt, allem und jedem den Eid abzunehmen, Balder nicht zu schaden. Stein, Eisen, Feuer, jedes Tier, jede Pflanze, Alben, Wanen, Asen, Zwerge, selbst Thursen schwören ihrem Wunsch entsprechend. Alle Erze und Erden, alle Wasser, Gifte und Krankheiten leisten den Eid. Das dauert! Bis alle Wesen und Dinge aller Welten den Schwur tun, vergehen die Tage.
Balder scheint zu genesen. Er schläft wieder gut, zeigt sich den Asen. Nur seine Arbeit als Richter und Streitschlichter nimmt er nicht mehr auf. Forseti macht es zu gut; niemand möchte auf sein Wirken noch verzichten. Je mehr Eide Frigg anhäuft, desto zuversichtlicher wird die Stimmung in Asgard. Der Einzige, der keinen Vorteil davon hat, ist Hödur. Er bleibt bewacht bei Tag und Nacht. Obgleich Odin nicht erklärt, weshalb er auf dieser Gefangenschaft besteht, wirkt sie wie eine stumme Anklage. Hödur, als Blinder ohnehin oft etwas ausgeschlossen, verbringt seine Tage nun völlig allein. Da ist keiner mehr, der seine Gesellschaft sucht oder bemüht ist, ihn zu zerstreuen. Hödur ist nicht eingesperrt. Beim gemeinsamen Tafeln sitzt er mit in der Halle. Doch keiner spricht mit ihm; jeder übersieht ihn. Als ich versuche, mit ihm zu reden, vertreten mir seine Wachen den Weg. Seine Isolation ist also gewollt. Wenn er Balders Stimme hört, presst er die Lippen zusammen und ballt unbemerkt die Rechte zur Faust. Er stand stets im Schatten des Bruders. Doch nun ist er indirekt dessen Gefangener. Und Balder, dem die Nornen nur goldene Fäden ins Schicksalsnetz knüpfen, sieht sein Leiden nicht einmal.

Frigg wirkt übernächtigt und müde und doch zugleich sehr befriedigt. Endlich ist ihre Aufgabe getan. Alles, was ist, schwor, Balder zu schonen. Sogar Odin selbst leistete den Eid. Es ist wie ein großes Aufatmen. Die befürchtete Gefahr ist vorüber. Von einer Stunde zur nächsten gibt es wieder Lachen in Asgard. Allen ist nach einem Fest zumute. Da wird nichts geplant oder vorbereitet. Eben noch speiste man gemeinsam. Jetzt schieben die Leute die Tische beiseite. Jeder gratuliert Balder, klopft ihm auf die Schultern, drückt seine Hände. Man wünscht ihm helle Tage, freundliche Nornen, trinkt ihm zu. Irgendwer wirft spielerisch sein Trinkhorn in Balders Rücken. Er spürt es nicht einmal.
Und dann sind die Asen wie kleine Kinder. In argloser Kurzweil stoßen und schlagen sie nach Balder, bewerfen ihn mit allem, was ihnen vor die Hände kommt. Auch Thor spielt mit. Ich habe ihn selten so fröhlich und erleichtert lachen gehört. Alle albern und scherzen. Für einen Moment

bin ich versucht, mich zu beteiligen. Doch diese Art des Spielens entspricht nicht meinem Wesen. Ich spiele gern - mit den Kindern, mit Alben, mit Tieren oder Menschen. Fröhlichkeit liebe ich durchaus. Nur das hier sind keine Kinder. Sie sind Götter. Sie tragen die Verantwortung für neun Welten. Unsterblichkeit und Verantwortung gehen nicht zueinander. Nun dünkt ihnen einer der ihren unsterblich. Bald wollen sie alle dieses Privileg genießen. Wie lange wird es dauern, ehe Unsterblichkeit in Überheblichkeit mündet? Oder ehe man sie einander neidet und vorenthalten will?
Ich habe den Saal verlassen und grüble. Nicht, dass ich davon ausgehe, dass noch einmal alle Dinge und Wesen einen solchen Eid ablegen werden. Balder ist etwas Besonderes in Asgard. Immer hell, immer freundlich, jeden beschenkend, alle Wesen wärmend. Niemand wollte ihm je etwas Übles. Das kann nicht jeder Ase von sich sagen.

Unbewusst habe ich den Schritt nach Fensalir gelenkt. Als ich die Burg betrete, befinde ich mich in Gestalt einer alten Magd; ein Mann würde hier zu sehr auffallen. Fensalir ist groß, hell und freundlich. Frigg, noch erschöpft von ihrem Wirken der vergangenen Zeit, ruht in einem der hohen Stühle. Ich reiche ihr ein Horn, gefüllt mit goldfarbenem Met. Sie lächelt müde und dankbar.
»Weißt du, was die Asen in der Halle tun?«, fragt sie mich unvermittelt.
»Sie sind ausgelassen«, erwidere ich bescheiden. »Sie werfen mit allerlei Dingen nach dem edlen Balder. Doch nichts fügt ihm Schaden zu.«
»Das ist gut.« Lächelnd schließt sie die Augen. »Alle Dinge haben geschworen, meinen Sohn zu schonen. Es kann ihm nichts mehr geschehen.«
»Alle Dinge?«
»Ja, alle Dinge und alle Wesen, selbst die große Mistel in der Esche beim Tor. Nur östlich von Walhall«, fügt sie dann nachdenklich an, »da wächst noch eine ganz junge Mistel. Sie ist zu klein, zu unschuldig. Sie wird schwören, wenn sie älter ist und hartes Holz besitzt.«
Sie seufzt, wohl, weil ihr eben erst zu Bewusstsein kommt, dass es nie ein Ende haben wird mit dem Sammeln der Eide. Neue Wesen, neue Dinge, neues Leben - alles wird sie in die Pflicht nehmen müssen.
Ich lasse sie allein, wandle die Gestalt. Die kleine Mistel ist schnell gefunden. Wie jung sie ist. Wie zart und weich. Ich reiße sie aus. Nachdenklich drehe ich den kleinen Zweig zwischen den Fingern. Er lässt

sich gänzlich in der Hand verbergen, so winzig ist er noch. Er kann niemandem weh tun. Aber vielleicht kann er zum Nachdenken anregen.

In der Halle spielen sie immer noch. Ich trete ein wenig nach vorn. Ich werde Balder den Zweig ins Gesicht werfen. Sein Lachen wird danach ersterben. Das ist zu bedauern. Doch die falsche Sicherheit wird enden, was zu begrüßen ist. Ich sehe zu Hödur. Er steht ganz am Rand mit gesenktem Haupt. Seine Bewacher beteiligen sich an dem arglosen Spiel. Niemand hindert mich, zu ihm zu treten.
»Warum machst du nicht mit?«, frage ich ihn.
»Du weißt doch, dass ich blind bin. Und bewacht. Ich habe nicht einmal eine Waffe; nichts, das ich auf ihn werfen könnte; selbst wenn ich ihn sähe.«
So lange ist er nun schon bewacht, aber unbeachtet. Es kann nicht schaden, ihn ein wenig in den Mittelpunkt zu stellen. Vielleicht findet er dann wieder mehr Aufmerksamkeit.
»Nimm den Zweig hier«, sage ich und drücke ihm das Mistelchen in die Hand. »Balder steht zehn Schritte entfernt. Du musst heftig werfen, um die Entfernung zu überwinden. Warte, ich zeige dir die Richtung.«
Hödur lächelt dankbar. Ich drehe ihn in Position, wünsche ihm Glück. Danach trete ich einige Schritte beiseite. Hoffentlich trifft er Balder. Der Bruder wird den Wurf spüren und ihn anschauen. Und nichts würde mir mehr gefallen, als wenn Balder seinen blinden Bruder dann endlich wieder beachten würde. In diesem Moment tritt einer der Bewacher Hödurs zu ihm, berührt ihn kurz am Arm und fordert ihn auf, sich etwas weiter zurückzuziehen. Hödur spannt sich an. Ich sehe, wie die Muskeln in seinem Gesicht förmlich versteinern. Aus Gründen, die er nicht kennt, ist er aus der Gemeinschaft ausgestoßen und darf dem Bruder nicht mehr nahen. Womöglich glaubt er sogar, dies entspräche Balders Wunsch. In diesem Moment jedenfalls empfindet er Zorn auf seine Bewacher und auf seine Familie, vornehmlich aber auf Balder. Und dann schleudert er den Zweig in die von mir angedeutete Richtung.

Die kleine Mistel fliegt. Es ist kein wütender Wurf allein. Es ist wie der Schuss von einem starken Bogen. Gleich einem Pfeil trifft der Zweig auf Balder. Und durchbohrt ihn! Balder kann nicht einmal reagieren. Er sinkt tot zu Boden.
Stille! Niemand spricht ein Wort. Zu groß ist der Schock, zu gewaltig der Schmerz, der jeden in der Halle jetzt ergreift.
»Was ist denn?«, fragt Hödur verwirrt.

Niemand antwortet ihm. Er wird nicht einmal beachtet. Keiner achtet jetzt auf den anderen. Fassungslos stehen wir alle, von einem kalten Entsetzen gelähmt. Ein schreckliches Grauen hält uns alle umklammert, sprachlos, wortlos, gedankenleer. Ich weiß nicht, wer zuerst weinte. Aber endlich weinen wir alle. Und noch immer sind Worte nicht möglich, noch immer kämpft jeder für sich gegen den eigenen Schmerz. Nanna hat sich über den toten Gemahl geworfen und sie als Einzige klagt mit Worten, grämt den Nornen und ruft nach Erklärung, warum und wieso. Odin steht wie versteinert. Seine Stimme besitzt keinerlei Klang, als er befiehlt, Hödur in seine Gemächer zu sperren und nicht wieder herauszuführen. Er hält dabei den kleinen Mistelzweig in der Hand, der wieder weich und zart und völlig ungefährlich ist.
Frigg kommt gelaufen, stürzt bei Balder nieder. Sie hält den toten Sohn im Arm, wiegt ihn. Sie weint wie Nanna. Als Odin sie endlich aufhebt, starrt sie auf die Mistel und danach lange auf mich. Ihr Blick ist völlig ausdruckslos, weder verzweifelt noch anklagend. Mit Balder starb auch ein Teil von ihr selbst; ihr Blick ist so tot wie ihr Sohn. Als sie spricht, sieht sie nur noch Balder an:
»Wer von euch Asen hier will für immer meine Gunst gewinnen? Wer will mir den Dienst erweisen, den Helweg zu reiten und Balder in Helheim zu finden? Wer diesen Mut hat, der soll Helja Lösegeld bieten für meinen Sohn, damit sie ihn heimkehren lässt zu den Lebenden.«
Ich fühle mich schuldig. Was ich wollte und plante, hat nichts mit dem Ergebnis zu tun. Balders Tod habe ich nie gewünscht. Und ich bin bereits einmal in Helheim gewesen. Friggs Wunsch ist unsinnig. Doch womöglich wird meine Tochter mir diese Bitte gewähren. Es ist einen Versuch wert. Ich trete einen kleinen Schritt nach vorn.
Doch Hermod, Balders Bruder, umarmt die Mutter bereits.
»Ich reite den Helweg«, verspricht er unter Tränen.
Ich will abraten, aber die Asen drängen mich beiseite, um Hermod, Frigg und Odin nahe zu sein. Sleipnir wird aufgesattelt und vorgeführt. Zum ersten Mal ist es Hermod gestattet, dieses Pferd zu reiten. Und er zögert nicht, macht sich unverzüglich auf den weiten Weg.

Hringhorni wartet. Es ist das größte Schiff der Asen. Es gehört Balder. Und auf ihm soll sein Leib die letzte Fahrt antreten. Es gelingt aber nicht, das Schiff vom Strand ins Wasser zu stoßen. Nicht einmal Thor in seiner Kraft kann es bewegen. Odin schickt um Hilfe nach Jötunheim und tatsächlich kommt von dort die Riesin Hyrrokkin geritten. Ihr Tier ist ein prachtvoller Wolf, gezäumt von einer Schlange. Unwillkürlich muss ich schmunzeln, als ich den Schrecken der Asen bei diesem Anblick sehe. Die Jöten reiten aber gern auf Wölfen; der Anblick wäre in Riesenheim nicht ungewöhnlich. Vier kräftige Männer versuchen, den Wolf zu halten, nachdem die Riesin absprang. Doch der Wolf schüttelt sie ab und muss schließlich niedergeworfen und gehalten werden. Hyrrokkin ist nicht begeistert von dieser Behandlung ihres Tieres. Doch sie hört sich Odins Bitte an, tritt dann nach vorn zum Bug des Schiffes und löst es mit dem ersten Griff vom Land. Ihr geringschätziges Grinsen erweckt Thors Zorn, der nach Mjölnir greift. Die Asen habe Mühe, ihn zu beruhigen. Doch da wird Balders Leichnam gebracht und Thor senkt das Haupt, weil der Schmerz um diesen Verlust ihn wieder ergreift.

Der Scheiterhaufen auf Hringhorni wartet. Sorgsam betten sie Balder darauf. Nanna weint noch immer verzweifelte Tränen, wirft sich über den Leichnam und umklammert ihn.

So viele sind gekommen, Balder die letzte Ehre zu erweisen. Odin und Frigg stehen ganz vorne, die Walküren in der Nähe, Odins Raben auf dessen Schultern. Freyr kam im Wagen, vor den er Gullinborsti, den Eber spannte. Heimdall ritt auf Gulltopp herbei, Freyja nutzte ihren mit Katzen vorgespannten Wagen. Zwerge sind zugegen. Bergriesen stehen dabei. Sogar einige Hrimthursen, jene Riesen aus Eis und Frost, sind zugegen. Und alle schweigen.

Nur Nannas Weinen durchbricht die Stille. Und dann erstirbt ihr Schluchzen. Lautlos wurde es. Selbst die Wellen des Meeres schweigen. Nanna lebt nicht mehr. Sie hat den Schmerz nicht ertragen, den Verlust nicht ausgehalten. Nun liegt sie neben ihrem geliebten Gemahl und wird ihn auf seiner letzten Reise begleiten. Balders Hengst wird voll aufgesattelt auf das Schiff gebracht, um mit seinem Herrn zu gehen.

Das Feuer wird entzündet. Odin legt Draupnir, den Ring, auf den Sohn. Dies ist seine letzte Gabe an ihn. Er flüstert ein paar letzte Worte dem Toten ins Ohr. Thor hebt den Hammer, weiht mit ihm den Scheiterhaufen. Ein Zwerg mit Namen Lit läuft ihm versehentlich vor die Füße. Wütend stößt Thor mit dem Fuß nach ihm, schleudert ihn so versehentlich ins Feuer, wo er verbrennt.

Hell brennend fährt Hringhorni hinaus aufs Meer. Ich bin in Gedanken bei Helja und hoffe, dass sie Balder freundlich empfängt. Und dann entsinne ich mich Odins Ritt nach Helheim, wo er mit Gold bestreute Bänke sah, die, wie die Wala sagte, den Balder erwarten. Irgendwie finde ich Trost in diesem Gedanken.

Die Tage der Trauer machen alle Asen einsam. Jeder ergibt sich seinem Schmerz. Gespräche sind selten, Spiel unmöglich. Zwanzig Tage vergehen. Dann kehrt Hermod zurück. Alle laufen zu ihm auf dem Idafeld, bestürmen ihn mit Fragen. Jemand führt Sleipnir beiseite, um ihn zu versorgen. Ein anderer reicht Hermod einen Trank.

»Bist du in Helheim gewesen?«, will Frigg mit drängender Stimme wissen.

»Neun Tage ritt ich durch dunkle Täler«, erwidert Hermod, sie anschauend, »bis ich zum Gjöllfluß kam, dessen Brücke von einer riesischen Frau bewacht wird. Modgud heißt sie. Sie wollte mich aufhalten, da ich nicht tot sei.«

»Was geschah?«

»Sie wies mir nordwärts den Weg nach Helheim und warnte mich, denn wenn ich das Heltor durchquere, kann ich nicht wieder zurück. So habe ich Sleipnir fester gegürtet und ihm das Letzte abgefordert. Er hat es geschafft, über das Tor zu springen.« Hermod lächelt stolz, ehe er fortfährt: »Ich fand eine weite Halle. Dort hat Balder den Ehrenplatz. Es wird getafelt. Ich wusste nicht, dass Helheim so reich und friedlich ist.«

»Ich schon«, murmle ich vor mich hin, bin aber froh, dass es keiner versteht.

»Ich blieb die Nacht über bei Balder. Helja kam erst am Morgen zu uns. Ich habe ihr gesagt, wie sehr wir alle trauern, und verlangt, dass sie Balder freigeben möge. Aber sie hat nur gelächelt und gefordert, alles über Balders Tod zu hören. Und nachdem ich berichtete, wie alle Dinge schworen, ihm nicht zu schaden, da ging sie wortlos beiseite. Sie hat Sleipnir begrüßt, als würde sie ihn kennen und der Hengst ließ sich ihr Streicheln gefallen. Ich war sehr verwirrt.«

Bei diesen Worten wende ich mich etwas ab. Niemand soll sehen, wie sehr mich diese Worte erfreuen. Meine Tochter hat ihren Bruder erkannt und begrüßt. Sie hat mich so wenig vergessen wie ich sie. In diesem Gedanken liegt ein großer Trost für mich.

»So hat sie kein Mitleid mit unserem Schmerz?«, vergewissert sich Frigg erschüttert.

Odin sagt nichts. Vielleicht erinnert er sich eben daran, wie er Helja nach Ginnungagap schleuderte? Warum sollte dieses Mädchen Mitleid haben mit einem der Asen?

»Helja sagte, sie wolle erproben, ob Balder wirklich so geliebt gewesen sei«, antwortet Hermod. »Wenn alle Dinge ihn beweinen, lebende wie tote, dann soll Balder zurück zu den Asen fahren. Wenn auch nur ein Wesen widerspricht und nicht weinen will, wird sie ihn bei sich halten,

wie es ihr Recht ist. Balder begleitete mich selbst danach aus der Halle.« Er reicht Odin den Draupnir. »Hier, den Ring sendet er dir zurück.« Auch Frigg überreicht Hermod einige Gaben. »Diesen Überwurf sendet dir Nanna, liebste Mutter. Diesen Ring schickt sie Fulla.«
Er leert das Horn. Er ist erschöpft und braucht Ruhe, die man ihm nun endlich gewähren will. Und Odin gibt Befehl, dass Boten in alle Welten reiten mögen, um alle Dinge und Wesen aufzufordern, Balder aus Helheim durch Tränen zu lösen.

Ich ziehe mich zurück und sondere mich ab von den Asen. Oben auf Asgards Mauer stört mich niemand. Ich muss ein wenig allein sein, denn meine Trauer um Balder verliert an Gewicht. Helja weiß, wie Balder starb. Natürlich weiß sie das; von Balder selbst und auch von Hermod, der ihr vom Mistelzweig erzählte. Sie weiß, dass alles schwor, ihm nicht zu schaden und eines übersehen wurde. Sie weiß, dass ich irgendwie daran beteiligt bin. Und letztlich gibt sie Balders Rückkehr nun in meine Hand. Ich zweifle nicht daran, dass dies ihre wahre Botschaft ist; eine Nachricht an ihren Vater. Balder jetzt zu haben oder irgendwann später zu bekommen, das ist für sie ohne Bedeutung. Sollte es jedoch für mich wichtig sein, kann ich es nun selbst entscheiden. Ich kann weinen oder die Tränen verweigern. Balder, Asgards Freude, liegt in meiner Hand.

Thor setzt sich schweigend neben mich. Er ist der Einzige, der außer mir manchmal die Mauer besteigt. Ich spüre, wie er leidet. Eine Träne dringt aus meinem Augenwinkel. Sie gilt nicht Balder, sondern Thor. Er drückt kurz meine Hand.
»Du wolltest statt Hermod reiten, nicht wahr?«, fragt er mit leiser Stimme.
»Ich hatte keinen Gelegenheit dazu.«
»Ich weiß. Aber Helja ist deine Tochter. Wenn sie dich nicht vergaß, hätte sie dir Balder überlassen.«
»Sie vergaß mich nicht. Und wir sollten nicht über sie reden, jedenfalls nicht als mein Töchterchen, Thor. Du weißt, dass es verboten ist.« Er legt mir den Arm um die Schultern. Inzwischen ist ihm dieses Verbot seines Vaters wirklich egal. »Die Welten weinen um Balder. Womöglich kehrt er bald heim.«
»Und wenn nicht? Was geschieht, wenn Balder verloren ist? Wer wird ihn rächen?«
»Darüber denkst du jetzt nach?«, wundere ich mich.

»Das muss ich«, erwidert er düster. »Die Sitte verlangt Blutrache und einer der Brüder des Opfers muss sie leisten. Wer sich weigert, wird Vaters Achtung verlieren.«
»Und da denkst du daran, um deine Brüder zu schützen, dich selbst anzubieten?«, staune ich unverhohlen. »Hödur ist kein Brudermörder. Betrachte es als Unfall.«
»Ich habe den Mistelzweig gesehen.« Lange Zeit herrscht Schweigen zwischen uns, ehe er wieder spricht: »Freyr meint, dass nur mächtige Magie aus dem Ding eine Waffe machen kann - oder grenzenloser Hass. Außerdem ist es unwichtig. Die Tat verlangt Sühne, nicht die Absicht.«
»Du wirst jedenfalls nicht der Rächer sein«, beruhige ich den Freund. »Odin verlangt es von keinem von euch.«
Als die Wala offenbarte, wer Balders Mörder sei, fragte Odins sofort nach dem Rächer. Bisher verstand ich dies nicht. Nun denke ich, dass er vielleicht selbst nicht unter seinen Söhnen wählen wollte, wer dies tun müsse. Niemand weiß, dass ich dies erlauschte. Daran soll sich auch nichts ändern. Aber diese Sorge will ich von Thor nehmen. Seltsamerweise glaubt er meinem Wort, ohne eine Erklärung zu erwarten. Und noch besteht ja Hoffnung, dass Balder zurück nach Asgard kommen darf.

Rinda

Alle Welten weinen um Balder. Steine werden feucht, Erde durchnässt. Die Himmel weinen und mit ihnen alle Wesen, die unter ihnen leben. Nach und nach kehren die Boten Asgards heim. Gespannt erwartet man die Rückkehr der Letzten. Als diese dann eintreffen, verrät ein einziger Blick in die enttäuschten Gesichter, wie hoffnungslos die Lage ist.
»Niemand verweigerte die Tränen«, berichten sie. »Auf dem Rückweg fanden wir in einer Höhle beim Eisenwald eine Riesin. Sie sagte, sie heiße Thökk, was Freude oder Lohn bedeute. Freudig wirkte sie jedenfalls nicht. Als wir sie baten, Balder aus Helheim herauszuweinen, da sagte sie, dass ihr Auge trocken bliebe über Balders Ende. Er habe ihr weder im Leben noch im Tod genutzt. Helja möge ihn ruhig behalten. Wir baten und drohten. Es war zwecklos.«
Alle Hoffnung ist nun dahin. Die Trauer kehrt noch einmal ein in Asgard. Doch nun ist es wirklich Totentrauer. Es ist ein inneres Abschiednehmen vom geliebten Sohn, Bruder, Vater, Freund. Niemand hofft mehr auf seine Rückkehr. Am Ende wird der Alltag siegen und das Leben neue Kraft gewinnen.
Wer mag diese Thökk sein? Nennt sie sich Freude, weil sie den Asen schaden kann und ihr dies gefällt? Und Lohn, weil sie auf diese Art eine Art von Rache gibt? Dann könnte sie Gyge sein, Fenrirs Weib. Für mich macht das irgendwie Sinn. Aber es ist nicht wichtig genug, um dem nachzuforschen. Ich denke an Helja und auch an Balder. Niemand forderte mich auf, um ihn zu weinen. Wäre ich aber der Letzte gewesen, dessen Tränen nötig sind, ich vergösse sie in reichem Ausmaß. Das würde zumindest den noch immer gefangenen Hödur retten.

Odin hat Asgard verlassen. Niemand weiß, wohin er ging. Keinen seiner Söhne forderte er auf, Blutrache zu üben. Thor sagt mir, dass er im Gegenteil davon abriet, aber trotzdem verlangt, dass Hödur seine Räume nicht mehr verlässt. Odin bleibt lange fort. In Asgard bleibt das Gedenken an Balder wach, doch die Trauer weicht. Es ist nicht mehr wie zuvor. Doch es ist gut.

Ich war mit Thor unterwegs. Nun freuen wir uns auf unsere Familien und einige gemutliche Tage der Ruhe daheim. Odin ist nach langer Zeit wieder zurück. Thor geht sofort, den Vater zu begrüßen, während ich es

vorziehe, zuerst meine Familie zu sehen. Es ist schön, am Abend dann allein bei Sigyn zu weilen, sie zu riechen, zu spüren oder auch einfach nur anzuschauen.
»Ich liebe dich immer noch wie am ersten Tag«, flüsterte ich zärtlich an ihrem Ohr, ehe ich ihre Wange küsse.
Sie errötet ein wenig, was mir sehr gefällt. Sigyn kuschelt sich eng an mich.
»Ich wünschte, alle Männer wären wie du«, sagt sie leise.
»Und ich wünschte, ich wäre aufmerksamer«, sage ich da. »Wie konnte es mir entgehen, dass du Kummer hast? Wer hat dich gekränkt?«
»Niemand, Lieber«, versichert sie schnell. Dann, sehr nachdenklich, fährt sie fort: »Odin ist zurück. Er hat eine Frau mitgebracht, ein halbes Kind noch. Sie ist wohl schwanger. Ich weiß nicht, wer ihr was angetan hat. Aber sie schreit auf, wenn ein Mann in ihre Nähe kommt. Und sie weint den ganzen Tag.«
»Wo ist sie?«
»Zuerst sollte sie in Fensalir leben, doch Frigg war entschieden dagegen. Nun ist sie in Breidablik, das ja verwaist steht. Gefion, Snotra und Var kümmern sich rührend um sie. Auch andere Asinnen tun das. Aber niemand dringt zu ihr vor. Ich habe nie so viel Schmerz und Leid in einem Mädchen gesehen.«
»Und da wähnst du, dass die Ursache ein Mann sein muss?«
»Würde sie sonst schreien, wenn sie einen der Asen auch nur zu Gesicht bekommt? Selbst Freyr, von dem nun wirklich kein Übel ausgeht, kann sich ihr nicht nahen.«
»Das ist übel.« Ich ahne Schreckliches. »Und du sagst, Odin brachte sie? Wie ist ihr Name?«
Ich kenne die Antwort schon. Als Sigyn sie Rinda nennt, sind meine Befürchtungen bestätigt. Eine tote Wala bestimmte dieses Mädchen zur Mutter des Rächers Balders. Und Odin tut alles, um diese Weissagung zu verwirklichen. Nach dem, was Sigyn hier andeutet, machte er sich jedenfalls nicht die Mühe, um sie zu werben und sie dann in gelockter Leidenschaft zu verführen. Mir missfällt das. Und allem Anschein nach missfällt es auch den Frauen in Asgard; zumindest diesen.

In der kommenden Zeit sehe ich, wie sich die Asinnen wirklich alle sehr um das verstörte Mädchen bemühen. Rinda ist nie wirklich allein. Die Frauen vermitteln ihr Fürsorge und auch Schutz, denn keinem Mann ist es erlaubt, Breidablik zu betreten. Es dauert lange, bis Rinda sich das erste Mal aus der Burg wagt und sich auf eine Bank im Park vor dem Tor

dort setzt. Rinda kommt nieder. Sie gebiert einen Sohn, den man Wali nennt. Sie will ihn nicht einmal sehen. Sie vergräbt sich weiterhin in Breidablik. Irgendwann lockt sie ein schöner Tag wieder ins Freie. Ich sehe sie nur von Ferne. Freyja sitzt neben ihr, hält ihre Hand. Ich weiß nicht, worüber sie reden. Ich wundere mich nur, weil Rinda irgendwann den Kopf hebt und in meine Richtung sieht. Ich lächle ihr freundlich zu, verneige mich leicht in ihre Richtung und gehe meiner Wege. Weit komme ich nicht.
»Loki«, ruft mich Freyja an, die rasch zu mir kommt. »Hast du Zeit?«
Ich wende mich um, sehe Snotra und Gefion bei Rinda. Freyja tritt nahe zu mir.
»Wenn ich dir - oder diesem Mädchen - helfen kann, so sprich nur«, biete ich mich an.
»Es wird dir nicht gefallen«, warnt sie etwas unruhig.
»Oha, was du angestellt?«, erkundige ich mich belustigt, ergreife aber zugleich in beruhigender Geste ihre Hände.
Sie weicht meinem Blick aus, als sie mir jetzt in wenigen Worten von Ottar erzählt. Dieser Ottar ist ein Mensch; einer von denen, der Freyja treu anhängt, ihr sogar einen Tempel errichtete, und dem sie darum helfen will, sein Erbe zu gewinnen, wofür er seine Ahnenreihe kennen muss. Um diese zu erfahren, verwandelt ihn Freyja in einen Eber, auf dem sie nach Riesenheim reitet, wo sie die Riesin Hyndla aus dem Schlaf weckt, sie als Schwester umschmeichelt und nach Walhall einlädt. Hyndla reitet auf ihrem Wolf neben Freyja und lässt sich von ihr ausfragen, zumal Freyja verspricht, sogar Thor zu bitten, der Riesin gewogen zu sein. Sie trennen sich lange vor Asgard und das nicht mit guten Worten. Freyja erreichte ihr Ziel; Ottar erfuhr seine Ahnenreihe.
Freyja hebt meine Hände vor ihre Brust. Ihr Griff ist nun sehr fest, gerade so, als wolle sie mich an jeder Reaktion hindern.
»Hyndla sprach auch von dir, Loki. Sie redete von Angrboda. Und von Sleipnir. Und von einem Frauenherz, das du gegessen hast und das dich so schwängerte.«
»Wem hast du es erzählt?«, will ich angespannt wissen.
»Niemandem, Loki. Ich schwöre es. Naja, bis auf vorhin, als ich Rinda beruhigen wollte und ihr erklären, dass auch ein Mann fühlen kann wie eine Frau.«
»Odin?« Sie schüttelt den Kopf. »Sleipnirs Herkunft kennt er jedenfalls«, murmle ich da düster. »Und du verachtest mich jetzt?«
»Ich liebe dich«, antwortet sie schelmisch, tritt nun aber einen Schritt zurück und lässt mich los. »Wäre Sigyn nicht eine liebe Freundin, wüsste

ich dich zu verführen.« Sie wird sehr ernst. »Ich fürchte, Rinda ist vergewaltigt worden. Das ist etwas, wozu kein Mann ein Recht besitzt. Sie spricht nicht darüber. Man muss das Leiden aber ins Licht der Worte bringen, um genesen zu können. Und sie vertraut sich keinem an.«
»Wie sollte ich da helfen können?«, wundere ich mich.
»Ich glaube, Rinda ist bereit, dir zu begegnen. Das ist sehr bedeutsam, denn seit einem Jahr durfte ihr kein Mann mehr nahen; sie nicht einmal anschauen. Begleitest du mich bitte zu ihr.«
Das Mädchen, das jetzt Mutter ist, sitzt immer noch auf der Bank neben Breidabliks Eingang. Sif und Sigyn stehen in der Nähe. Als wir nahen und Freyja ihnen zunickt, entfernen sie sich ein Stück weit. Rinda ist völlig verkrampft, knetet ihre eigenen Hände, hat jeden Muskel angespannt. Aber sie sieht mich an, angstvoll zwar, doch immerhin mit offenen Augen.
»Das ist Loptr, den wir Loki nennen«, stellt mich Freyja vor.
»Du bist Ase?«, flüstert Rinda angstvoll.
»Mein Vater ist Jöte, meine Mutter Wane«, erwidere ich ehrlich. »Aber meine Gemahlin ist Asin. Es ist nicht so wichtig, welcher Rasse jemand angehört.«
»Ich bin ein Mensch«, flüstert sie mit sehr, sehr leiser Stimme.
Ich denke daran, dass das nicht mehr gelten kann, da sie Odin einen Sohn gebar und nun bei den Asen aufgenommen ist.
»Das sind Thialfi und Röskwa auch«, sage ich aber nur.
»Hier sind Menschen?«, staunt sie, sich ein klein wenig entkrampfend.
»Sie gehören zu Thor. Möchtest du sie kennenlernen?« Rinda schüttelt den Kopf. Sie will nichts mehr, nie mehr. Innerlich ist sie völlig leer.
»Darf ich mich zu dir setzen?«
Sie nickt tapfer, atmet aber sichtbar auf, als ich mich zwar auf der Bank niederlasse, doch ganz am Ende, so dass viel Raum zwischen uns bleibt. Freyja geht zu Sif und Sigyn, redet leise mit ihnen. Rinda schweigt und ich teile ihr Schweigen. Stunde um Stunde vergeht. Die Nacht überschattet Asgard, als sie sich erhebt.
»Danke«, sagt sie da nur, ehe sie rasch Breidablik betritt.

Zwei Tage später erzählt mir Sigyn, wie Rinda alles über mich von ihr erfahren wollte. Es ging ihr nicht um irgendwelche Geheimnisse dabei, sondern um die Ahnung eines Alltags, wie er in meiner Familie gelebt wird. Sie möchte mich noch einmal sehen. Wieder wartet sie auf der Bank, wieder setze ich mich mit Abstand zu ihr und schweige.
»Warum tut ihr Männer das?«

Sie haucht diese Frage so leise, dass ich sie kaum verstehe. Und sie starrt dabei auf ihre eigenen Finger. Ich könnte nun von Odin reden und seiner fast grenzenlosen Macht, die ihn wohl jede Rücksicht vergessen ließ. Oder von der Wala, von Balder, von der Pflicht der Blutrache. Aber danach fragte sie nicht.

»Es mag viele Gründe geben«, erwidere ich sacht. »Und ich fürchte, kein Mann kann auch nur in Ansätzen ahnen, was er damit in einer Frau zerstört.«

»Du kannst es, Loki?«

»Nicht wirklich«, gebe ich zu. »Mir geschah nie solche Gewalt.«

Es arbeitet in ihr. Es kostet sie Mühe, aber dann sagt sie doch:

»Du hast Sleipnir geboren.«

Ich antworte nicht sofort. Schließlich hebt sie das Haupt und schaut mich endlich an. Ich lächle, was sie erleichtert zur Kenntnis nimmt, fürchtet sie doch, mich eben gekränkt zu haben.

»Er ist mein Sohn«, gebe ich zu. »Hast du ihn gesehen?« Sie nickt zögernd. »Er ist prachtvoll. Ich bin stolz auf ihn. Und auch sein Vater ist prächtig gewesen.«

»Du wolltest empfangen und gebären?«, stammelt sie entsetzt.

Ich lache leise auf. Nie zuvor konnte ich darüber reden. Aber hier, bei Rinda, erscheint es mir irgendwie völlig natürlich, genau dies zu tun.

»Eine rossige Stute, wie ich es war, will immer den stärksten Hengst für sich gewinnen. Die Geburt war sehr schwer. Aber den eigenen Sohn dann das erste Mal spüren, seine ersten Schritte sehen, in seine großen Augen schauen - das ist jede Mühe und alle Schmerzen wert. Sigyn gebar mir zwei wunderbare Söhne. Ich bin stolz auf sie; ein glücklicher Vater. Aber Mutter zu sein, Rinda, das ist ein ungleich größeres Wunder. Und es ist etwas, um das alle Männer die Frauen beneiden.«

»Ich könnte darauf verzichten«, stößt sie da aus.

Jetzt hat sie Tränen in den Augen. Snotra nähert sich. Erstaunlicherweise schickt Rinda sie fort. Sie will jetzt wirklich allein sein mit mir. Und dann erzählt sie mir, was geschehen ist.

Rindas Vater beherrscht ein weites Land. Zu ihm kam unerkannt Odin und bot sich an, ihm als Kriegsherr zu dienen. Odin führt das Reiterheer in die Schlacht, erringt einen gewaltigen Sieg und wird mit Geschenken und Ehren überhäuft. Der Herrscher nennt ihn nun seinen Freund. Wenig später schlägt Odin allein mit Gungnir bewaffnet ein Herr in die Flucht, was große Verwunderung, aber auch Bewunderung auslöst. Erst jetzt, da er dem Reich unverzichtbar erscheint, gesteht er dem

Herrscher seine Liebe zu dessen Tochter Rinda. Der ermutigt ihn, sich dem Mädchen zu nahen. Und so bittet Odin sie um einen Kuss. Sie sieht aber nur einen alten Mann mit Schlapphut in ihm. Ihre Antwort ist eine schallende Ohrfeige!

Odin verlässt das Land, kehrt später in anderer Verkleidung mit geschwärztem Gesicht zurück. Nun nennt er sich Roster und behauptet, ein kunstfertiger Schmied zu sein. Zum Beweis seiner Kunst legt er wertvolle Stücke vor. Der Herrscher nimmt ihn in Dienst, stellt ihm Gold zur Verfügung und weist ihn an, Schmuckstücke für die Frauen zu fertigen. Da schmiedet er ein wahrhaft kostbares Armband und einige wertvolle Ringe, die er Rinda schenkt. Als er sie zum Lohn küssen will, muss er ihren Fausthieb hinnehmen. Ihr Vater schilt sie, weil sie das Werben so heftig ablehnt. Doch Rinda bleibt stur. Sie sei viel zu jung, um sich jetzt schon zu vermählen. Und Roster sei viel zu alt, um ihr zu gefallen. Wieder zieht er sich zurück.

Odin kehrt ein drittes Mal zurück. Seine Zauberkraft genügt, ihm ein gefälliges Äußeres zu verleihen, nun sieht sie ihn inmitten anderer Krieger, wo er viel Aufsehen erregt. Nachdem auch Rinda ihn nun ansieht, wähnt er sich am Ziel. Er versucht, sie zu küssen. Doch das Mädchen stößt ihn so heftig zurück, dass er fällt. Diese Schmach ist zu viel für den, der über ganz Asgard herrscht. Odin beherrscht Seidhr. Er kennt jeden Zauber, auch die Macht der Runen. Da er sie durch Werben nicht gewinnen kann, greift er ein mit Runen gestärktes Rindenstück und berührt sie damit. Dieses Holz allein vermag nichts. Der Zauber jedoch wirkt und das Mädchen verfällt dem Wahnsinn.

Ein viertes Mal kehrt Odin in das Reich zurück. Nun trägt er Frauenkleider und nennt sich Wecha. Er gibt sich dienstfertig und nennt sich heilkundig. Die Herrscherin nimmt ihn als Dienerin an, betreut ihn mit der Pflege der kranken Tochter. Alle halten ihn für eine Frau, weshalb er Rinda waschen und berühren kann. Da nimmt er den Zauber so weit von ihr, dass ihr Denken aufhellt. Doch weiterhin hält er sie abhängig von seiner Heilkunst. Sie leidet Schmerzen. Er verspricht, dass es ein Heilmittel gibt. Doch sei dieser Trank so scharf, dass sie es nur aushalte, wenn sie gebunden sei. Der eigene Vater befiehlt Rinda auf ihr Lager, wo er sie festbinden lässt und von ihr verlangt, alles geschehen zu lassen, was die heilkundige Dienerin tun wolle.

Odin schickt alle hinaus, was niemandes Misstrauen erregte, hält man ihn doch für eine Frau. Das Mädchen windet sich in Schmerzen und Fieber. Aber ehe er sie heilt, vergewaltigt er sie und zeugt so den Wali.

Fassungslos vernehme ich diese Geschichte, die meine schlimmsten Befürchtungen übersteigt. Rinda weint hemmungslos, von krampfartigem Schluchzen unterbrochen. Ich sitze neben ihr. Mein Arm liegt um ihre schmalen Schultern, ihr Kopf ruht an meiner Brust. Ich weiß nicht einmal, wann ich die Ferne aufgegeben habe. Ich weiß nur, dass sie es jetzt braucht, dass jemand sie festhält und keines ihrer Worte infrage stellt.
Unzählige Asinnen stehen im Park, starren uns an. Sie alle ahnen, dass diese Tränen nichts mit mir zu tun haben. Sie eilen aus Sorge um Rinda herbei. Und aus Liebe zu ihr halten sie Abstand.
Ich stelle keine Fragen. Das wäre nicht angemessen. Rinda zeigt mir ihre tiefen seelischen Wunden. Ich habe kein Recht, meinen Finger hineinzulegen. Lange weint sie. Als ihr Schluchzen verebbt, rückt sie von mir ab. Sie wirkt nun verlegen.
»Hast du keine Angst?«, fragt sie schüchtern.
»Wovor denn?«
»Dass Odin erfährt, wie du hier bei mir bist.«
»Du bist nicht sein Eigentum, Rinda. Und Asgard ist kein Gefängnis.«
»Du meinst, es wird sich nicht wiederholen?« Ich nicke nachdrücklich, wohl wissend, dass Odin kein weiteres Interesse an ihr hat. »Und was kann ich tun, wenn er nach mir verlangt?«
»Du bist nicht allein«, beruhige ich sie. »Schau dort, wie alle Frauen Asgards wachsam in deiner Nähe sind. Wenn er wirklich ruft, gehst du in Begleitung zu ihm.«
»Er würde sie wegschicken«, vermutet sie ohne jede Hoffnung.
Ich lache leise und fast zärtlich.
»Keiner dieser Frauen würde einer solchen Aufforderung nachkommen«, verspreche ich überzeugt. »Und obwohl du es jetzt noch nicht glauben kannst: Auch keiner der Männer hier würde wegschauen, wenn du um Hilfe rufst.«
Sie zweifelt, gibt das auch zu. Aber sie klammert sich auch an meine Worte als Hoffnung. Es dauert. Tiefe Wunden verheilen nie. Aber sie vernarben. Der Schmerz bleibt, wird aber mehr und mehr erträglich. Irgendwann, lange Zeit später, sehe ich Rinda mit ihrem Sohn im Park. Und noch später wagt sie sich von Breidablik weg, beschaut Asgard. Sie spannt sich an, wenn einer der Männer in ihrer Nähe vorbei geht. Aber sie flüchtet nicht mehr.
Irgendwann stehe ich bei Gerda, Freyja und Freyr. Wir unterhalten uns, als Rinda in der Nähe vorbei geht. Sie führt den kleinen Sohn an der Hand, bleibt stehen und schaut zögernd zu uns. Freyr nickt ihr grüßend

zu, beachtet sie dann aber nicht weiter. Diese Geste gibt ihr Kraft. Rinda kommt zu uns, nimmt am Gespräch teil. Ich freue mich. Sie hat es, nach Jahren, endlich geschafft, ihre Isolation zu durchbrechen und ein Stück Normalität gewonnen.

Der kleine Wali weiß, weshalb er geboren wurde. Wer immer es ihm sagte, er muss den Knaben tief beeindruckt haben. Denn Wali ist noch ein Kind, als er Hödurs Gemächer aufsucht. Die Wachen dort halten ihn nicht auf. Es ist wohl nicht schwer, einen Blinden zu töten, der ohnehin nur noch auf diese Stunde wartet. So wird Wali zum Rächer Balders, wie die Wala es Odin sagte.
Odin ist es zufrieden. Frigg weint um Hödur, dessen Brüder die Notwendigkeit der Blutrache zwar anerkennen, sich aber trotzdem schwer damit tun, Wali als Freund und Bruder zu betrachten. Und Rinda, die selbst Gewalt erfuhr, erschrickt vor der Gewalt des Sohnes, von dem sie sich nun wieder abwendet. Da Wali das Gesetz der Blutrache erfüllte und dafür nicht belangt werden kann, weiß nun ganz Asgard, wer sein Vater ist. Und die Art, wie Rinda Odin ausweicht, verrät ohne Worte, wie sie einst empfing.

Frigg weiß inzwischen, dass Rinda nicht Odins Geliebte ist und somit nicht ihre Nebenbuhlerin. Sie wendet sich tröstend der jungen Frau zu. Es ist eine seltsame Solidarität unter den Frauen Asgards entstanden. Ohne Worte, nur durch Gesten und Verhalten, stellen sie sich alle auf Rindas Seite. Keine toleriert, was Odin tat. Offen spricht niemand darüber. Trotzdem nehmen die Frauen, gewollt oder nicht, Einfluss auf ihre Männer. Odin verliert immer mehr an Achtung. Sein Ansehen sinkt. Es wird unerträglich, auch für ihn. Er ruft mich zu sich.
»Ich werde Asgard verlassen«, eröffnet er mir. »Da alle Götter der Ansicht sind, ich habe eine Buße zu leisten, begebe ich mich selbst in die Verbannung, bis ich zurückgerufen werde.«
»Wir haben Jahre nicht mehr vertraut miteinander gesprochen«, erwidere ich nachdenklich. »Ist dies ein Abschied?«
»Das muss es nicht.« Er lächelt, doch ohne Herzlichkeit. »Weißt du noch, wie wir einst durch Midgard wanderten. So oft hast du gewünscht, das zu wiederholen. Wir haben beide Buße zu tun. Warum also nicht gemeinsam?« Ich sehe ihn fragend an. »Ich weiß wohl, wer Hödur den Mistelzweig gab«, fügt er da bedeutsam an.
»Du wusstest auch, wer Balders Mörder wird und hast es nicht verhindert«, antworte ich da.

»Niemand kann dem Netz der Nornen entrinnen, Loki. Was geweissagt ist, wird geschehen. Wir können es nur hinauszögern, aber nicht hindern. Ich möchte, dass du mit mir kommst. Es ist die letzte Gelegenheit, unsere Freundschaft noch einmal neu zu beleben. Wir hatten doch gute Tage zusammen, nicht wahr?«
»Die hatten wir wirklich.« Mir fällt gerade auf, dass ich Odin immer noch mag. »Und wie ich mit Thor nach Thrymheim ging, so gehe ich auch mit dir, wohin immer du gehen musst.« Ich zögere. Erfreut schaut er auf. »Sofern du mir erklärst, was du mit dieser letzten Gelegenheit meinst. Es ist eine Chance für unsere Freundschaft, wie ich sie mir immer gewünscht habe. Aber für dich ist es etwas anderes, nicht wahr?«
»Du hast dich verändert«, stellt er fast erstaunt fest.
»Ich denke, da ist niemand, der diese Ansicht teilt. Verändert hast du dich. Einst, als wir Brüder wurden, da war es dein Bestreben, Welten zu erschaffen; auch zu ordnen und zu bewahren. Du warst mit so viel Freude bei der Sache. Wo ist deine Freude hin, Odin? Du hast sie eingetauscht gegen das, was du Weisheit und Erkenntnis nennst. Der Preis war zu hoch.«
»Das verstehst du nicht«, wehrt er unwirsch ab.
»Was ja wohl bedeutet, dass du anderer Ansicht bist«, stelle ich fast erheitert fest. Aber dann werde ich ernst: »Das wäre in Ordnung, wenn du deiner eigenen Erkenntnis folgen würdest. Aber du lässt dich leiten von der Schau der Seherinnen. Sie haben dich zu Rinda geschickt.«
»Willst du mir das jetzt auch vorwerfen?«, fährt er mich da an.
»Ich will immer noch eine Antwort auf meine Frage«, berichtige ich. »Letzte Gelegenheit, aber vor was, Odin? Was kommt danach?« Er schweigt, weicht meinem Blick aus. Doch ich will es jetzt wissen. »Die Seherinnen sagen dir, dass ich das Unheil für die Asen bringe. Deshalb hast du meine Kinder gebunden. Und deshalb wirst du mich binden. Ist es so?« Er schweigt. »Ich verstehe. Du bietest mir eine Zeit der Freundschaft, solange du Asgard fern bist. Kehrst du irgendwann zurück, endet meine Freiheit. Ist es so?«
»Wir sind Brüder, Loki, keine Feinde. Niemand empfindet mehr Schmerz als ich beim Gedanken daran, dass ausgerechnet du unser Unheil bringen wirst.«
Ich hasse es, wenn er so spricht. Zornig ziehe ich mein Schwert, halte ihm den Griff entgegen.
»Dann töte mich und verhindere, was du befürchtest«, verlange ich.
»Das haben die Nornen nicht vorgesehen«, lehnt er ab.

Seine Stimme klingt alt, resigniert. Er nimmt sein Bündel. Odin hat sich bereits von den Seinen verabschiedet. Er verlässt Gladsheim, geht fort aus Asgard. Ich bleibe mit ungutem Gefühl zurück. Er bot mir Freundschaft auf Zeit. Doch wenn er meine Zeit begrenzt, so soll meine Freundschaft bei denen sein, die bereit sind, sie endlos zu pflegen.

Ägir

Nachdem Odin Asgard verließ, leben seine Brüder Vili und Ve in Gladsheim. Sie waren es, die mit ihm den Urriesen Ymir erschlugen und die Welten formten. Sie sind es, die ihn nun in allem vertreten. Odin wird vermisst. Doch diese Buße hält jeder für nötig. Niemand hinterfragt sie.
Ich ziehe wie bisher mit Thor gegen nach Midgard einfallende Riesen. Wir haben viel Spaß miteinander; beim Kämpfen ebenso wie beim Reisen allgemein oder den gemeinsamen Stunden in Asgard. Es sind gute Jahre. Ich genieße jeden einzelnen Tag.
Niemand weiß, wohin Odin ging. Er kann überall sein und immer unerkannt bleiben. Nicht nur, dass auch er es versteht, die Gestalt zu wandeln. Er beherrscht noch weitaus mehr die Kunst der Täuschung. Wenn er nicht erkannt sein will, ist er es nicht. Über zweihundert Namen gab er sich; die meisten sind überliefert. Wer aber Namen und Form wandeln kann, ist wie unsichtbar.
Wenn auch Asgard ihn noch nicht vermisst, Midgard tut es. Die Menschen opfern ihm weiter. Doch er ist kein Gott der Nähe mehr. Seine Lehren verblassen. Gastfreundschaft, Mut und Tapferkeit, Sippentreue und Mäßigung - einst sangen sie die Lieder des Hohen und richteten sich an deren Tugenden aus. Das endet nun. Es geschieht nicht von heute auf morgen. Doch die Zeichen mehren sich für den Zerfall all dessen, was Midgard Sicherheit gibt. Und Asgard beginnt, nach Odin zu rufen.

In diesem Winter habe ich Thor auf seiner Ostfahrt begleitet. Zum ersten Mal bin ich bei ihm in den ewigen Schlachten gegen die Frostriesen, die Midgard immerzu bedrohen. Auch er weiß, dass sich die Zeiten änderten und sich vieles wenden wird. Manches Mal sprechen wir darüber. Doch er grübelt nicht. Er erfüllt seine Aufgabe. Ich liebe es, zu sehen, wie er sich selbst immer treu bleibt. Er hat sich nicht verändert; ist nach wie vor ein Hort der Ruhe und Zuverlässigkeit. Wir rasten auf dem Heimweg in einer halb verfallenen Hütte, wo ein Feuer uns wärmt.
»Willst du mir versprechen, auf meine Familie zu achten?«, bitte ich den Freund, als der Schlaf mich meidet.
Thor ist sofort hellwach, neigt sich mir mit forschendem Blick zu.

»Wovon redest du?«
»Odin dürfte inzwischen wieder in Asgard sein«, erwidere ich gefasst. »Das bedeutet, dass ich nicht mit nach Hause kommen kann. Ich habe versucht, Sigyn und die Jungen von einem Leben fern Asgards zu überzeugen. Doch sie wollen nicht fort. Ich kann es verstehen.«
»Wenn du Streit mit Vater hattest, ist er sicher längst vergessen«, sucht Thor nach beruhigenden Worten.
»Wir hatten keinen Zwist. Du wirst es verstehen, wenn du in Asgard bist. Vermutlich gibt es schon den Befehl, mich zu binden.«
»Warum?«
»Aus demselben Grund, aus dem auch Fenrir gebunden ist - weil eine Weissagung das so schildert und weil dein Vater alles tun wird, um diese Schau zu verwirklichen.«
»Aber das ist unsinnig. Ich werde mit Vater reden, Loki. Wo finde ich dich, wenn dieses dumme Missverständnis bereinigt ist?«
Ich gebe keine Antwort, da ich nicht weiß, wohin ich gehen will. Thors Hoffnung, Odin umzustimmen, wird sich ohnehin nicht erfüllen. Aber es tut mir gut, dass er es versuchen will. Und ich weiß auch, dass er auf meine Familie achten wird. Odin sagte einmal, dass ein Mann nichts Besseres finden könne als einen aufrichtigen Freund. Er hat keine Ahnung, wie recht er hat. Als Thor schläft, verlasse ich geräuschlos den Freund. Er reist schneller ohne mich und ich habe nun ohnehin einen anderen Weg.

Ägir ist ein Meeresriese, der bei der Insel Hlesey wohnt. Manches Mal kommt er nach Asgard. Ich entsinne mich der Feste, die man dem Zauberkundigen gab. Odin ließ Schwerter in der Halle anbringen, die so glänzend waren, dass das Feuer in ihnen so hell widerschien, dass keine weitere Beleuchtung nötig war. Ägir führte oft lange und tiefe Gespräche mit Bragi. Der Skalde erzählte mit Vorliebe davon, wie ich einst Idun aus Asgard lockte.
Daran erinnere ich mich, als ich höre, dass Thor von Ägir ein Gegenfest fordert. Wie der Riese in Asgard bewirtet wurde, so soll dieser nun die Asen bewirten in seinem Land. Ägir ist alles andere als begeistert und behauptet, er besitze keinen Braukessel, der groß genug sei, um für so viele Gäste zu sieden. Man erzählt mir, dass Thor zusammen mit Tyr gen Osten reiste, um dort dem Riesen Hymir dessen Kessel zu stehlen.
Ich habe Thor nun Jahre nicht gesehen und hoffe, ihn fern von Asgard dort treffen zu können. Ich bin sicher, dass er mich nicht binden wird. Und Tyr ist, einarmig, kein Gegner für mich.

Auf halbem Weg zwischen der Halle des Hymir und Asgard sehe ich Thors Wagen. Der große Braukessel steht dabei. Einer der Böcke lahmt, was sie zur Rast zwingt. Ich stehe oben am Hügel und warte, bis Thor den Blick hebt. Dann spricht er hastig mit Tyr, der sich um den Bock kümmert. Wenig später ist er bei mir, umarmt mich mit stürmischer Herzlichkeit. Ich führe ihn ein Stück beiseite.
»Es ist wohl besser, wenn Tyr mich nicht sieht.«
»Er ist nicht dein Feind«, brummt Thor da nur.
»Ich will nur nicht, dass er sich gegen Odin stellt - oder mich. Aber dich wollte ich sehen, Freund. Ich hoffe, es belastet dich nicht.«
Thor lacht.
»Ich freue mich«, verspricht er heiter, während er mich zu sich auf den Boden zieht.
Nahe lagern wir beieinander. Er erzählt mir von Sigyn, Narfi und Vali. Dann auch von seiner Familie und all denen, die in Asgard leben. Die meisten von ihnen vermisse ich wirklich.
Er erzählt von seinem Abenteuer, das ihn mit Tyr zu Hymir führte. Sie wurden nicht freundlich willkommen geheißen, aber doch bewirtet.
»Drei Stiere hat Hymir für uns geschlachtet und er war übel gelaunt, nachdem ich zwei davon allein verzehrte.«
Tags darauf ruderte Thor mit Hymir hinaus aufs Meer, um dort eine Mahlzeit zu fangen. Sie ruderten weit hinaus; viel weiter, als Hymir sich jemals traute. Ein Stierkopf diente als Köder. Hier verstummt der Freund.
»Ich weiß wohl, dass du mit Jörmungandr kämpftest«, helfe ich ihm aus der Verlegenheit. »Ich habe die Erschütterung in mir verspürt, als mein Sohn in Gefahr geriet. Und wer anderes als du sollte ihn bedrängen können? Was gab es?«
»Ob du es glaubst oder nicht, Loki: Dein Sohn schläft.«
»Ich weiß«, antworte ich lächelnd.
»Er gähnte, als er den Köder haschte. Verzeih, Freund, aber ich dachte dabei nicht an dich oder daran, dass dies dein Sohn ist. Eher an Utgardloki und das üble Spiel, das er mit uns trieb.«
Es ist ihm unangenehm, davon vor mir zu reden. Doch er kränkt mich nicht durch Schweigen. Also berichtet Thor, wie er Jörmungandr vom Grund des Meeres zu sich herauf zog, wie die Wellen schäumten, die Erde zusammenzuckte, wie er selbst durch einen Ruck der Midgardschlange längs aufs Boot fiel. Er stemmte sich heftig dagegen, durchbrach mit einem Fuß den Boden. Jörmungandr starrt ihn von unten her an, bläst giftige Schwaden. Das Wasser färbt sich grün. Hymir

erbleicht. Seine Angst ist grenzenlos. Nie zuvor sah er ein solches Ungeheuer. Thor schwingt den Mjölnir. In diesem Augenblick durchschneidet Hymir das Angelseil. Der Hammer trifft den sinkenden Jörmungandr am Kopf. Thors nächster Hieb gilt dem Riesen, der ihn um diesen Sieg brachte.
»Ich weiß nicht, ob dein Sohn das überlebt hat«, gibt Thor zerknirscht zu.
Ich drücke ihm aufmunternd und zugleich besorgt die Hand.
»Du hast ihn verletzt, doch nicht getötet«, versichere ich. »Ich würde es spüren, wenn es anders wäre. Aber ich beschwöre dich, Thor: Tritt nie wieder gegen Jörmungandr an. Es wäre dein Tod.«
»Ich werde mich künftig auf kleinere Fische beschränken«, erwidert er, erleichtert, weil ich ihm nicht zürne.
Er erzählt noch, wie er mit Hymir und seinen Gefolgsleuten kämpfte und dass er nun mit Tyr unterwegs ist, um Ägir den Kessel zu bringen.
Wir beide haben die Zeit aus den Augen verloren. Tyr muss lange warten, ehe Thor wieder zu ihm kommt. Vermutlich ahnt er, wer Thor aufgehalten hat.

Ich begebe mich nach Midgard. Es ist schlimmer geworden dort. Krieg herrscht zwischen den Menschen. Es sind nicht die Schlachten, die es immer gab; nicht der Kampf um Ehre oder Land. Die Sippen zerbrechen. Brüder fallen übereinander her. Habgier herrscht. Ehre gilt nicht mehr viel. Beilalter, Schwertalter, wo die Schilde klaffen, Windzeit, Wolfszeit. Odins Rückkehr nach Asgard hat die alten Sitten nicht mehr neu beleben können. Im Krieg rufen die Menschen Odin und Tyr und bitten um Sieg. Bei anstürmenden Jöten rufen sie nach Thor. Bei bedrohten Ernten flehen sie Gerda und Freyr um Schutz. Das hat sich nicht geändert. Aber es gibt keine Ordnung mehr. Und einige, die daran verzweifeln, rufen plötzlich nach mir, der ich außerhalb jeder Ordnung stehe. Es sind nicht die Starken, deren Schwert ihren Willen verkörpert. Es sind jene, die kein Schwert zu führen vermögen. Ich kann vielen helfen, indem ich ihnen Wege zeige, mit List statt mit Gewalt zu überleben. Aber ich kann nicht aufhalten, was begann.

Der Winter naht. Ägirs Kessel ist gefüllt. Er hat Bier gebraut für die Asen, die alle zum Festgelage geladen sind. Hlesey gehört nicht zu Asgard; die Insel ist in Riesenland. Und der Ort eines solchen Festgelages gilt immer als heilige Stätte. Ich könnte es also wagen, dorthin zu gehen, denn dort kann mich niemand ergreifen. Und ich sehne mich nach den alten

Freunden. Außerdem hege ich die Hoffnung, dass auch meine Familie eingeladen ist. Und nichts wäre schöner, als Sigyn und die Söhne wieder einmal zu sehen, zu umarmen und einfach ihre Nähe zu spüren. Ich gehe das Wagnis ein.

Vor Ägirs Halle treffe ich Eldir. Er ist Ägirs Diener und hat heute viel zu tun. Nach einem Gruß frage ich, wer die Gäste seien. Thor ist schon auf Ostfahrt und also nicht hier. Doch Sif ist gekommen. Auch Odin und Frigg, Bragi mit Idun, Tyr, Njörd, Skadi, Widar, Freyr und Freyja sowie Freyrs Diener Byggwir und Beyla und außerdem eine ganze Reihe anderer Asen und Alfen. Ich bin enttäuscht. Meine Söhne und Sigyn sind nicht geladen. Besorgt frage ich mich, ob sie in Asgard ausgegrenzt werden. Aber es sind wohl auch andere nicht zugegen. Gerda, Fulla, Snotra und viele, die ich kenne, fehlen. Bedenken sind nicht am Platze.

»Worüber reden die Asen denn bei Tisch?«, erkundige ich mich.

»Wovon Krieger so reden«, antwortet Eldir offen, »eben von Waffen und ruhmreichen Kämpfen. Du solltest gehen, Loptr, denn von dir spricht niemand ein gutes Wort.«

Ich verstehe. Odins Befehl, mich zu binden, verlangte natürlich nach Erklärung und so muss er mich inzwischen als Feind Asgards benannt haben. Ob sie wirklich alle das glauben? Ich muss das wissen, und sei es nur, um im Falle der Bestätigung endlich jedes Sehnen nach Asgard zu überwinden.

»Das will ich hören.«

»Das wird schmachvoll für dich«, warnt Eldir.

»Möglich«, ziehe ich in Erwägung, »doch wenn es um scharfe Worte geht, so bin ich ihnen wohl allen überlegen. Und ich denke, einige schulden mir durchaus ein offenes Wort.«

Eldir tritt beiseite und gibt mir den Weg frei. Und so betrete ich Ägirs große Halle, die er gänzlich mit Gold schmückte, in dessen Feuerwiderschein die Halle hell erleuchtet ist. Ich muss wider Willen schmunzeln. Einst schmückte Odin für ihn seine Halle mit Schwertern. Ägir übertrumpft ihn nun, auch um deutlich zu machen, dass er nicht weniger ist als die Asen und dass er sie eigentlich auch gar nicht bewirten wollte. Aber dann fällt mir auf, dass bei meinem Eintreten alle Gespräche erstarben. Keiner sagt mehr ein Wort. Zwar ruhen alle Blicke auf mir, doch keiner zeigt ein freundliches Erkennen. Ich habe in keiner der neun Welten jemals eine so vollkommene Ablehnung verspürt als hier in diesem Moment. Ich lasse es geschehen, bis sich die Stille zur absoluten Peinlichkeit steigert.

»Ihr kennt mich«, sage ich dann und wundere mich, wie laut meine Stimme in der Halle klingt. »Ich habe einen weiten Weg hinter mir. Wollt ihr mir keinen Trunk anbieten?« Keine Antwort; von niemandem. »Dann verlangt, dass ich gehen soll, und nennt mir guten Grund dafür.«

»Wir wissen schon, wen wir bei uns haben wollen«, ergreift da Bragi das Wort. Seit der Sache mit Idun steht er ausdauernd wider mich. »Du hast hier keinen Platz.«

Von jedem anderen hätte ich mich mit solchen Worten abweisen lassen. Aber Bragi gehört nicht zu denen, deren Freundschaft mich bisher bereicherte. Ich sehe Odin an.

»Hast du vergessen, wie wir vor Urzeiten das Blut mischten und Brüder wurden? Damals gelobtest du, dass du nur dort Gast sein willst, wo auch ich willkommen bin.«

Das gelobten wir beide damals, als es uns undenklich erschien, unsere Freundschaft könne je getrübt werden. Dass ich Odin jetzt daran erinnern muss, ärgert mich. Ich verspüre einen Unwillen in mir, wie ich ihn selbst kaum kenne.

»Widar«, wendet sich Odin da an den schweigsamen Sohn, »steh auf und gib deinen Platz Loki.« Ich bin es schon zufrieden, werde einen Becher leeren und gehen. Doch da fügt Odin an: »Das ist besser, als wenn Loptr uns in Ägirs Halle verlästert.«

Widar gibt mir seinen Platz, schenkt mir sogar mit eigener Hand ein. Diese durchaus freundliche Geste erfreut mich. Ich nicke ihm dankbar zu, ehe ich trinke. Widar sucht sich einen anderen Platz. Und Bragi grinst mich auf eine böse, hinterhältige Art an; deutlich zeigend, wie sehr ihm meine Anwesenheit missfällt. Das verlangt ein deutliches Wort.

»Heil den Asen, heil den Asinnen«, grüße ich zynisch. »Das gilt allen außer Bragi.«

»Sei still«, fährt der mich an. »Bringe kein Ärgernis in unser Fest. Ich gebe dir dafür auch Schwert und Pferd und einen wertvollen Ring.«

Er will mich kaufen? Was bildet dieser Skalde sich eigentlich ein?

»Ich will dich nicht berauben, weiß ich doch, dass du der Dinge wenig hast«, spotte ich seiner. »Von allen, die hier sind, scheut keiner so sehr den Streit wie du. Woher also solltest du Beute haben, da du feige bist?«

»Wären wir nicht in Ägirs Halle, so hätte ich deine Lügen schon mit der Waffe beantwortet.«

Ich muss lachen. Auch wenn ich viele Kämpfe focht an Thors Seite, so weiß ich doch, dass die Asen hier im Schwertkampf mir alle überlegen sind. Nur auf Bragi trifft das ganz sicher nicht zu.

»Du bist und bleibst ein Bänkehüter«, spotte ich. »Aber nur zu, wenn du zornig bist, dann lass uns kämpfen. Der Tapfere redet nicht, er handelt.«
Idun legt dem Gemahl mahnend die Hand auf Unterarm.
»Ich bitte dich, Bragi, um unserer Kinder willen: Lästere nicht mit Loki.«
»Sei still, Idun«, fordere ich da auch sie heraus. »Du hast dich dem Mörder deines Bruders anvermählt.«
Sie errötet beschämt und ich ärgere mich, dass ich soeben eines der erlauschten Geheimnisse Asgards preisgab.
»Ich will dir nichts Übles«, versichert sie mir verunsichert. »Ich wollte nur Bragi besänftigen, der zu viel getrunken hat, damit er den Zweikampf vermeidet.«
»Was streitet ihr euch, Bragi und Loki?«, mischt sich ungefragt Gefion ein. »Loptr weiß jetzt wohl, wie gehasst er hier ist.«
»Sei still«, fahre ich sie da an und verspüre nun wirklich aufkeimenden, echten Zorn, »sonst erzähle ich gerne laut, wie du dir für ein kleines Geschenk einen halben Knaben beiwohnen ließest.«
»Genug!« Odin erhebt sich. »Bist du irre, Loki? Gefion ist weise. Mach sie dir nicht zum Feind.«
»Du meinst, ich habe an dir daran genug? Ich bin durch Midgard gefahren. Ich sah, wie du oft genug den schlechten Kriegern den Sieg gabst, nur, damit du die Besseren als Einherjer nach Walhalla entführen kannst.«
»Du willst aufrechnen?« Auch Odin wird zornig. »Dann erinnere dich daran, wie du acht Winter unter der Erde verbracht hast. Du hast geboren wie ein Weib. Das ist pervers.«
»Und was ist das, was du Rinda angetan hast?«, fahre ich ihn erbost an.
Frigg ergreift das Wort:
»Ihr beide solltet nicht laut erzählen, was ihr getrieben habt. Das geht keine der neun Welten etwas an.«
»So wenig, wie es die Welten etwas angeht, dass du während Odins Verbannung seiner Brüder Weib gewesen bist?«, steigere ich den Spott.
Sie ist erschüttert.
»Wäre Balder hier, er würde sich nicht scheuen, dir solche Rede mit dem Schwert zu danken.«
»Und du willst, dass ich mich jetzt an Balders Tod schuldig fühle?«
Herausfordernd sehe ich sie an. Mein Zorn ist inzwischen größer als jede Vorsicht und auch viel größer als jede Zuneigung.
»Du bist von Sinnen«, klagt mich nun Freyja an. »Du musst deine Schandtaten nicht selbst aufführen. Frigg weiß auch so alle Dinge, wenngleich sie nicht darüber spricht.«

»Es ist besser, du schweigst«, brause ich da auf. »Du selbst besitzt jeden Makel, der denkbar ist, buhlst du doch um jeden Mann.«
»Du machst dir jeden zum Feind«, stellt sie fast gelassen fest. »Hier ist jetzt keiner mehr auf deiner Seite.«
»Das ist mir schon klar geworden. Doch deine Ermahnung trifft mich nicht, bist du doch deines eigenen Bruders Weib gewesen.«
Njörd will der Tochter beistehen:
»Es steht den Frauen zu, sich Männer nach eigenem Wohlgefallen zu erwählen.« Ich lache leise auf. Ich weiß ja ohnehin, dass bei den Wanen, woher sie kommen, die Sitten anders sind - und sie sind nicht schlechter! »Da wundert es mich eher, dass unter den Asen einer wie du geduldet wird, der weibisch Kinder gebiert.«
»Wanengeisel«, fahre ich ihn an.
Er hat mich empfindlich getroffen mit seinen Worten. Freyja hat Odin also inzwischen erzählt, was sie von Hyndla erfuhr. Odin schildert es hier und Njörd erdreistet sich, genau dies aufzunehmen.
»Das ist kein Schimpf für mich«, hält er mir entgegen, »ist doch mein Sohn nun einer der Ersten unter den Asen.«
»Einen Sohn, den du mit deiner eigenen Schwester zeugtest«, höhne ich. »Du solltest deinen Übermut beiseitelegen.«
»Freyr ist der Beste von allen«, steht ihm da aber Tyr bei. »Keiner ist edler und hilfreicher als er.«
Ich mochte Tyr früher sehr. Doch seit Jahren weicht er mir aus. Und das scheint sein wunder Punkt zu sein.
»Schweig nur«, verlange ich, »zum Kampf taugst du eh nichts mehr, nachdem deine rechte Hand gefressen wurde.«
»Ja, die Hand vermisse ich«, sagt er da und schaut mich traurig an, »so, wie du den Fenrir vermissen musst. Das eine ist so schlimm wie das andere. Und sogar Fenrir leidet darunter.«
Da er von Fenrir spricht, mischt sich mein Zorn mit Schmerz. Ich könnte schreien und ich könnte heulen zugleich. All die Jahre sprach nie jemand mit mir über meine Kinder. Und hier, im Streit, werde ich an sie erinnert. Ich fahre Tyr zornig an, nenne ihn Hahnrei. Vermutlich hätte ich ihn jetzt angesprungen, wenn nicht Freyr das Wort ergriffe:
»Fenrir liegt gefesselt bis ans Ende Zeit. Das wird auch dir geschehen, Loki, wenn du nicht endlich schweigen willst.«
»Das Ende der Zeit? Wie willst du dann streiten, wo du doch dein Schwert verschenktest?«
»Wäre ich so edlen Geblüts wie Freyr, so würde ich dir, du freche Krähe, die Knochen zermahlen«, sagt einer

»Wer bist du Winzling denn?«, brause ich auf.
Er stellt sich als Byggwir, Freyrs Diener vor.
»Ah, dieser Feigling bist du«, verhöhne ich ihn. »Du taugst ja nicht einmal als Magd.«
»Hör endlich auf, Loki«, ergreift nun Heimdall das Wort. »Du musst betrunken sein. Im Rausch reden die Leute viel, ohne zu wissen, was sie da sagen.«
»Der erste Wächter der Götter sollte besser still sein, da er zu mehr nicht taugt, als im Morgengrauen den feuchten Nebel aufzufangen.«
»Dein loses Spiel wird bald ein Ende haben«, warnt Skadi. »In Kürze wirst du gebunden sein.«
»Da ich deinen Vater tötete, magst du mir ruhig grollen«, nehme ich ihre üble Laune hin.
Eigentlich habe ich keine Lust mehr des üblen Possenspiels. Einzig mein Zorn wirkt noch, doch er wankt schon und ist bereit, einer übergroßen Enttäuschung Raum zu geben. Sif erhebt sich, tritt zu mir und reicht mir einen mit Met gefüllten Kelch,
»Heil dir, Loki«, sagt sie freundlich. »Und danke, dass du wenigstens mich verschonst vor deinen Lästereien.«
»Verschont wärest du, wenn du Thor immer treu ergeben wärst«, sage ich da nur, nachdem ich den Becher leerte.
»Die Berge beben«, flüstert Beyla in die eintretende Stille. »Thor wird kommen und den Lästerer zum Schweigen bringen.«
»Halt's Maul«, fahre ich sie an. »Du bist nichts als Unrat.«
Aber sie hat sich nicht getäuscht. Thor betritt die Halle. Mit einem Blick erfasst er die Situation. Irgendwie atme ich auf. Als ich die Halle betrat, hoffte ich nur auf ein freundliches Wort von einem der Asen. Ihr feindliches Schweigen erzürnte mich. Doch eine versöhnliche Geste von Seiten des Freundes wird mich entschädigen. Ich stelle den Becher ab, trete zu ihm.
»Ich schließe dir mit Mjölnir den Mund, unreiner Wicht, wenn du dein loses Mundwerk jetzt nicht hältst.«
Ich stehe einen Moment wie erstarrt. Damit habe ich nicht gerechnet. Die Sippe zählt mehr als die Freundschaft. Da ich wider die Asen stehe, steht er wider mich. Das schmerzt. Obwohl ich es verstehe, schmerzt es.
»Vielleicht sollte man besser von deinen Ostfahrten nicht mehr erzählen«, erwidere ich enttäuscht, »und sich eher daran erinnern, wie du in einem Däumling vor Angst geschlottert hast.«
Fest umklammert seine Hand den Schaft des Hammers.
»Schweig, oder ich breche dir alle Knochen.«

»Ich habe nicht die Absicht, jetzt zu sterben, Thor. Erinnerst du dich, wie du einst nicht einmal den Knoten um unser Speisebündel öffnen konntest?«
Er denkt, ich will auch ihn verhöhnen; versteht nicht, dass ich an gemeinsame Abenteuer erinnere, in denen wir zwar nicht ruhmreich, aber einander sehr gewogen waren.
»Schweig, oder ich töte dich.«
Das ist alles, was er dazu zu sagen hat.
»Schon gut, schon gut.« Ich hebe beschwichtigend die Hände. »Ich habe gesagt, was ich auf dem Herzen hatte. Nun werde ich gehen, denn ich zweifle nicht, dass du wirklich zuschlagen wirst.« Ich sehe Thor in die Augen. Ihm allein zeige ich meinen Schmerz. Als er endlich den Hammer sinken lässt und meinem Blick ausweicht, gehe ich zur Tür. Dort wende ich mich noch einmal um. »Ägir, ich fürchte, dass du die Götter nie wieder bewirten wirst. Die Flamme wird dein Haus und alles andere bald verzehren.«
Und dann beeile ich mich, möglichst rasch möglichst weit fort zu gelangen. Ich habe Ägir weder verflucht noch seine Halle angezündet. Ich habe nur begriffen, dass der Weltenbrand, den Odin immer gefürchtet hat, sich wohl nicht mehr verhindern lässt. Ich bin nicht mehr wütend, wiewohl ich mir eingestehe, dass dies durchaus ein gutes Gefühl war. Ich bin nur noch enttäuscht. Und auch verwirrt. Es wird etwas dauern, bis ich diesen Tag verwunden habe.

Ragnarök

Es ist Winter geworden in den Welten, durch die ich reise. Einen Ort gibt es noch, den ich unbedingt sehen will. Ich bin nie dort gewesen und nicht einmal sicher, ob ich ihn erreichen kann. Er ist so geheimnisvoll wie jener, wo die Urquelle Hvergelmir ist, bei der Nidhöggr lebt. Dort konnte ich nur durch Heljas Hilfe bestehen. Mimirs Brunnen habe ich inzwischen aufgesucht; jener Ort, der Quelle der Erkenntnis sein soll, in welcher Odin ein Auge opferte, um trinken zu dürfen. Dort hielt ich mich nicht lange auf; vielleicht, weil diese Art der Weisheit mir ohnehin nicht entspricht. Ich wusste, wenn ich mich dieser Erkenntnis nähere, werde ich mich verlieren.

Nun folge ich der dritten Wurzel Yggdrasils, um die Schicksalsquelle zu schauen. Einst erzählte mir Odin, dass hier die drei Nornen leben. Nun sehe ich mit eigenen Augen. Zwei herrliche weiße Schwäne gleiten über das Wasser. Ich gehe nicht näher.

Ich sehe aber die Nornen, wie sie unermüdlich das feine Gewebe des Schicksals spinnen und weben. Doch da ist kein fest gefügtes Netz, keine Knoten, kein unlösbarer Faden. Das Gespinst, das sie gemeinsam schaffen, ist unbegreiflich.

Es ist nicht so, dass nur drei Thursentöchter hier wirken. Ich schaue auf ein Heer, das sich mehr ahnen denn sehen lässt. Und ich schaue auf das Gewebe wie einst auf Nidhöggrs Weisheit. Es kommt aus dem Anbeginn der Zeit, es mündet jenseits aller Zeiten. Es ist kein Netz, es ist ein lebendiges Gebilde gleich Nebelschleiern, in steter Bewegung, ohne feste Form, ohne bleibende Gestalt. Es bewegt sich wie der Atem des Seins. Fast bin ich versucht, hineinzugreifen, um die Schleier zu zerteilen. Doch ich weiß, dass hinter den Schleiern neue Nebel wehen. Ich bin ein Teil davon. Als ich das erkenne, habe ich Frieden.

Der Winter endet nicht. Es müsste Sommer sein, doch es herrscht weiterhin Winter. Fimbulwinter regiert. Des Wanderns bin ich müde geworden. Ich habe inzwischen auf einer Anhöhe ein kleines Haus für mich errichtet. Eigentlich ist es nur ein Dach auf Säulen, denn alle vier Seiten sind offen - Türen, die mich in alle Richtungen schauen lassen. Asgard sucht mich. Wenn sie kommen, will ich es sehen können. Ganz in der Nähe rauscht der Wasserfall Franangr, dessen Wasser einen See bilden, das sich unweit entfernt ins Meer ergießt. Tagsüber wandle ich mich dort oft in Lachsgestalt, um zu essen und die Leichtigkeit des Wassers zu verspüren. Das Meer lockt. Aber ich schwimme nicht hinaus. Ich fürchte, wenn ich diesem Ruf folge, bin ich nicht mehr Loki, sondern ergebe mich einem Leben als Lachs. Das hat schon seinen Reiz, doch bedeutet es auch das völlige Vergessen aller, die ich liebe. Der Preis ist zu hoch; ich bleibe, wer ich bin.

Aber es ist langweilig hier. Sicher ist es, denn wenn sie kommen, werden sie den Lachs nicht fangen können. Ich weiß ja, was Angel und Köder ist. Aus Langeweile nehme ich Flachsgarn zur Hand, knote ein Netz daraus. Damit ließen sich auch Fische fangen, die sich nicht ködern lassen. Ich sollte es den Menschen zeigen; sie würden viel Nutzen davon haben. Doch die Menschen sitzen erstarrt in ihren Hütten, haben die Götter vergessen, und wenn sie sich nicht gegenseitig bekriegen, so zittern sie unter der Kälte des Winters.

Mich wärmt mein Feuer, das vor mir brennt. Nachdenklich betrachte ich die Flammen, während ich das Netz verfeinere. Und dann sehe ich sie kommen! Odin hat mich wohl von Hlidskialf aus erspäht. Sie sind schon nahe; ich war unaufmerksam. Rasch werfe ich das Netz ins Feuer, springe zum Wasser und tauche als Lachs unter.

Sie bleiben lange oben im Haus. Ich erfahre schnell, warum das so ist, denn als sie zum Wasser kommen, haben sie ein neu geknüpftes Netz bei sich. Es war also möglich, aus den verbrannten Resten meine Arbeit zu rekonstruieren. Thor durchwatet den Fluss. Er hält das eine Ende des Netzes; auf der anderen Seite halten die Asen es auch. Und nun ziehen sie es durch den Fluss.

Ich sehe es, drücke mich zwischen einige größere Flusskiesel. Das Netz geht über mich hinweg, obwohl es mich berührt. Sie sind jetzt sicher, dass etwas Lebendiges im Wasser ist. Falls sie überhaupt daran zweifelten. Jedenfalls beschweren sie das Netz nun, damit nichts mehr darunter entkommen kann. Sie treiben mich auf diese Weise Richtung Meer. Die Wellen rauschen und locken. Doch ich bin noch nicht bereit, mein Sein aufzugeben. Ein kräftiger Schlag meiner Schwanzflosse lässt mich aus dem Wasser schnellen. Ich überspringe das Netz und berge mich beim Wasserfall.

Sie haben mich gesehen, beraten nun kurz. Dann teilen sie sich auf; die Hälfte rechts, die andere links des Flusses. Wieder werfen sie das Netz und treiben mich Richtung Meer. Und dieses Mal watet Thor hinter dem Netz im Fluss, um mir den Rückweg zum Wasserfall zu versperren. Hofft er, mich so ins Meer und damit in eine vermeintliche Freiheit zu treiben? Odin hält Gungnir in der Hand. Im Fluss kann er den Speer nicht schleudern; zu viele Pflanzen und Steine bieten mir Deckung. An der Küste könnte er mich aber sicher treffen. Nur haben die Nornen seiner Meinung nach meinen Tod nicht vorgesehen.

Ich bin ein Lachs und habe Probleme damit, wie ein Ase zu denken. Sie treiben mich vorwärts, mit der Strömung. Wieder rufen die Wellen. Ich kann auf immer als Lachs leben - oder von Odins Speer getroffen werden. Oder ich versuche noch einmal, über das Netz zu gelangen. Als Fisch bin ich recht glitschig. Die Chance, dass Thor mich nicht zu fassen bekommt, ist groß. Und ich will bleiben, was ich bin - Loptr, nicht Lachs. Also schnelle ich noch einmal aus dem Wasser, werfe mich über das ausgespannte Netz. Thor packt zu. Er fasst mich in der Mitte, doch ich winde und drehe mich. Fast entgleite ich ihm. Doch da kann er mich am Schwanz wieder festhalten. Und jetzt drückt er zu, so hart, dass keine Gegenwehr mehr möglich ist.
Thor bringt mich an Land. Ich japse nach Luft. Ich schlage mit den Flossen. Da wirft er mich, weit entfernt vom rettenden Nass, ins Gras. Ich habe keine Wahl. Wenn ich nicht ersticken will, muss ich nun die Gestalt wandeln. Und als ich wieder Loki bin, werfen sie das Netz über mich, binden mich und schleppen mich mit sich. Keiner sagt ein Wort.

Sie bringen mich in eine hohe, weite Höhle mit geräumigem Eingang. Sie wählen drei große Felsplatten, stellen sie auf die Schmalseite und bitten Thor, in jede ein Loch zu schlagen, was er mit jeweils einem einzigen Hieb bewerkstelligt.
Was nun geschieht, ist so grausam, dass es kaum Worte der Beschreibung gibt. Sie führen meine Söhne herbei. Ich sehe sie draußen vor der Höhle, möchte sie anrufen und zur Flucht raten. Doch einer der Asen hält mir den Mund zu, und dann sehe ich, wie Odin sich auf Vali ausrichtet. Es geschieht schnell. Vali wandelt sich zum Wolf.
Ich beiße die Hand, die mich hält.
»Narfi, lauf weg!«, rufe ich entsetzt.
Narfi steht wie erstarrt. Er begreift nicht, was mit seinem Bruder geschah. Vali versteht es auch nicht. Er hat niemals das Wandeln der Gestalt erlebt. Ich erinnere mich in einem flüchtigen Gedanken an mein erstes Mal. Ohne guten Lehrer hätte ich es wohl kaum geschafft, zurück ins eigene Sein zu finden. Und Vali hat keinen Lehrer. Er ist Wolf. Jetzt ist er nur Wolf, ohne Erinnerung an sein eigenes Sein. Und er ist

umgeben von Asen, die er als Feinde sehen muss, neben ihm Narfi; jetzt nicht Bruder, sondern nur Gefahr und mögliches Opfer.
»Nein!« Ich schreie vor Entsetzen. »Nein!«
Zu spät. Vali fällt über Narfi her, zerfetzt ihm mit einem einzigen Biss die Kehle, gräbt seine Zähne in seinen Unterleib. Thor springt hinzu. Da wirft sich Vali herum und rennt ins Unterholz. Er wird für immer als Wolf im Wald leben, ich weiß es. Selbst wenn ihn Odin zurückwandeln wollte, was ich bezweifle, er müsste Vali zuerst fangen. Und dieser Wolf leckte Asenblut. Er wird sich nicht zur Beute machen lassen.
Meine Beine schmerzen. Was Thor an hartem Griff dem Lachs antat, das büßt mein Körper nun. Doch dieser Schmerz ist nichts im Vergleich zu dem, was in meinem Inneren wütend. Sigyn kommt gelaufen. Zwei der Asen halten sie fast gewaltsam zurück, damit sie den entsetzlich zugerichteten Sohn nicht sehen kann. Und ich weine. Die Tränen, die ich hier vergieße, lindern aber nicht das Feuer, das mich innerlich aushöhlt. Thor befreit Sigyn aus den haltenden Händen, schließt sie selbst in die Arme. Es ist ein hilfloser Versuch des Trostes.
Sie entnehmen Narfis Leib die Gedärme, reichen sie Odin. Er ruft nach Thor, doch dieses Mal reagiert der Sohn nicht, der es vorzieht, Sigyn zu halten. So müssen andere mich umklammern, um mich auf die Felsplatten zu zwingen. Odin fesselt mich mit den Därmen meines eigenen Sohnes. Kaum, dass dies geschah, werden sie hart wie Eisen. Ich kann mich nicht mehr rühren. Da erst treten die anderen zurück. Ich spüre den Schmerz im Körper nicht, obwohl eine der Felsplatten gegen meine Kniekehlen drückt, die andere gegen die Lenden und die Dritte gegen die Schultern.
»Wie viel Hass ist in dir?«, würge ich da heraus.
»Ich hasse dich nicht.« Odin scheint erstaunt. »Du wusstest, dass ich dich binden werde.«
»Ich wusste aber nicht, was du meinen Söhnen antun willst.«
»Ich auch nicht. Doch du bist nur zu halten durch etwas, das du liebst - oder jemanden. Es muss so sein, Loki.«
»Wenn ich loskomme, bin ich der Asen Untergang - das wurde dir prophezeit.« Ich drohe nicht. Ich bin leer und ohne Gefühl. »Vernunft würde raten, dann nicht zu binden, denn was nicht gefesselt ist, kann nicht freikommen.«
»Vernunft wird die Welten nicht retten. Dazu bedarf es der Weisheit.«
»Welcher Weisheit? Odin, Odin, verstehst du gar nichts? Das Gewebe des Schicksals ist nicht fest gefügt. Es lebt. Es atmet.« Er sieht mich an und hat Mühe, wenigstens den Klang meiner Worte zu verstehen. Den

Inhalt begreift er überhaupt nicht. »Wer sein Auge opfert, der wird nicht weise, sondern blind.«
Für einen Moment wird sein Blick nun doch klar. Die letzten Worte immerhin hat er verstanden und als den Vorwurf begriffen, der sie sein wollen. Doch er würdigt mich keiner Antwort mehr, sondern wendet sich ab und tritt zum Höhleneingang.

Skadi ist auch hier. Sie half beim Fischfang. Nun greift sie ins Unterholz, hält eine lange Schlange hinter dem Kopf fest. Den Tod ihres Vaters verzieh sie mir nie. Und nun bekommt sie ihre Rache. Niemand hindert sie daran, die Schlange über meinen Kopf zu binden; hoch genug, dass mich kein Biss erreichen kann. Sie tritt neben Odin, wartet. Da fällt ein Gifttropfen aus dem Maul der Schlange genau auf mein Gesicht. Das Gift verätzt meine Haut. Ich winde mich in der Fessel, stemme mich vergeblich gegen sie. Die ganze Erde wird dabei erschüttert, so dass einige der Asen erschrocken das Weite suchen.
Da reißt sich Sigyn los von Thor und stürzt sich zu mir, neigt sich über mich. Ihre Augen sind tränenschwer. In einer Ecke liegt eine alte Schale, die wohl einst ein Wanderer vergaß. Sigyn ergreift sie, hält sie über mich und fängt so den nächsten Tropfen Gift.
»Komm mit nach Hause«, ruft Skadi ihr zu.
Sigyn würdigt sie keiner Antwort. Da kommt Thor. Er will ihr die Schale abnehmen, doch sie stößt ihn erstaunlich kraftvoll zurück.
»Geh mit ihnen«, bitte ich meine geliebte Gemahlin. »Du kannst nicht hier sein.«
»Ich bin hier, genau da, wo ich sein muss«, antwortet sie fast zärtlich. Dann schaut sie Thor und die anderen an. »Ich werde nicht mit den Mördern meiner Kinder gehen. Euer aller Freundschaft ist ein gefährlicheres Gift als jenes, das diese Schlange speit.«
Die Asen wenden sich nach diesen Worten zum Gehen.
»Thor, nimm sie mit«, rufe ich.
Er bleibt stehen. Da fasst Odin sein Handgelenk und zieht ihn mit sich. Wir sind allein. Sigyn verlässt mich nicht. Sie hält das Gift von mir ab. Wenn die Schale sich füllt, geht sie hinaus, sie auszuleeren. Dann trifft mich das ätzende Gift und ich winde mich im Schmerz. Doch ist dieser Schmerz nichts im Vergleich zu dem, was mein Denken um meine Söhne in mir bewirkt.

Winter. Fimbulwinter. Drei Jahre währt er, ohne von einem Sommer unterbrochen zu sein. Kraftlos wurde die Sonne. Scharfe Winde und harter Frost umklammern alle Welten. Da geschieht, was niemand wirklich für möglich hielt. Fenrirs Söhne erstarken zur Riesenkraft. Skoll erreicht die Sonne, die er seit Urzeiten verfolgt. Hati ergreift den Mond. Die Sterne wanken. Berge stürzen zusammen, Bäume entwurzeln. Und alle Ketten reißen.

Ich bin frei!

Ein letztes Mal küsse ich meine geliebte Frau. Ich rate ihr, am Stamme Yggdrasils Schutz zu suchen. Nun kann sie mich nicht begleiten, denn für mich gibt es nur noch einen Weg.

Helheim!

Hier erfahre ich, dass auch Fenrir los geworden ist; seine ewige Fessel brach, genau wie die meine. Und Jörmungandr ist erwacht, eilt dem Bruder entgegen. Gewaltige Überschwemmungen entstehen durch sein Bewegen. Der letzte Kampf der Welten steht bevor. Und ich werde an der Seite meiner Söhne sein. Das ist keine Wahl, keine Entscheidung. Asgard verstieß mich. Man würde mich dort bestenfalls erneut binden und martern.

Yggdrasil bebt. Helja sagt mir, dass Odin sich mit Mimir berät an dessen Quelle. Die Asen wappnen sich zum Kampf. Die riesige Ebene Wigrid soll der Kampfplatz sein. Dorthin eilen die Einherjer, die Odin und Freyja sammelten.

Muspelheim erhebt sich. Die Söhne des Feuers reiten über Bifröst, angeführt von Surt, dessen Schwert so hell glänzt wie die verschlungene Sonne zuvor. Unter Muspels Heer zerbricht die Brücke.

Als die Menschen noch die alten Sitten achteten, war die Totenpflege eine wichtige Aufgabe. Damals wussten sie, dass aus den unbeschnittenen Nägeln der Toten ansonsten ein gewaltiges Schiff gezimmert wird; das größte Schiff, das jemals Wasser sieht. Die Sitten verdarben, die Toten wurden missachtet. Dieses Schiff, Naglfar genannt, ist längst seetüchtig.

Jörmungandr ist fast heran. Die Überschwemmung reißt Naglfar los, das mächtige Schiff in Helheim, das im Grunde niemals fertig werden sollte. Ich umarme die Tochter.

»Du bist bald zurück«, weiß sie lächelnd.

Da gehe ich an Bord des Schiffes. Ich höre, wie Heimdall ins Gjallarhorn stößt und alle Welten zur Schlacht ruft. Menschen und Jöten kämpfen auf Wigrid. Von Osten kommen die Riesen, von Süden die Söhne Muspels. Ich komme mit Naglfar von Norden her.

Odin und Thor schreiten Seite an Seite, doch sind sie einander keine Hilfe. Fenrir stürzt sich auf Odin, während Jörmungandr sich gegen Thor stellt. Heftig die Kämpfe. Freyr steht wider Surt. Seine Tapferkeit nutzt ihm nichts, da er sein Schwert verschenkte. Er unterliegt und stirbt auf dem Schlachtfeld. Garm hat sich losgerissen. Er rennt wider Tyr. Sie töten sich gegenseitig. Thor gelingt es nach endlos langem Kampf, Jörmungandr zu besiegen. Doch sein Triumph währt nur kurz. Neun Schritte kann er noch gehen, ehe er durch das Gift meines Sohnes getötet zu Boden fällt. Und Odin? Fenrir verschlingt den, der ihn einst binden ließ. Als Widar dies sieht, wirft er sich dem Wolf entgegen, reißt ihm gewaltsam den Rachen auf und tötet ihn. Ich selbst kämpfe mit Heimdall. Surt schleudert Feuer über die Erde und verbrennt die ganze Welt. Heimdall und ich, wir töten uns gegenseitig, während die Welten schon brennen.

Und danach? Wer will das wissen, nachdem die Welten verbrannten und der Tod alles ist, was blieb? Die Seherinnen sagten Odin, dass danach eine neue Erde aus der See auftauche, grün und schön. Das Korn wachse ungesät. Widar und Wali überstehen den Kampf. Sie leben auf dem Idafeld, dort, wo einst Asgard war. Modi und Magni, Thors Söhne, bergen den Mjölnir und stellen sich dort ein. Helja gibt Balder und Hödur frei. Hönir lässt sie die Wahl, ob er bleiben oder gehen will. Und die Menschen? Zwei verbargen sich im Holze Yggdrasils. Sie heißen Lif, Leben, und Lifthrasir, nach Leben strebend. Sie ernähren sich vom Morgentau. Von ihnen stammt das spätere Geschlecht. Die Sonne gebar eine Tochter, die nun die Welten erhellt. Und im goldenen Saal von Gimle, wo die Lichtalben wohnen, soll Heimstatt werden für die Edlen. Nidhöggr überfliegt das Wigrid und sammelt die Leichen auf seinen Flügeln. Dann senkt er sich nieder nach Niflheim.

Die Geschichten, die hiervon erzählen, enden mit den Worten:
»Wenn du aber nun weiter fragen willst, so weiß ich nicht, woher dir das kommt, denn nie hörte ich jemanden mehr von den Schicksalen der Welt berichten. Nimm also hiermit vorlieb.«

Nimm also vorlieb mit dem, was du nun weißt.

Midgard

Ich sitze, wie so oft, auf Asgards Mauer und schaue hinab aufs Idafeld, wo die Freunde spielen. Balder lacht mit Hödur und erklärt ihm, welche Blumendüfte er riecht. Odin durchstreift mit Hönir die nähere Umgebung. Magni, Modi, Narfi und Vali üben sich im Schwertkampf mit stumpfen Waffen. Thor sitzt neben mir. Wir trinken goldfarbenen Met und erfreuen uns an unserer Freundschaft.

Du fragst, wie das sein kann? Nun, dann hast du mir nicht zugehört. Ich bin Loki Laufeyson und ich bin ein Gott. Man kann einen Gott nicht binden. Und könnte man es, so wäre die Fessel vergeblich, wenn irgendwo in den Welten ein Freund dieses Gottes um Hilfe ruft oder auch nur zum Opferfest lädt. Werde ich eingeladen, komme ich gern. Keine Fessel kann einen Gott dann halten. Wenn wir Freunde sind, höre ich dich.

Ich bin ein Gott.

Ich lebe im Jetzt. Immer. Es gibt keine andere Zeit für mich. Es gibt weder Vergangenheit noch Zukunft. Es gibt nur das Jetzt, das Hier und Heute. Da, wo ich bin, ist das Jetzt.

Und jetzt sitze ich mit meinem Freund auf der Mauer und genieße den Augenblick.

»Keine Riesen zu schlagen heute?«, frage ich Thor.

Der lacht.

»Midgard ist sicher gerade. Die Jöten sind seltsam friedlich.«

»Da gibt es wen, der mich gerufen hat«, erzähle ich da. »Keine große Sache. Die Menschen meinen, ich sei gut darin, Lösungen zu finden, wo sie keinen Ausweg mehr sehen. Und dieser Mensch, nun, er mag mich.«

»Also gehst du auf Reisen?«

»Man lässt seine Freunde nicht im Stich.«

»Ich weiß.«

»Ich kann diesem Menschen schon ein paar Lösungswege aufzeigen.«

»Aber?«

»Nun, es wäre gut für ihn, wenn er außer List auch etwas Stärke finden würde, um sich gegen seine inneren Jöten und auch seine menschlichen Widersacher zu behaupten.«

»Hey«, lacht Thor da auf, »ist das eine Einladung? Ich freue mich darüber. Natürlich bin ich gern dein Begleiter; so, wie du stets der meine gewesen bist und weiterhin sein wirst. Und diesem Menschen, der dein Freund ist, dem werden wir gemeinsam sicher helfen können.«

So ist das mit Freunden eben. Der Freund eines Freundes ist immer auch der eigene Freund. Und wenn man ein Gott ist, so wie Thor und ich, dann ist es völlig natürlich, bei allen Freunden zugleich im Jetzt zu sein, egal, wo sie sind.

Wir müssen jedoch keine Freunde sein, damit du ihn oder mich oder einen der anderen Götter und Göttinnen um Hilfe bitten kannst. Wenn wir es aber sind, dann bringe ich dir ein Geschenk, das nichts mit List oder Hilfe oder Kraft zu tun hat. Ich schenke dir ein Lachen, das dich so tief ergreifen wird, wie du es nicht ahnen magst. Thor sagte einmal, ich habe das Lachen nach Asgard gebracht. Ich kann es auch nach Midgard bringen.

Wenn du Weisheit suchst, wende dich an Odin. Suchst du Liebe, sprich mit Freyja. Brauchst du Lieder, frage Bragi. Benötigst du Kraft, wird Thor bei dir sein. Alle meine Freunde in Asgard können dich bereichern. Du solltest sie kennenlernen.

Was mich betrifft: Ich biete dir ein Lachen und eine innere Heiterkeit, die dir zeigen wird, wie schön Midgard ist, und wie wundervoll alle Formen und Farben des Lebens in allen Welten. Wenn du spielen möchtest, nun, ich spiele gern. Auch mit dir, wenn du willst.

Impressum

Renate Steinbach

Loki Laufeyson
die Geschichte eines Gottes

http://www.amarra.de
Mail: steinbach@amarra.de
Otto-Stabel-Straße 2
67059 Ludwigshafen
Germany

Version 1.1

Printed in Poland
by Amazon Fulfillment
Poland Sp. z o.o., Wrocław

93065742R00113